高职高专国家示范性院校课改教材

新编实用秘书写作

主　编　欧　明

副主编　曾　婷　陈元芳　刘　君

企业审稿专家　符荣鑫　何锦丽

西安电子科技大学出版社

内 容 简 介

本书是国家骨干高职院校建设项目教材，内容包括：秘书写作概论、行政公文、事务文书、公关礼仪文书、宣传文书、协约文书、调研文书、商务函电文书、职场文书九个模块。

全书以"项目描述"导入商务秘书工作职场情景，作为任务驱动，指引商务秘书岗位工作目标，以"必备知识"对接商务秘书岗位能力需求知识，以"项目演练"体现商务秘书工作文书写作的方法及过程，以"课后互动平台"链接商务秘书工作前沿资讯及课程实践后续的内容，全面提高学生的文书写作能力。

本书既可作为高等职业院校文秘专业的教材，也适合企业办公文秘人员以及社会各类学习应用文写作的人员阅读。

图书在版编目(CIP)数据

新编实用秘书写作/欧明主编. —西安：西安电子科技大学出版社，2014.7
高职高专国家示范性院校课改教材
ISBN 978 - 7 - 5606 - 3396 - 1

Ⅰ.① 新… Ⅱ.①欧… Ⅲ.① 公文—写作—高等职业教育—教材
Ⅳ. H152.3

中国版本图书馆 CIP 数据核字(2014)第 120207 号

策划编辑　高　樱
责任编辑　马武装　王小青
出版发行　西安电子科技大学出版社(西安市太白南路 2 号)
电　　话　(029)88242885　88201467　　邮　　编　710071
网　　址　www.xduph.com　　　电子邮箱　xdupfxb001@163.com
经　　销　新华书店
印刷单位　陕西天意印务有限责任公司
版　　次　2014 年 7 月第 1 版　2014 年 7 月第 1 次印刷
开　　本　787 毫米×1092 毫米　1/16　印张　15.5
字　　数　368 千字
印　　数　1～3000 册
定　　价　24.00 元
ISBN 978 - 7 - 5606 - 3396 - 1/H

XDUP　3688001 - 1

* * * 如有印装问题可调换 * * *

前　言

秘书写作是秘书专业的一门主干课程，其最大特点是实践性强、实用性突出。本书从实践、实用的角度出发，根据目前高等职业院校和国家骨干高职院校建设项目中教学教改的思路，按照商务秘书工作的内容、流程及不同类型商务活动的特点编写而成。在编写中，打破了传统教科书的体系结构，本着将学习过程、工作过程与学生的能力、个性发展和终身发展联系起来的宗旨设计全书。本书分为九大模块：模块一秘书写作概论、模块二行政公文、模块三事务文书、模块四公关礼仪文书、模块五宣传文书、模块六协约文书、模块七调研文书、模块八商务函电文书、模块九职场文书。本书是以高职学生就业方向——"企业"为撰写背景，按照"项目描述—必备知识—项目演练—课后互动平台"的模式设计的一本融任务、理论、技能、案例、实训于一体的新型秘书写作教材。

在本书的编写过程中，我们特别突出了以下特色：

第一，遵循"够用，适用，实用"的原则。

本书从职业分析入手，通过对职业岗位的工作任务描述和分析，重构职业行为的知识要素和能力要素，以此确定教材内容的选取。在理论知识适度的前提下，力求达到理论与实践、知识与应用和谐统一，从而实现本课程的职业教育目标。

第二，以"企业"为撰写背景，课岗融通。

本书以项目描述为学生创造仿真企业职场情境，指引岗位工作目标，以"必备知识"对接秘书工作和秘书考证相关知识，以"项目演练"安排综合实训的指导、提示、方式、要求及过程，以"课后互动平台"链接课程后续实践，构建出综合性、一体化的训练体系，达到专业知识、专业素养与职业技能、职业素质的相互融通。

第三，对接"必备知识"，完善学生知识结构。

秘书要当好企业领导的外脑和助手，职业的知识结构的科学与否直接或间接地影响着秘书业务能力水平的强弱，职业能力素养的高低也直接或间接地影响着领导者的工作效率和成果。本书通过"必备知识"，完善学生知识结构，与岗位需求能力无缝对接，为领导提供服务。

第四，用"课后互动平台"，培养学生终身学习意识。

用"课后互动平台"吸纳当前秘书工作的新探索、新经验、新做法，链接秘书工作前沿资讯及课程实践后续内容，培养学生终身学习意识，达到个性发展和终身发展的融会贯通。

本书由海南经贸职业技术学院欧明担任主编，曾婷、陈元芳、刘君担任副主编，海南赛仑吉地大酒店副总经理何锦丽、中国太平洋保险股份有限公司海南分公司办公室主任符荣鑫担任企业审稿专家。编写分工为：欧明负责编写模块一、模块二中的项目十二、模块四中的项目一以及附录部分；刘君负责编写模块二中的项目一至项目八及模块三；陈元芳负责编写模块二中的项目九至项目十一，模块四中的项目二、项目三，以及模块五和模块九；曾婷负责编写模块六至模块八。

在编写过程中，我们参考并借鉴了许多专家、学者及同行的最新研究成果、观点和资料，为了行文方便，对所引用成果及材料未能在书中一一注明，笔者将对本书编写有过帮助的作者及作品恭谨地列于书后的参考文献中，并表示致敬和感谢！

在编写过程中，我们得到了海南经贸职业技术学院的大力支持，也得到了各方企业人士的关心和指导，在此谨向学院和相关人士表示衷心的感谢。

本书力求在理念、内容和体例上都有所创新，为此编者竭尽全力，但由于水平有限，书中难免有缺点和不足，在此，恳请广大读者提出宝贵的意见和建议，以便今后修订完善。

编　者
2014 年 2 月

目 录

模块一 秘书写作概论 …………………………………………………（ 1 ）
模块二 行政公文 ………………………………………………………（ 7 ）
　项目一 命令 …………………………………………………………（ 7 ）
　项目二 决议 …………………………………………………………（ 10 ）
　项目三 决定 …………………………………………………………（ 15 ）
　项目四 意见 …………………………………………………………（ 20 ）
　项目五 公告 …………………………………………………………（ 24 ）
　项目六 通告 …………………………………………………………（ 27 ）
　项目七 通报 …………………………………………………………（ 31 ）
　项目八 通知 …………………………………………………………（ 36 ）
　项目九 报告 …………………………………………………………（ 40 ）
　项目十 请示 …………………………………………………………（ 46 ）
　项目十一 批复 ………………………………………………………（ 50 ）
　项目十二 会议纪要 …………………………………………………（ 54 ）
模块三 事务文书 ………………………………………………………（ 61 ）
　项目一 计划 …………………………………………………………（ 61 ）
　项目二 总结 …………………………………………………………（ 66 ）
　项目三 简报 …………………………………………………………（ 74 ）
　项目四 规章制度 ……………………………………………………（ 78 ）
模块四 公关礼仪文书 …………………………………………………（ 84 ）
　项目一 公关策划文案 ………………………………………………（ 84 ）
　项目二 开幕词 ………………………………………………………（106）
　项目三 闭幕词 ………………………………………………………（111）
模块五 宣传文书 ………………………………………………………（115）
　项目一 消息实训项目 ………………………………………………（115）
　项目二 通讯 …………………………………………………………（120）
　项目三 解说词 ………………………………………………………（124）
　项目四 海报 …………………………………………………………（128）
　项目五 启事 …………………………………………………………（130）
　项目六 标语和口号 …………………………………………………（132）
模块六 协约文书 ………………………………………………………（135）
　项目一 合同 …………………………………………………………（135）

项目二　意向书 ………………………………………………… (143)

模块七　调研文书 ……………………………………………… (149)

项目一　市场调查报告 …………………………………………… (149)

项目二　招标书和投标书 ………………………………………… (157)

模块八　商务函电文书 ………………………………………… (175)

项目一　电子邮件 ………………………………………………… (175)

项目二　传真 ……………………………………………………… (177)

项目三　商务信函 ………………………………………………… (181)

模块九　职场文书 ……………………………………………… (195)

项目一　个人简历 ………………………………………………… (195)

项目二　求职信 …………………………………………………… (199)

项目三　竞聘演讲稿 ……………………………………………… (204)

项目四　述职报告 ………………………………………………… (208)

附录一　党政机关公文处理工作条例　党政机关公关格式 …… (215)

附录二　中华人民共和国国家标准 ……………………………… (221)

参考文献 ………………………………………………………… (241)

模块一 秘书写作概述

一、秘书写作的概念

秘书写作是秘书工作人员在工作、学习和生活等实践活动中，处理公私事务、交流传递信息、解决实际问题时，遵照公文、事务文书等特有的写作方法和规范格式所进行的所有写作过程的总称。

秘书写作在整个秘书工作过程中有着无可替代的作用。在现代社会，写作能力已成为每个职业秘书必须具备的技能之一。尤其是在知识经济时代，整个社会各种活动的本质就是在加工、创造、复制、交流和运用信息，而信息的加工、创造、复制、交流和运用等都是以写作为载体的。写作技能不再是少数人的行为，而是所有秘书人员为了应对现代工作和生活的需要而必需的生存本领。

二、秘书写作的特点

秘书写作是人类众多写作行为中的一种形态和领域，是应用写作的一种特殊形式。秘书写作和艺术写作、商务写作以及一般的应用文写作在许多方面存在显著差异。

(一) 秘书写作是一种职务行为

秘书写作是根据上级领导意图或工作需要而进行的一种职务行为，是秘书岗位职责的重要内容。因此，秘书人员在撰写各类公文时，不能根据自己的兴趣、爱好以及个人观点去进行自由的表达，而是要准确体现领导的决策意图和实际要求，体现事物的客观规律。从这个角度来看，秘书写作是一种"代言"行为，代表部门、领导或上级来进行文字表达，避免秘书个人因素的介入。

秘书写作作为一种职务行为，一个鲜明的特点是，写作成果(文章)的署名一般不能直接写秘书个人的姓名，而是根据需要签署领导姓名或将所在单位名称作为发文机关。

(二) 秘书写作需要遵循一定的流程

秘书写作是一种职务行为，这就要求遵循秘书岗位工作的规律和流程。秘书对文书的处理包括收文和发文两大方面。其中，秘书写作主要体现在发文办理工作中。发文办理的工作程序主要有：草拟、审核、签发、复核、缮印、用印、登记、分发。

草拟也称拟稿，是秘书接受领导的发文意图后严格按照领导意图拟写公文的过程。草拟是发文处理工作中的一个关键性环节。草拟质量的好坏，体现了文秘人员的基本功，关系着发文质量的好坏。

首先，要求领会领导意图。在接受写作任务时，秘书应和领导进行充分的交流沟通，这一步骤也称为"交拟"，也就是领导或文秘部门负责人向拟稿人交待说明撰拟任务的过程。在这一环节，秘书务必正确、全面地领会领导的意图。

其次，收集组织材料。根据领导意图和实际需要来收集相关的材料，主要包括国家的法律法规、部门规章制度、以往的相关做法、群众的意见态度、其他单位的经验教训、实际情况信息等。收集完成后，要对所收集材料进行必要的分析、筛选和组织，为撰写公文奠定基础。

第三，构思公文。秘书根据行文方向、行文意图等因素来确定文种、结构以及内容。

第四，撰文。秘书将前期构思润色加工并按照写作要求将草稿写在发文稿纸上。

草拟工作结束后，秘书必须将文稿交给主管领导进行审阅，根据领导的审核意见进行修改。在发文工作的其他环节中，秘书也应当适时进行监督和复核，防止出现任何差错。

（三）秘书写作的文体主要是公务文书，对规范性、时效性的要求较高

秘书写作既然是一种职务行为，必然受到工作岗位要求的制约。在机构单位中，各种工作岗位担负着特定的职能，处理的事务主要是公务。因此，秘书写作是围绕岗位职能与部门职能而进行的，所运用的主要文体必然是公务文书。公务文书的两个显著特征是规范性和时效性。

所谓规范，即具有强制力的通用标准，是在长期的行文实践中形成的共识和规则，有力地纠正和约束着个人主观随意性，这些规范必然制约秘书写作行为。秘书写作必须遵守相关的规范，例如文体规范、用语规范、结构规范、格式规范等，以保证写作成果能够体现出专业性和严肃性。

所谓时效，包括三方面的含义：一是事务在特定时间期限内发生、发展；二是针对工作事务撰写和处理文件也应当在特定时间期限内完成；三是文件的有效期限比较明确。秘书写作的时效性就是要求根据具体工作的需要，及时撰制文件、处理文件，并对文件的执行期限、有效期限进行明确的说明。

（四）秘书写作的思维是理性思维、抽象思维

思维是人的大脑对客观事物的本质和事物之间内在联系的规律性进行概括与反映的过程。在秘书写作过程中，活跃的思维自始至终相伴而行，更重要的是，思维的特点与状态直接决定着写作结果。

秘书写作的思维是理性思维。理性思维是人类思维的高级形式，是把握客观事物本质和规律的能动活动。理性思维能够对事物或问题进行观察、比较、分析、综合、抽象与概括。简而言之，理性思维就是一种建立在证据和逻辑推理基础上的思维方式。秘书写作过程中，首先要对具体事务进行深入的分析、综合与概括，找出其中的本质与规律，并将这种本质与规律反映在所撰写的文件之中。这样写出来的文件，既能够以理服人，也能使工作安排符合客观规律，从而有利于促进工作开展。

秘书写作的思维也是抽象思维。抽象思维凭借抽象概念对事物的本质进行反映，使人们获得超越直接感知的知识。秘书写作过程中，需要根据现实情况使用大量的抽象概念，这些概念有些是各领域通用的，有些是特定领域的专业术语。抽象概念的使用，不但使信息表达更加严密，而且也可以使写作成果文件带有鲜明的专业色彩，增强文件的规范性。

（五）秘书写作对行业知识和专业知识水平要求较高

秘书岗位依附于其他行业和社会机构，是机构为了实现自身的职能而设置的，因此秘书写作应当围绕机构的日常管理和职能的需要而开展，这就不可避免地需要相应的行业知识和专业知识。各行各业的秘书人员，应当对本行业的整体背景有所了解，尤其应当了解与本单位密切相关的行业发展现状、政策环境、管理机制等知识，只有做到了这一点，才

能对写作过程中所要处理的工作任务有更加深刻的把握，撰写的文件更能结合实际。秘书人员虽然从事的是辅助管理的秘书岗位，但是同样需要了解与业务工作有关的专业知识，只有这样，秘书才能对本单位的工作有更加深入的把握，所撰写的文件才能更具有专业色彩。

（六）秘书写作的语言要朴实、简明、准确

秘书写作和一般的文学写作不同，秘书写作的语言要求朴实、简明、准确。问题说明清楚而不书面化，表达准确让人一看就懂，不拖泥带水，条理清晰。一般无需做什么修饰，要少用形容词或描述性的句子，更不可能用什么比拟或夸张等修辞手法。

三、秘书写作的作用

（一）展示单位形象

通过一个人的作品可以看出这个人的基本素质，而通过某机关单位下发的文书还能展示出该单位管理水平的高低。有一流管理制度的单位发出的文书必定是行文规范、语言合体的。相反，如果管理制度混乱，秘书写作不过关，领导审核也不严格，这样的单位发出去的文书不仅让人不明头绪，更难有良好的对外形象，很可能会影响到单位的效益。

秘书写作作为展示单位形象的窗口，它不但能表现出秘书个人的基本素质，也可以反映该单位处理日常工作的质量与水平。从这个角度来说，文字表述基本功不过关、搞不清应用文书格式或缺乏文体感的人，不适合担任秘书一职。

（二）辅助上级管理

党政机关、企事业单位、群众团体，都在特定的范围内担负着组织、指挥、管理的职责，而实施这些职责的基本工具，就是各种文书。在行政公文中，命令、决定、决议、指示、批复等文种，就属于指挥、管理性的下行公文。这些文书一经下发，下级机关必须执行。大到国家机器的运转，小到一个企事业单位内部工作有秩序的开展，都跟文书的指挥、管理作用密切相关，离开了公文的这一作用，各方面的管理工作很可能陷入混乱状态。因此，相当多的文书的起草、定稿过程，实质上就是管理工作的实施过程。

（三）交流内外信息

秘书写作还有一个重要的作用就是交流信息。下行文中的公告、通告、通知、通报，上行文中的报告、请示，还有作为平行文的函，都有交流信息的基本功能。交流信息，一方面是上情下达、下情上达，另一方面是友邻单位互通情报。有了公文作为信息流通的渠道，上下级机关都有可能做到耳聪目明，不致闭目塞听。

（四）记载公务活动

秘书写作还可以记载公务活动，因而具有明显的凭证和依据作用。上级发布的下行文，是下级机关开展工作的依据；下级上报的上行文，是上级决策的依据；一个机关自己制作的文书，是自己履行职能、开展工作的真实记录和凭证。在日常工作中常会遇到这样的情况：对一个具体的事务该如何处理没有把握，就查找相关的文书，看上级或有关职能部门在这方面有哪些规定，然后按照规定行事。对某次会议的有关情况不够了解，就查找那次会议的纪要，马上即可获得清晰可靠的材料。因此，许多重要的文书，都需要归档保存很长时间，以便需要时查找。

四、秘书写作的注意事项

协助领导撰写文书是秘书工作一项经常性的重要任务，秘书人员要顺利完成这项任务，就应该注意如下事项。

（一）选择正确的行文格式

行文格式的选择要依照发文用途而定。发文用途规定了行文格式，行文格式反映发文目的，为发文用途服务。例如，要对下级机关布置工作，阐明工作活动的指导原则，就要选用"指示"的文种和行文格式；要向上级机关汇报工作、反映情况、提出意见或建议、答复上级机关的询问，则要选用"报告"的文种和行文格式。每个文种的选用是不同的，选用什么文种主要是由行文用途所决定的。遵循这一原则，就能正确选择文书的文种和格式，明确表达发文用途，实现文书的效用；违背这一原则，就可能选错文种或用错格式，不仅不能有效发挥文书的作用，甚至会给工作造成损失。这就要求秘书写作必须根据发文用途和行文关系正确选择文种，采用恰当的表达体式，这样才能使所写的文书既规范，又适用。

（二）了解领导意图

文书写作不同于其他文章的写作，是受命写作，而不是自由创作，是"要我写"而不是"我要写"，文书内容必须体现领导机关工作意图，不允许掺杂作者个人意见。秘书人员的思想与领导意图必须保持高度一致，才能保证文书的质量，获得领导的认可。这就要求秘书人员在文书写作中一定要首先领会领导意图，弄清发文的目的、对象、内容、要求、时间等，然后再写作。领导意图还包括党和国家的方针、政策以及上级机关的指示精神，秘书人员也必须认真学习和深刻领会。只有这样，才能写出符合要求的文书。

（三）坚持实事求是

秘书写作必须坚持实事求是的原则，即文书所写的内容必须是真实可靠的，所提出的建议和措施必须是切实可行的，不允许有半点虚构和夸张。如写请示和报告，必须如实反映情况，否则，就是欺骗上级组织；写决定和指示，必须符合执行单位的实际，否则，就是一纸空文，无法落实。这就要求秘书人员在动笔起草文书前必须进行调查研究，充分占有第一手材料，并且进行实事求是的分析，提出的任务措施和要求必须从受文单位的实际情况出发，做到切实可行。

（四）选择合适语言

秘书写作过程中的语言选择要依照文书的行文标准。文书是以书面语言为表达形式的沟通与交流工具，因此，它的语言既区别于文学作品的语言，具有明白、平实、简洁、规范等特点，又要符合行文双方的隶属关系，根据行文关系选择公文用语。例如，"报告"、"请示"是上行文，在用语上必须体现出下级机关对上级机关的尊重、请教、礼貌，多用陈述语气；"决定"、"指示"等是下行文，在用语上必须体现出坚定、果断、要求，多用祈使语气；"函"是平行文，在用语上必须体现出尊重、平和、谦恭，多用商量的语气。这种特定的语句、语气和语词，都是由行文双方的隶属关系决定的。遵循这一规律，就能实现文书表达形式与关系内容的有机统一，有利于实现行文目的。这就要求秘书在写作时，一定要根据行文双方的关系选择恰当的语言和语气表达形式，否则，就有失体统，不合规范。

（五）提高成文能力

秘书写作常常有规定的时限要求，须在一定的时间内完成写作任务，否则就难以发挥文书的作用。尤其是在紧急的情况下，更要争分夺秒，及时起草、送审和印发。否则对上不能使机关及时了解下情；对下不能使问题得到及时解决。秘书写作的速度是由文书的时效性决定的。这就要求秘书人员平时注意材料积累，培养快速构思能力，了解文书的固定格式及写作要求，练就一气呵成的能力，提高快速成文能力，及时完成文书的写作。

五、提高秘书写作能力的途径

写作能力是秘书的一项基本素质，也是衡量秘书工作的重要标准。提高秘书写作能力要做到如下几点：

（一）注重写作基本功训练

秘书写作能力的高低决定着文书质量的好坏，而写作能力的关键在于基本功。综合起来讲，基本功可用"听、读、记、写"四个字来概括。

（1）"听"，就是认真听取领导讲话的主要精神，把领导的工作思路、工作经验、具体要求记录下来；认真听取各部门领导的汇报，把各部门的基本情况、工作进展情况、存在的问题和工作建议记录下来；认真听取办公室领导和分管领导关于起草文件、报告的要求、思路并记录下来，必要时可征求一下其他秘书的意见。

（2）"读"，就是多阅读报刊杂志，从中了解和掌握国家的方针政策、各地区落实方针政策的具体措施；多阅读上级重要文件和领导讲话，充分把握上级的有关要求；多阅读本地区领导的重要讲话，掌握本地区经济和社会各项工作的思路、重点及具体工作措施；多阅读部门领导的调查报告、情况反映和有关信息，深入了解和掌握各部门的实际情况、存在问题、工作打算。

（3）"记"，就是做好会议记录、学习笔记，关键是要把主要工作的思路、措施和取得的成效牢记在心，把各项主要经济指标完成情况及原因熟记于心，为起草文件和讲话打基础。

（4）"写"，就是起草文稿的过程。在写作基本功中，听、读、记是基础，都是为"写"服务的。想写好，首先要学会定思路，也就是定提纲，这是写作的关键。公文写作同文学创作有很大区别，不同的文种都有固定格式，这适用于国家确定的 15 个文种。在起草领导讲话、汇报材料、发言提纲时，虽然也有一定格式，但不是固定不变的，要根据会议要求、领导意图和实际工作需要而定。其次要注重内容的选取。总结时要客观真实、全面详细，多用数字和事实说话；分析时要准确、有针对性和前瞻性；部署时要符合实际，有可操作性和科学性。再次要灵活运用语言文字。"公文不是无情物"，文稿的语言有别于文学创作，但同样需要活泼生动、形象鲜明、富有文彩。适当运用名人名句、成语典故、经典论述、民间俗语和修辞手法，可以增强文章的表现力。同时，注重运用好"全面"、"部分"、"最好"、"一般"等程度用语，切忌以偏盖全，失去准确性。

（二）注重改进提高写作能力的方法

（1）从"小"法。刚从事秘书工作的同志，由于对工作不熟悉，必须从小的文章写起，先写信息、消息、情况反映、内容摘要等小文章，然后由简到繁，由粗到细，由少到多，每天坚持写。

（2）综合法。秘书的主要职责是搞综合，学会综合各部门的基本情况，综合领导的工作思路，从一个部门、一个产业、一项工作开始综合，先撰写调查报告，了解情况，在此基础上学会分析问题，重点是提出合理化建议，然后是起草各种讲话、汇报、署名文章、情况分析等综合性文稿。

（3）冷"处"法，也称冷静处理法。文稿初成后，由于思维已成定势，马上修改肯定没有效果，如果时间允许，可以先放一放，让初成后的喜悦冷却下来，再拿出来修改，以第三人的角度和清醒的头脑重新审定思路、内容和语言，定会有意想不到的效果。

（4）讨论法。三人行必有我师，集体的智慧是无穷的。再好的材料也有缺点和不足，都有需要不断修改和完善的地方。通过集体讨论，找出存在的问题，提出修改意见。实践证明，这种方法是通用的，也是最有效的方法。

（5）珍藏法。珍藏精品，将写得好的文章保存起来，主要是珍藏领导的修改稿和各种文种的精品。

（6）压减法。文章贵于精，公文亦如此。作为秘书人员要多在"文字精练"、"篇幅短小"上狠下功夫，起草公文时，要开门见山，直陈其事，不断锤炼语言文字的表达能力。

（三）注重良好写作习惯的养成

习惯成自然，良好的习惯决定能力提高的快慢，写作能力的提高与良好的写作习惯是分不开的。概括地讲，良好的写作习惯主要有以下几个：一是多写。俗话说，勤能补拙，许多秘书都有这样的体会，"常看胸中有本、常写笔下生花"，写作能力来源于日积月累，笔耕不辍。二是勤思，就是所谓的"悟"。秘书人员作为协助领导工作的参谋助手，是贯彻执行党的路线、方针、政策的一支骨干力量，在写东西时必须对工作进行战略的、全局的思考。多思才能"思风发于胸臆、言泉流于笔端"。所以在日常工作中，发现问题，就要认真思考，找出问题的症结，提出解决的办法，养成勤于思考、善于思考的好习惯。三是善"易"，就是善于更换角度和位置。一份好的文稿必须体现领导意图，这就要求秘书人员要善于更换位置，给谁写讲话，就站在谁的角度去写，切实养成善"易"的好习惯。四是乐创，就是喜欢创新。"从材料中来，到材料中去"，是秘书人员的通"病"，也是影响写作能力提高的最大障碍。要解决这一问题，就要求秘书人员有较强的创新意识，养成创新的习惯，大到长篇的工作报告，小到片语只言的会议通知，都要加强文章的思想创新、体裁创新和内容创新，做到"笔"到文成，耳目一新，发人深思。

模块二 行政公文

项目一 命令

一、项目描述

中国民航兰州管理局第八飞行大队杨继海机组，2010年7月25日驾驶民航伊尔十八220号机执行西安至上海2505航班任务，在飞临上海附近上空时，机上五名歹徒突然采用暴力手段劫持飞机。杨继海机组本着高度的爱国主义精神和保卫旅客安全的责任感，临危不惧，坚定沉着，配合有方，在地面正确指挥和机上旅客的协助下，与歹徒进行了机智勇敢的搏斗，终于战胜歹徒，飞机载着全部中外旅客在上海虹桥机场安全着陆。他们在当地人民政府和驻军的配合下，粉碎了一起劫机的严重事件，谱写了我国民航反劫机的一曲胜利凯歌。

为了表彰这一英雄事迹，国务院决定授予杨继海机组中国民航英雄机组的称号。给机长杨继海记特等功一次，授予反劫机英雄称号；给副驾驶阎文华、机械员刘兆贤、报务员苗学仁、领航员黄振江、乘务分队长许克敏各记特等功一次；给乘务员盖生兰、贾志梅各记大功一次；给杨继海机组八位同志晋升一级，并分别给予奖金奖励。

二、必备知识

（一）概念

命令（令）是权威性最高的行政公文，适用于依照有关法律公布行政法规和规章；宣布实行重大强制性行政措施；嘉奖有关单位及人员。

"命令"和"令"曾被作为两种文体看待，实际上，从性质、功能和写作方法上看，二者并没有什么差别，不过是一种文体在撰写时根据使用惯例和汉语双音化的习惯需要所使用的不同名称而已。如《国务院关于在西藏自治区拉萨市实行戒严的命令》、《中华人民共和国主席令》等。

（二）特点

1. 发文机关的权威性

命令（令）虽是行政公文的主要文体，但并不是所有行政机关都有权发布命令（令）。根据《中华人民共和国宪法》和《中华人民共和国各级人民代表大会和地方各级人民政府组织法》的有关规定，只有全国人民代表大会的常务委员会、委员长，国家主席，国务院和国务院总理，国务院各部委及其部长、主任，地方各级人民政府和各级人民代表大会，才有权力发布命令（令）。其他各种企事业单位、党团组织和社会团体，均无权发布命令（令）。党的领导机关可以和同级人民政府联合发布命令（令），但是要以行政公文的面目出现。

2. 发文内容的严肃性

受权威性和强制性特点的制约，命令（令）只能用于重大决策事项，如发布重要的行政法规和规章，宣布实行重大强制性行政措施，以及奖励成就突出的人员等。它们的发布都是以有关法律和法令为依据的。命令（令）一旦下达就必须遵守，不能随意更改。

3. 发文作用的强制性

命令（令）是所有公文中最具权威性和强制性的下行文种。命令一经发布，下级机关和人员必须无条件地服从和按令执行，没有讨价还价的余地，更不允许抵制和违反。通常所说的"令行禁止"、"服从命令听指挥"等通过命令这种文体，能得到最充分的体现。

（三）种类

根据内容和作用的不同，命令（令）可分为以下四种类型：

（1）公布令。公布令是依照有关法律公布行政法规和规章的命令。制发主体必须是具有制定、发布法律、法规、规章权的国家权力机关和行政机关，一般是市级以上国家权力机关和行政机关。以权力机关或行政机关首长的名义发布。

（2）行政令。宣布施行重大强制性行政措施的命令，称为行政令。行政令一般用于非常时期、非常事项，其他行政措施很少使用。制发主体一般是省以上高中级权力机关、行政机关及军事机关。一般以行政机关首长或行政机关名义下达。行政令中央政府平常很少用，地方行政机关更少用。

（3）奖惩令。奖惩令就是用来奖励和惩戒有关人员的命令，有嘉奖令和惩戒令两种类型。

嘉奖令是奖励的最高级别，用于奖励贡献突出的个人或集体。制发主体一般为党政等中央国家机关，以机关首长名义发布。惩戒令在实践中很少使用，新的《国家行政机关公文处理办法》已不再提及这种命令。

（4）任免令。任免令是对有关人员进行职务任免时使用的命令，一般用于任免部长级以上的人员。一般以主席令或国务院令的形式发布。

（四）写作格式

（1）标题。命令（令）的标题由发令机关名称、事由、文种构成。如《中华人民共和国国务院关于保护珍贵稀有野生动物的通令》。

（2）发文字号有两种。一种是完全式写法，如国发〔2005〕51号。另一种是专用写法。一般以领导人名义发布的命令不按照年度编号，而是从任职开始到卸任为止依次编号，如：第49号。

（3）主送机关。发布令、行政令因其面向政府所辖范围内的全体成员，故不用主送机关。嘉奖令有主送机关。

（4）正文。正文是公文的主体，有以下三种形式：

① 单层次式。发布令多数采用单层次式，其内容通常很简短，包括发布根据、发布内容和实施日期，主要写明在什么时间、什么会议或什么机关通过或批准，发布了什么法规，什么时候开始实行等即可。正文只写出法规的名称，具体内容放在正文后的附件中来交待。结尾常用"现公布施行"、"现予公布试行"，或"现予公布，自×年×月×日起正式实行。"

② 二层次式。行政令和任免令多采用二层次式。第一层次的内容是发布该令的目的，

第二层次的内容为命令事项和执行要求。行政令要写清楚具体的行政措施，任免令要写清楚任免人员的姓名和职务。

③ 三层次式。嘉奖令多数为三层次式。第一层次写嘉奖的缘由，主要写明嘉奖对象的功勋和业绩，其中时间、地点、事情、原因、结果要交代清楚，此段最后要对功勋和业绩从性质与结果两方面给予分析和评价。第二层次写嘉奖的目的及嘉奖的内容。嘉奖内容从精神的鼓励和物质的奖励两方面出发，有授予荣誉称号的、记功的，还有晋级的、给予奖金的。第三层次写嘉奖希望，写明对受奖者的勉励与要求，或向有关方面人员提出希望。

（5）附件。颁布法规文件的命令，均以随令公布的法规文件作为附件，在正件中需简要说明批准法规文件的机关、文件标题与正式施行、生效日期以及对文件执行的要求等。在正文下方需注明附件的标题与件数。

（6）落款。在正文右下方标注发文机关领导人的姓名，姓名前要冠以职务。以机关名义发布的命令，也可以不签领导人的姓名。

（7）成文时间。成文时间有两种标法：一种是标在标题之下；另一种是写在文尾署名的下方。

（五）注意事项

（1）命令（令）是一种庄重严肃的公文，使用必须审慎，既不能滥用职权，随意发号施令，也不可朝令夕改，使下级无所适从。

（2）根据我国《宪法》及其他有关法律的规定，除全国人大常委会、委员长，国家主席，国务院总理，国务院各部委及其部长、主任，县以上（含县）人民政府和各级人民代表大会可以发布命令外，其他机关和个人均不得发布命令。

（3）命令（令）的正文部分应写得庄重质朴、简短严谨，主要是传达领导机关的决策，不需作具体的分析或说明。命令（令）的语气要坚决有力，文字要精当明确，不可使用模棱两可的语言或商量的口吻。

三、项目演练

（一）例文赏析

例文❶

中华人民共和国主席令

（第 36 号）

根据中华人民共和国第十届全国人民代表大会常务委员会第十五次会议于 2005 年 4 月 27 日的决定：

免去吴仪（女）兼任的卫生部部长职务；任命高强为卫生部部长。

中华人民共和国主席　胡锦涛（印章）

二〇〇五年四月二十七日

【简析】此任免令的正文只用一句话，就点明了任命的依据和任命的事项，语言精练。

·9·

例文❷

中华人民共和国国务院令

第 378 号

《企业国有资产监督管理暂行条例》已经于 2003 年 5 月 13 日国务院第八次常务会议讨论通过，现予公布，自公布之日起施行。

总理 温家宝（印章）

二〇〇三年五月二十七日

【简析】这是一篇公布令。正文由公布对象、公布依据、公布决定和施行时间等构成，格式规范，文字简朴、庄重。

从以上例文可以看出，命令是只有最高国家权力机关、中央人民政府及县级以上地方人民政府才有权发布的指挥性的文件。《中华人民共和国宪法》规定，全国人大常委会委员长、中华人民共和国主席、国务院总理、各部部长、各委员会主任和县以上地方人民政府可以发布命令（令），其他机关不得发布。

（二）项目实操

根据"项目描述"的案例内容，写一篇嘉奖令。

四、课后互动平台

（一）撰写实训报告

内容包括完成该实训项目的过程、存在的问题，以及你从此项实训任务中收获了什么。

（二）网上学习

百度搜索：法定公文写作范例——命令，进一步掌握几种类型命令的写法。

（网址：http://wenku.baidu.com/view/d40cb463783e0912a2162a29.html）

项目二　决　议

一、项目描述

根据《公司法》及《公司章程》的有关规定，石家庄昌丰公司于 2011 年 6 月 5 日在公司会议室召开股东大会，会议由李仁主持。全体股东在会议上一致通过：① 同意增加新股东张吕先生，同意周光先生全部转让所持有股份；② 同意将原股东陈强所持有公司 10％的股份（350 万元人民币）无偿转让给张敏，其他股东放弃优先购买权；③ 同意变更本公司章程第五章第 3 条；④ 会议讨论并通过了同意变更本公司章程第九章第 2 条的公司章程修正案；⑤ 会议决定委托郭海办理公司变更手续。

二、必备知识

（一）概念

决议是经过会议讨论通过，对某些重大事项、重大问题做出决策，并要求贯彻执行的公文文件。它体现了集体或集团的意志，具有无可辩驳的集体性以及权威性、规范性，是企业的公文之一。

（二）特点

（1）权威性。决议是经过会议讨论通过才能生效，并由领导机关发布的，是领导机关意志的反映。决议的内容事关重要决策事项，一经公布，必须坚决执行。

（2）指导性。决议表述的观点和对事项的评价都具有指导意义。

（三）种类

根据决议内容与性能，一般将其划分为以下三类：

（1）审议批准性决议。主要反映有关会议审议批准文件、机构设置、财务预决算等事项的情况。例如《中国共产党第十六次全国代表大会关于十五届中央委员会报告的决议》。

（2）方针政策性决议。主要着眼于从宏观的角度反映会议结果，特别要反映在路线、方针、政策上统一思想认识以确定大政方针的重要事项。例如《中国共产党中央委员会关于建国以来党的若干历史问题的决议》。

（3）专门事项性决议。主要反映会议针对有关专门问题讨论后形成的决策事项。例如《中国共产党第十五届中央委员会第六次全体会议关于召开党的十六次全国代表大会的决议》。

（四）写作格式

决议由首部和正文两部分组成。

1. 首部

首部包括标题和成文时间两个项目。

（1）标题。主要有两种标题形式：

第一种是由发文机关、主要内容、文种组成，如《中共四川省委关于认真学习、坚决贯彻〈中共中央关于加强党同人民群众联系的决定〉的决议》。

第二种是由会议名称、主要内容、文种组成，如《中国共产党第十一届中央委员会第五次全体会议关于为刘少奇同志平反的决议》。

（2）成文时间。成文时间即决议正式通过的日期。一般放在标题下，在小括号内注明会议名称及通过时间，也可只写年月日。具体写法有两种情况：

如果公文标题中已包括会议名称，括号内只需写明"×年×月×日通过"即可。

如果公文标题中没有会议名称，括号内要写明"××委员会第×次会议×年×月×日通过"。

2. 正文

正文由决议缘由、决议事项和结语三部分组成。

（1）决议缘由：一般简要说明有关会议审议决议涉及事项的情况，陈述作出决议的原因、根据、背景、目的或意义。具体来说，一般要写明会议听取了什么、学习讨论了什么、审议了什么、批准或通过了什么、自何时生效等。

如：中国共产党第十四次全国代表大会通过十三届中央委员会提出的《中国共产党章程》(修正案)，决定自通过之日起，经修正后的《中国共产党章程》即行生效。

以上各项要根据会议的内容而定，不必面面俱到。

(2)决议事项：一般可以写明会议通过的决议事项，或会议对有关文件、事项作出的评价、决定，或对有关工作做出的部署安排和要求、措施。这部分的内容比较复杂，写法也比较灵活多样。

如果是批准事项或通过文件的决议，相对比较简单，这部分多是起强调意义，提出号召和要求。

如果是安排工作的决议，要写明工作的内容、措施、要求。内容复杂时，要明确分出层次并列出各层次的小标题，或者分条撰写。

如果是阐述原则问题的决议，主体部分要有较多的议论，多采用夹叙夹议的写法，把道理说深说透。所谓"夹叙夹议"，就是用概括叙述的方式介绍情况、提供事实，用议论的方式做公正的评价和精辟的论述。

(3)结语：一般紧扣决议事项有针对性地提出希望、号召和执行要求。有的决议可不单列这部分，主体结束，全文也就自然结束了，不必再专门撰写结语。

(五) 注意事项

(1)决议作为规范性公文文种与其他公文显著的不同点是，必须是经过一定会议议决的事项才能使用"决议"，不经会议不可能产生决议。同时，从公文处理工作的实践来看，并不是所有会议决定的事项都可以形成决议，原则上讲只有经过法定程序选举或经过其他组织原则按照一定程序形成的会议、委员会会议才能形成决议。工作会议、专题会议或其他临时性会议决定的事项一般不应使用"决议"的形式行文，而采取会议纪要的形式。因此，决议的释义中在会议前加上"一定的"三个字作定语，就是为了表明不是所有的会议，这样表述更科学一些。

(2)决议用法一般有以下三个方面：一是对会议经过讨论通过的议案、报告、法规等文件表明态度，通过评价，要求有关方面在执行中体现的基本原则、基本精神使用决议；二是对会议整个过程中议决的事项，进行全面概括形成的结论使用决议，可称为综合性决议；三是会议多项议程，一一形成意见后就单项问题形成决议，称为单项决议或专题决议。

(3)决议的制发主体是会议或委员会，决议的标题一般由会议(委员会)、内容、文种组成，如第七届全国人民代表大会第五次会议关于兴建长江三峡工程的决议。这是一个代表性极强的典型的决议标题。再一种标题形式是会议加文种，内容省略，但这种标题不适用单项决议。

(4)在写作手法上，决议的内容一般是针对重大问题，通过一定组织形式的会议讨论通过，郑重作出的决定，事关重大，如全国人大及其常委会通过的一些决议本身就是法律。因此，在行文表述上应十分慎重。要求逻辑严密，用语精确，条理分明，具体明确，严谨、简练、准确；以正面阐述为主，阐述清楚，说理透彻，少做解释，对议而未决的事项，有意回避，避而不提；经常用"会议一致认为"作段首语。

(六) 决议与决定的区别

(1)形成过程不同。决议是经过正式会议或法定会议按照一定程序表决通过后形成的文件；决定大都由机关领导者直接签发，正式下达。

（2）发布名义不同。决议必须以会议名义发布，即通过决议的会议是决议的法定作者；决定则主要以机关名义发布。

（3）内容安排不同。决议多为宏观性、原则性和关系全局的重大问题，大多旨在肯定会议成果，统一思想认识；决定多数涉及重大事件、法定事件或较具体的工作事项，侧重于贯彻执行。

三、项目演练

（一）例文赏析

例文❶

第九届全国人民代表大会第四次会议
关于国民经济和社会发展第十个五年计划纲要及关于纲要报告的决议

（2001年3月15日第九届全国人民代表大会第四次会议通过）

第九届全国人民代表大会第四次会议，经过认真审查和审议，决定批准《中华人民共和国国民经济和社会发展第十个五年计划纲要》和朱镕基总理代表国务院所作的《关于国民经济和社会发展第十个五年计划纲要的报告》。会议认为，《纲要》和《报告》对"九五"时期的工作总结是实事求是的，提出的今后五年经济和社会发展的奋斗目标、指导方针和主要任务，符合全国各族人民的根本利益，反映了时代发展和建设现代化事业的要求，经过努力是能够实现的。

会议认为，过去的五年，全国各族人民在中国共产党领导下，团结奋斗，克服重重困难，取得了巨大成就。第九个五年计划的胜利完成、现代化建设第二步战略目标的提前实现，为实施第十个五年计划、向第三步战略目标迈进，奠定了良好基础。同时也要高度重视经济和社会生活中存在的问题，采取有效措施加以解决。

会议指出，实现《纲要》提出的奋斗目标，必须坚持以邓小平理论和党的基本路线为指导，按照"三个代表"重要思想的要求，处理好改革、发展、稳定的关系，坚持发展是硬道理的战略思想，以发展为主题，以结构调整为主线，以改革开放和科技进步为动力，把提高人民生活水平作为根本出发点，推动经济和社会协调发展。

会议强调，必须把加强农业基础地位、增加农民收入作为经济工作的首要任务，加快农业和农村经济结构调整，着力促进农业产业化经营，大力推进农村各项改革，切实减轻农民负担，继续抓好农村扶贫工作，积极稳妥推进城镇化。要加大经济结构战略性调整的力度，重点加快工业改组改造和结构优化升级，发展高新技术产业，加强基础设施建设，加快服务业发展。要有步骤、有重点地实施西部大开发战略，加快中西部地区发展。要千方百计扩大就业，不断增加居民收入，深化收入分配制度改革，加快完善社会保障制度，改善城乡居民生活环境，保障人民安居乐业。

会议认为，落实科教兴国战略是完成"十五"计划各项任务的重要保证。要促进科技进步和创新，加快科技体制改革。教育要适度超前发展，着力推进素质教育，巩固基本普及九年义务教育的成果，深化教育体制改革。要继续实施可持续发展战略，坚持计划生育的基本国策，保护和合理利用资源，加强生态建设和环境保护，综合治理环境污染，促进人口、资源、环境协调发展。

会议强调，必须坚定不移地深化改革，扩大开放。要大力推进体制创新，逐步完善社会主义市场经济体制。继续深化国有企业改革，进一步实行政企分开，切实转变政府职能。坚持公有制经济为主体，支持、鼓励和引导非公有制经济健康发展。继续深化财税、金融、投资体制改革。大力整顿和规范市场经济秩序。不断提高对外开放水平，抓紧做好加入世界贸易组织的各项工作，进一步发展对外贸易，合理有效利用外资。

会议要求，积极推进社会主义民主法制建设，发展社会主义民主政治，依法治国，建设社会主义法治国家。继续推进政治体制改革。大力加强社会主义精神文明建设，建立适应社会主义市场经济发展的思想道德体系，把依法治国和以德治国结合起来。坚持和完善民族区域自治制度，发展平等、团结、互助的社会主义民族关系，促进各民族共同繁荣进步。各级人民政府都要依法行政，从严治政，全心全意为人民服务。要深入开展反腐败斗争，健全依法行使权力的监督制约机制。加强社会治安综合治理，依法惩治各种危害社会和国家安全的犯罪活动，依法取缔"法轮功"等邪教组织，进一步维护社会稳定。加强军队建设，增强国防实力。

会议指出，要继续按照"一国两制"方针和基本法，维护香港、澳门的长期繁荣稳定。要坚持"和平统一、一国两制"的基本方针和江泽民主席的八项主张，与广大台湾同胞一道，坚决反对和阻止任何制造分裂的图谋，继续推动两岸对话与谈判，发展两岸经济文化交流和人员往来，早日完成祖国统一大业。

会议指出，要始终不渝地奉行独立自主的和平外交政策，在和平共处五项原则的基础上，进一步同世界各国发展友好合作关系，推动建立和平稳定、公正合理的国际政治经济新秩序。

会议号召：全国各族人民紧密团结在以江泽民同志为核心的党中央周围，高举邓小平理论的伟大旗帜，坚持党的基本路线，以"三个代表"重要思想为指导，万众一心，开拓进取，扎实工作，为实现第十个五年计划，为把我国建设成为富强民主文明的社会主义现代化国家而努力奋斗！

【简析】该决议由首部和正文组成，要素齐全。这是一份批准性决议，是对提请九届全国人大四次会议审议的《中华人民共和国国民经济和社会发展第十个五年计划纲要》和朱镕基总理代表国务院所作的《关于国民经济和社会发展第十个五年计划纲要的报告》作出的批准性决定，适用"决议"文种。整篇决议层次清晰严密，语言简明得体，头尾呼应，浑然一体，有很强的权威性和感召力。

例文②

××××有限公司股东会决议

会议时间：××年××月××日

会议地点：××市××区××路××号（××会议室）

会议性质：首届股东会会议

参加会议人员：股东（或者股东代表）＿＿＿、＿＿＿、＿＿＿，全体股东均已到会。（可以补充说明：会议通知情况及到会股东情况。）

会议议题：协商表决本公司＿＿＿＿＿＿事宜。

根据《中华人民共和国公司法》，_____有限公司召开首次股东会会议，本次会议由出资最多的股东_____召集和主持。出席本次会议的有股东（或者股东代表）_____、_____、_____。经股东会会议讨论，一致通过如下决议：

一、选举_____、_____、_____担任_____有限公司首届董事会董事，任期____年。

二、选举_____、_____担任_____有限公司首届监事会监事，另一名监事由职工民主选举产生，任期____年。

三、表决通过公司章程。

全体股东签字或盖章：

××××有限公司（印章）

××年××月××日

【简析】这是一份专门事项决议，是对该公司的有关事宜讨论后形成的决策。会议要素齐全，会议决议事项明确。全文层次分明，结构完整。

（二）项目实操

根据"项目描述"背景，写一份会议决议。

四、课后互动平台

（一）撰写实训报告

内容包括完成该实训项目的过程、存在的问题，以及你从此项实训任务中收获了什么。

（二）网上学习

百度搜索：秘书写作综合训练，并按其中的训练要求，进行相关文种的写作。

（网址：http://wenku.baidu.com/view/e249614d852458fb770b56a4.html）

项目三 决 定

一、项目描述

2009 年 4 月 23 日，海天集团南燕制衣厂的工人在吃了工厂食堂提供的午饭后出现了集体性的腹痛和呕吐。120 接报后迅速将工人送往医院，由于人数众多，共有 5 家医院参与了本次救治行动。各医院总共接收了 116 人。在有关部门的调度及医护人员的积极救治下，工人情况稳定。23 日晚 10 时 30 分，已有 104 名中毒工人出院。其余的留院观察者于24 日中午全部出院。

经过调查，市疾控中心从该制衣厂食堂所用的食用油和员工呕吐物中检出工业桐油成分。中毒原因初步查明，是由于患者食用了混有桐油的食用油制作的食物，出现胃肠刺激症状。省疾控中心对桐油阳性的食用油样品进行定量检测，结果为桐油含量 38%。专家认为，由于桐油含量较低，患者摄入桐油的量较少，症状均较轻微，不会对身体健康产生长期影响。

接下来，通过调查发现，制衣厂食堂于 2009 年 2 月 20 日由行政部经手承包给了好味道饮食有限公司，该食堂没领取卫生许可证，属无证经营。食堂平时由雅味食品有限公司供应食用油。4月16日、18日、20日，先后从雅味食品有限公司购买了3罐食用油，每罐24千克。雅味食品有限公司所销售的食用油来自附近的石板坡粮油店。目前，有关部门已对石板坡粮油店批发出的其他食用油就地封存取样。除制衣厂食堂4月18日购买的1罐食用油发现含有工业桐油外，其他追踪到的食用油样本均没有检出桐油。

在调查中毒事件的过程中，还发现制衣厂食堂由行政部经手承包给好味道饮食有限公司时，没有经过正常的招标程序，也没有去核实经营食堂所必须有的资质证明，致使该食堂在没领取卫生许可证的情况下，居然能够无证经营。事后查实，行政部经理黄国军曾经接受了好味道公司给的好处费3000元。为此，南燕制衣厂办公会议作出决定，撤销行政部经理黄国军的职务，给予他严重警告处分，罚款5000元。

作为南燕制衣厂办公室的秘书，办公室主任安排你将厂办公会议作出的决定写成书面文书。

二、必备知识

（一）概念

决定是行政机关做出决策、安排的指挥性公文。它适用于对重要事项或重大行动做出安排、重要的人事任免、奖惩有关单位及人员、变更或者撤销下级机关不适当的决定事项。

决定与命令公文一样，都涉及重大事项，都要求下级机关和有关人员服从或者贯彻执行。二者的不同点在于：命令的制发机关级别很高，其制发机关是按照有关法律规定的国家领导机关及其领导人，国务院各部委，乡镇以上各级人民政府；决定则是任何机关、民主党派、社会团体、企事业单位在自己的职权范围内作出的。当然，越是基层的管理机构，决定用得越少，这是无形中的限制。

（二）特点

由于决定是决断性和指挥性的公文，因而具有强制性、规范性和广泛性的特点。

（1）强制性。强制性就是指凡决定中写明的决定事项，有关组织、单位和人员都应认真贯彻执行，不允许不执行、打折扣或阳奉阴违。否则，可视情节轻重，予以严肃处理。哪怕是错误的决定，在上级机关和制发单位未取消之前，仍具有法定的效力。

（2）规范性。决定是对重要事项或重大行动做出的决策、安排，既让下级机关贯彻执行，又对决定机关所有成员，包括那些对决定的形成起了决定作用的人员具有约束力，这就是决定的规范性。

（3）广泛性。广泛性一方面是指应用范围的广泛，政治、经济、文化、科技、教育等部门都可以运用，因而从总体上看，其内容范围涉及面广，具有金榜性和丰富性；另一方面是指决定只注明印发或传达范围，而一般不在正文的抬头写主送机关，它是在规定的范围内广泛地进行指挥，而不是向具体对象发号施令。

（三）决定的种类

按照内容性质划分，决定有法规性决定、指挥性决定和知照性决定三种。

（1）法规性决定。这类决定往往由国家立法机关或权力机关做出，内容涉及法律、法规，一般由重要会议通过发布，具有很强的权威性和行政约束力。如全国人大常委会《关于惩治虚开、伪造和非法出售增值税发票犯罪的决定》。

（2）指挥性决定。这类决定也叫部署性决定，它对某些重要事项或重大行动做出决策部署，确定大政方针，提出要求措施，要求下级认真贯彻执行。这类决定突出的是指挥性（或指示性），一般篇幅较长，说理成分较多。例如《中共中央、国务院关于坚决制止乱收费、乱罚款和各种摊派的决定》《国务院关于金融体制改革的决定》等。

（3）知照性决定。此类决定对有关具体事项做出决定，知照下级机关及有关各方，起到通知、关照和依据作用，如批准或修订法规、召开重要会议、安排处理人事问题、设置或撤销组织机构、表彰或处分有关单位和人员等。这类决定的一个突出点，就是把决定事项简要地告诉有关单位和人员，不写执行要求。如《国务院关于修改〈国务院关于职工工作时间的规定〉的决定》《国务院关于表彰全国劳动模范和先进工作者的决定》。

（四）写作格式

1. 标题

标题由发文机关、事由和文种组成。例如《国务院关于表彰第29届奥林匹克运动会组织委员会马术委员会（香港）的决定》。

2. 日期

决定的日期即公布此项决定的时间，有两种写法：一是写在标题下面，用圆括号括上；二是写在正文后面落款处。

如果是会议通过的决定，则需要在标题下面用圆括号的形式写明什么时间、什么会议通过的。例如：

广东省人民代表大会常务委员会
关于召开广东省第×届人民代表大会第×次会议的决定

（×年×月×日广东省第×届人民代表大会常务委员会第×次会议通过）

3. 主送机关

决定有两种，一种是有主送机关的，一种是没有主送机关的。有主送机关的适用于采取逐级向下行文的方式，没有主送机关的则适用于越级向下行文或直达人民群众的行文方式。

4. 正文

不同种类的决定有不完全相同的正文写法。

法规性决定的正文，一般由决定缘由、决定事项组成。决定缘由应简略写出做出决定的目的或重要性。决定事项实际上是法规性的条项，即一条一条的具体规定。

指挥性决定的正文，一般包括决定缘由、决定事项、执行要求三部分。决定缘由是正文的开头，写出决定的原因、根据和目的。由于指挥性决定事关重大，这部分需要提出问题、分析问题，用较多的文字阐述为什么要做出某项决定，写清原因或根据，为下面的决定事项提供基础和前提。决定事项是正文的主体，针对缘由部分所提出和分析的问题，作出解决问题的部署。一般将决定事项分条列项或采用小标题方式具体写出，也就是采用并列式结构。要注意层次分明，详略得当；用语严肃准确，决断有力；做到强制性、指令性、规范性的有机结合。执行要求是正文的结尾。写执行的要求与希望，也可对决定事项内容加以补充或强调。这部分的作用是加深人们对决定事项的认识理解，提高执行效力。

知照性决定的正文，一般由决定缘由、决定事项组成，不提执行要求。只是在表彰性决定中以提希望、号召作为结尾。知照性决定要求写得简明扼要。有的甚至不作分析，往往篇段合一。

有一点需要说明，大多数决定在正文前不列主送机关，在正文后也不落款。但是也有少数决定有主送机关和落款。

（五）注意事项

（1）决定事项要明确突出。陈述决定的事项、落实的措施、解决的办法、提出的要求等，表达一定要完整、周密。

（2）语言要准确、决断。决定的语言必须庄重、准确、严谨、精练，富有决断性，切忌模棱两可。

（3）如果是会议通过的决定，需要在标题下的小括号内写明这一决定是在什么时间、什么会议通过的。如果标题已有发文机关名称，落款处则一般不再写发文机关名称。

三、项目演练

（一）例文赏析

例文❶

深圳市人民代表大会常务委员会
关于批准深圳市人民政府在罗湖区进行行政
综合执法检查和处罚试点的决定

（××××年5月15日深圳市第二届人民代表大会常务委员会第二十二次会议通过）

深圳市第二届人民代表大会常务委员会第二十二次会议审议了深圳市人民政府《关于提请审议在罗湖区试行行政综合执法的方案》。为加强城市管理，提高行政执法效率，避免多头检查和重复处罚，改善我市投资环境和生活环境，根据《中华人民共和国行政处罚法》的基本原则，结合深圳的实际，作如下决定：

一、批准市人民政府在罗湖区进行行政综合执法检查和处罚试点。同意罗湖区人民政府成立行政综合执法机构。

二、罗湖区行政综合执法机构的名称、组织机构、人员编制、执法范围、执法程序、复议管辖等具体实施方案由罗湖区人民政府拟定，报市人民政府批准并公布实施。

三、罗湖区行政综合执法机构具有独立的行政执法主体资格。在市人民政府确定的试点范围内，市、区相关行政机关依照法律、法规和有关规定在罗湖辖区按各自职权范围只行使行政管理权和监督权，不再行使检查权和处罚权。

四、本决定自公布之日起生效。

【简析】这是一篇指挥部署性决定，具有明显的规定性和指导性。正文有行文依据，有目的句，文种承启语引出四项决定事项。事项具体，用语决断，简练准确，便于执行。

例文❷

红日实业集团公司
关于表彰黎明服装分公司的决定

各分公司、各部门、各单位：

黎明服装分公司是我集团公司18家企业之一。近年来，该分公司在全国"十大女杰"

之一王宏明同志带领下，始终坚持外向牵动的发展方针，加速与国际经济接轨的步伐，以超常的胆识和气魄，内转机制，外闯市场，挺进国际，开拓进取，拼搏实干，创产品名牌，树企业形象，取得了令人瞩目的成绩，从一个原有80余人的集体企业，一跃发展成为拥有5000余名员工、年销售额近9亿元、年利税超亿元的企业，为我集团公司的发展作出了重要的贡献。特别是今年10月中旬，黎明服装分公司生产的系列晚礼服参加法国高级成衣展示周活动，不但使我集团公司服装第一次进入世界顶级服装艺术展示的殿堂——巴黎卢浮宫，而且黎明系列晚礼服还被评为本届展示周服装银奖，这不仅弘扬了中华民族古老悠久的服装艺术和辉煌灿烂的历史文化，而且展现出当代中国日新月异的文明成果和奋发向上的精神风貌，产生了巨大影响，受到了国际服装界的高度赞扬，为本集团公司赢得了荣誉。

为此，经本集团公司研究决定，对黎明服装分公司予以表彰，并奖励10万元人民币，以资鼓励。

希望黎明服装分公司再接再励，不辱使命，勇攀高峰，为振兴我集团服装产业、服务全国、走向世界再立新功。同时，希望各分公司、各部门、各单位向黎明服装分公司学习，学习他们放眼世界、走向国际的开放思想；学习他们勇立潮头、敢超一流的争先精神；学习他们不畏风险、敢为人先的开拓气魄；学习他们努力拼搏、追求卓越的实干行为。高举邓小平理论伟大旗帜，进一步加大"创新争优"的力度，继续参与国际竞争，开拓奋进，为全面完成今年的各项工作任务，为实现"一三五"发展目标而努力奋斗！

红日实业集团公司（印章）
2012年9月18日

【简析】这是一份企业表彰决定。正文首先简写被表彰者近年取得的基本成绩和企业概况，这是表彰决定的间接缘由，继而写被表彰者生产的服装首次进入巴黎卢浮宫参展，作为行文的直接缘由，接着对参展事项进行了恰当的评价。"为此"两字引出决定事项后，提出了希望。

全文层次分明，结构完整，语言简洁、流畅。末段"学习他们"的排比句，增加了文章的气势，同时，表现出与表彰决定相和谐的热情。

（二）项目实操

根据"项目描述"背景内容，写一篇决定。

四、课后互动平台

（一）撰写实训报告

内容包括完成该实训项目的过程、存在的问题，以及你从此项实训任务中收获了什么。

（二）网上学习

百度搜索：病文析评与决定写作训练，按其中要求进行决定写作训练。

（网址：http://wenku.baidu.com/view/6c72e7b7960590c69ec3766c.html）

项目四 意 见

一、项目描述

清明节是中华民族的传统节日。在清明节期间，广大群众有烧香点烛、烧钱化纸、扫墓祭祖、怀念先人的传统。山林间扫墓人群络绎不绝，鞭炮声此起彼落，烧钱化纸烟雾弥漫，野外用火成倍上升，增大了发生森林火灾的危险性。为了确保森林资源安全，严防森林火灾和人员伤亡事故发生，现就为切实做好"清明"期间森林防火安全工作，南宁市政府向各市民提出各项意见。

二、必备知识

（一）概念

意见适用于对重要问题提出见解和处理办法。

意见，原属党务公文，2000 年 8 月 24 日国务院发布的《国家行政公文处理办法》将意见定为行政公文。意见往往是在对某些新情况新问题急需解决，而原有的政策规定或没有明确说明，或已不适应的情况下，提出对于这些问题的解决见解和处理办法时，需要用到的文种。

（二）特点

1. 行文方向的多向性

意见的行文关系不十分严格，它可以用于上级机关对下级机关提出一些指导性、规定性的意见，作为下行文来使用；也可以用于下级机关对上级机关提出一些建议性见解，作为上行文来使用；还可以用于同级机关之间互相提出建议或意见，作为平行文来使用。它的行文方向比较灵活，能及时反映不同层次机关对工作的见解和看法，增强了公文的民主性。

2. 内容的针对性

意见总是根据现实的需要，针对某项工作或某一重要的问题，经仔细研究后提出的见解或处理意见，它有的放矢，有着较强的针对性和可操作性。

3. 作用的多样性

意见行文方向的多向性就决定了意见可以具备多种作用，既可以用来指导下级机关的工作，具备指导作用，也可以对上级机关起到建议参考作用，还可以用于平级和不相隶属机关之间提出参考性意见；同时，意见也往往是对一些需要解决而还没有掌握规律的问题提出的见解和办法，因此还具备一定的探索作用。

（三）种类

1. 建议性意见

建议性意见是指下级机关就其业务范围之内的某一问题，向上级机关提出某些看法、意见，供上级机关参考，作为上级机关制定相关政策的依据。该意见一经上级机关批转，就作为上级机关的指导性意见，具有一定的指导性。例如，《关于依法保护国有农场土地合法权益的意见》是国土资源部和农业部联合向国务院上报的意见，国务院同意后，由国务院办公厅以"通知"的形式转发给有关机关。此类意见是上行文,类似呈转性报告。

2. 指导性意见

指导性意见是指上级机关针对下级工作所出现的问题,阐明基本原则,提出解决办法和执行要求,对下级机关的工作给予指导。此类意见一经下发就产生一定的法定效力。

3. 实施性意见

实施性意见一般是为贯彻落实某一重要决定或中心工作所制定的实施方案,它重在阐发上级的有关精神,使下级单位对上级的文件精神有更深入的理解,同时提出较为具体的行动方案和工作安排。实施性意见属下行文。

4. 参考性意见

参考性意见是平行机关和不相隶属机关之间就某些工作提出的供对方参考的建设性的见解或可行性方案。

(四)写作格式

1. 标题

意见的标题由发文机关、事由和文种组成,如《国务院办公厅关于推进种子管理体制改革加强市场监管的意见》。

2. 主送机关

分为两种情况:需要转发的意见,没有主送机关这一项,但转发该意见的通知,要把主送机关写清楚;直接发布的意见,要有主送机关,主送机关的排列方法和一般公文相同。

3. 正文

(1)发文缘由。这是意见的开头部分,主要写出发布意见的背景、根据、目的、意义等,回答"为什么提意见"。文字根据具体情况可长可短,最后以"现提出以下意见"、"特制定本实施意见"等过渡性语句转入下文。

(2)见解办法。这是意见的核心部分,主要是对有关问题或工作提出相关的见解、建议或处理办法。内容较单纯集中的,主体部分直接写见解即可;内容繁多的,涉及重要问题或全局性工作的,既要提出总的、原则性的要求,还要指出具体可行的实际操作办法。

(3)执行要求。一般写清意见提出者的要求、希望即可,如"以上意见,望各单位结合本部门的实际情况,制定相应措施,认真贯彻执行"。也可简单明了地说明要求,如"请认真贯彻落实"。

以上是下行意见公文的发文要求,上行意见公文习惯上用"以上意见如无不妥,请批转执行"来收尾。也可以自然收尾,不加结束语。

4. 落款

在正文后右下方标注发文机关。如在标题中已出现发文机关,则落款省略。

5. 成文时间

成文时间一般为发文日期,该日期也可注于标题之下。

(五)写作的注意事项

(1)必须具有明确的政策依据与法规依据。

(2)应从实际出发。

(3)意见的内容应明确具体,即工作目标明确,政策界限清楚,措施办法具体。

(4)意见最重要的是讲究建设性与可行性。

三、项目演练

(一) 例文赏析

例文❶

北京市公安局关于推进小城镇户籍管理制度改革的意见

各卫星城、各中心镇：

为加快本市小城镇经济发展和城市化进程，促进城乡经济协调发展，探索建立适应社会主义市场经济体制的新型户籍管理制度，根据《国务院批转公安部关于推进小城镇户籍管理制度改革意见的通知》(国发〔2001〕6号)精神，结合本市实际情况，提出如下意见。

一、工作目标和原则

本市小城镇户籍管理制度改革工作，应坚持既要积极又要稳妥，因地制宜、协调发展的原则。要有利于小城镇健康发展，有利于加快农村富余劳动力的转移；也要充分考虑小城镇发展的实际需要和承受能力，不搞"一刀切"。小城镇户籍管理制度改革要符合本市经济和社会发展的要求，并与加快小城镇发展总体规划相衔接；要使人口增长与经济发展、基础设施建设、就业和社会保障能力相协调，防止一哄而起，盲目扩大规模，大量占用耕地，削弱农业的基础地位。

二、改革范围和内容

在本市14个卫星城和33个中心镇(名单附后)的规划区范围内，有合法固定住所、稳定职业或生活来源的人员及其他共同居住生活的直系亲属，凡持有本市农业户口的，均可根据本人意愿办理城镇常住户口。对经批准在小城镇落户的人员，根据本人意愿，可保留其承包土地的经营权，也允许依法转让。

本市小城镇户籍管理制度改革自2002年7月1日起开始实施，具体条件和办理程序参照《北京市人民政府办公厅关于印发北京市郊区小城镇建设试点城镇户籍管理试行办法的通知》(京政办发〔1997〕41号)和《北京市人民政府办公厅关于转发北京市郊区小城镇建设试点城镇户籍管理试行办法实施细则的通知》(京政办发〔1997〕74号)的有关规定执行。由各实行小城镇户籍管理制度改革的地区根据实际需要提出拟转数量，由市公安局统一向市计委提出申请，经批准后分期、分批办理。

三、工作要求

(一) 加强领导，确保本市小城镇户籍管理制度改革工作顺利进行。这项工作涉及面广、政策性强，关系到群众的切身利益，有关区县政府和市政府有关部门要成立专门机构，切实负起责任，及时了解掌握改革进展情况，妥善解决工作中遇到的问题。市公安局和市农委共同负责小城镇户籍管理制度改革的各项准备工作。

(二) 严格履行各项审批手续。进行小城镇户籍管理制度改革地区的公安机关，要在当地政府的统一领导下，严格按照国务院和本市有关规定，受理有关"农转非"的申请。公安机关要切实负起责任，严格按照群众自愿申报、居住地登记户口、人户一致等原则审核把关。对符合条件的申请要及时审批，凡不符合条件的，一律不予办理。对弄虚作假、违法违纪的要追究责任，严肃处理。

（三）切实保障在小城镇落户人员的合法权益。经批准转为城镇户口的人员与原有城镇居民享有同等权利，履行同等义务，按照国家和本市有关规定参加社会保险。各有关地区和部门不得借改革之机，向群众收取增容费和其他类似费用，对违反规定的，要坚决追究有关人员的责任。

（四）加快研究解决小城镇建设中征用集体土地问题。市国土房管局要尽快研究制定小城镇建设中的集体土地转为国有土地、集体土地流转和集体土地上房屋权属登记的管理办法，保证小城镇户籍管理制度改革工作顺利进行。

附件：14个卫星城和33个中心镇名单

北京市公安局（印章）

二○○二年九月二十三日

【简析】这是一则上行文意见，就推进北京市小城镇户籍管理制度的改革提出具体工作意见。全文以小标题为事项，先讲工作目标和原则，使执行单位明确工作的出发点；然后说改革的范围和内容，即确定改革所涉及的人和事；最后提出具体工作要求，逐条告知应注意的问题。结构由总到分，先概括后具体。

例文②

国务院关于进一步做好
退耕还林还草试点工作的若干意见

国发〔2009〕24号

各省、自治区、直辖市人民政府，国务院各部委、各直属机构：

今年以来，按照党中央、国务院的部署，长江上游、黄河上中游各有关地区认真开展退耕还林还草的试点工作，进展比较顺利，得到广大农民的拥护和支持。主要是：一些地区由于试点范围偏大，工作衔接不够，种苗供需矛盾突出，树种结构不够合理，经济林比重普遍较大；有些地区由于严重干旱以及管理粗放，造林成活率较低。为了明确责任，严格管理，推动试点工作的健康发展，根据国务院总理办公会议的决定，并经今年七月中西部地区退耕还林还草工作座谈会讨论，现就进一步做好退耕还林还草试点工作做出以下规定：

一、加强领导，明确责任，实行省级政府负总责（文略）

二、完善退耕还林还草政策，充分调动广大群众的积极性（文略）

三、健全种苗生产供应机制，确保种苗的数量和质量（文略）

四、依靠科技进步，合理确定林草种结构和植被恢复方式（文略）

五、加强建设管理，确保退耕还林还草顺利开展（文略）

六、严格检查监督，确保退耕还林还草工程质量（文略）

中华人民共和国国务院（印章）

二○○九年九月十日

【简析】这类意见是向平级或不相隶属机关提出见解或建议。从行文内容来看，这类意见主要起参考性作用。

（二）项目实操

根据"项目描述"案例内容，写一篇意见。

四、课后互动平台

（一）撰写实训报告

内容包括完成该实训项目的过程、存在的问题，以及你从此项实训任务中收获了什么。

（二）网上学习

百度搜索："秘书写作综合训练"，并根据训练内容要求，进行意见的书写训练。

（网址：http://wenku.baidu.com/view/e249614d852458fb770b56a4.html）

项目五　公　告

一、项目描述

根据人事部关于公务员考试录用工作的有关规定及 2012 年报考国家环境保护总局公务员考生的笔试成绩，国家环境保护总局确定了 2012 年参加环保总局公务员面试人员的名单，并将面试的有关工作安排及相关要求向社会公告。公告内容如下：

（1）面试人员是根据报考各职位考生公共科目笔试成绩从高到低顺序排序，按照面试考生与各职位录用人数之比为 5∶1 的规定确定的。面试人员名单及各职位面试分数线由附件标明。

（2）面试内容为通用能力及专业知识测试，加试英语口试作为录用人选时参考。面试采取结构化方式进行。报考国际司职位的考生采用笔试加口试方式进行英语专业考试（重点考察英语水平与能力）。其他职位不再组织进行专业笔试，有关职位要求的专业知识将在面试中进行测试。

（3）面试时间为 2012 年 8 月 13 日上午（9∶00－12∶00），面试地点为国家环保总局人事司干部一处（511 房间）。国家环保总局地址：北京市西城区西直门内南小街 115 号。乘地铁在车公庄站下车，乘公交车在车公庄或官园站下车，向东 100 米即到。

（4）联系电话：010－66556183，联系人：梁恒。

二、必备知识

（一）概念

公告是行政公文的主要文种之一，它和通告统称为文告，都属于发布范围广泛的晓谕性文种。它主要适用于向国内外宣布重要事项或者法定事项。

公告适用范围非常广泛，它的用途主要体现在两个方面：

一是向国内外宣布重要事项。具体说，包括公布法律、法令、法规；公布重大国家事务活动，如国家领导人出访、任免、逝世；公布重大科技成果；公布有关重要决定等。

二是向国内外宣布法定事项。法定事项，包括按照《中华人民共和国民事诉讼法》等法律规定发布的公告，以及根据法律条文向社会公布有关规定的公告。

公告不常用，一旦使用就会引起各方的关注和重视。

（二）特点

1. 发文机关的限制性

由于公告宣布的是重大事项和法定事项，发文的权力被限制在高层行政机关及其职能部门的范围之内。具体说，国家最高权力机关（人大及其常委会），国家最高行政机关（国务院）及其所属部门，各省市、自治区、直辖市行政领导机关，某些法定机关，如税务局、海关、铁路局、人民银行、检察院、人民法院等，有制发公告的权力。其他地方行政机关，一般不能发布公告。党团组织、社会团体、企事业单位，不能发布公告。

2. 发布范围的广泛性

公告是向"国内外"发布重要事项和法定事项的公文，其信息传达范围有时是全国，有时是全世界。譬如，我国中国人民银行总行曾以公告的形式向外界公布公民出入境携带人民币限额的规定，中国公民出境，外国人入境都需要知晓并遵守这样的规定。

3. 内容的重大性

公告的内容，必须是能在国内外产生一定影响的重要事项，或者依法必须向社会公布的法定事项。公告的内容庄重严肃，体现着国家权力部门的威严，既要能够将有关信息和政策公诸于众，又要考虑在国内外可能产生的政治影响。一般性的决定、指示、通知的内容，都不能用公告的形式发布，因为它们很难具有全国和国际性的意义。

4. 传播方式的新闻性

公告还有一定的新闻性特点。公告的发布形式也有新闻性特征，它一般不用红头文件的方式传播，而是借助报刊、电视、网络等媒体迅速传播。

（三）种类

1. 行政性公告

行政性公告用来宣布国家有关政治、经济、军事、科技、教育、人事、外交等方面需要告知全民的重要事项。常见的行政性公告有国家重要领导岗位的变动，领导人的出访或其他重大活动，重要科技成果的公布，重要军事行动等。如全国人大常务委员会关于确认全国人大代表资格的公告，新华社授权宣布我国将进行向太平洋发射运载火箭试验的公告，都属此类公告。此类公告只向公众知照事项，无需公众遵守或执行某种规定。

2. 法规性的公告

法规性的公告是依照有关法律和法规的规定，向国内外宣布的具有法规性的重要事项，要求中国公民和在中国境内的外国人士遵守。此类公告不仅向公众知照公告事项，而且还要求遵守或执行。

（四）写作格式

（1）标题。公文标题由发文机关、事由、文种组成。如《国务院关于坚决制止冲击铁路确保铁路运输安全畅通的公告》。

（2）发文字号。公告一般不用公文的常规发文字号，而是在标题下文正中标示"第×号"。有些公告可以没有发文字号。

（3）主送机关。公告为普发性公文，不需要写主送机关。

（4）公告的正文。

① 开头。开头主要用来写发布公告的缘由，包括根据、目的、意义等，要写得简明扼

要。公告内容非常简短时，可以不写公告缘由，一开头就进入公告事项。

② 正文。正文用来写公告事项，即向大众公布重要事项或法定事项。因每篇公告的内容不同，主体的写法因文而异。有时用贯通式写法，有时需要分条列出。总之，这部分要求条理清楚、用语准确、简明庄重。

③ 结语。一般用"特此公告"、"现予公告"、"公告"等习惯用语作结。有些公告的结尾专用一个自然段来写执行要求，也有的公告既不写执行要求，也不用"特此公告"的结语，事完文止，自然收尾。

（5）落款。正文右下方写明发文机关全称。若标题上已有发文机关，则落款可省略。

（6）成文时间。日期一般放在落款之后，也可放在标题之下。

（五）注意事项

（1）公告是相当庄重的文告，因此要求内容准确无误。写作时要直陈其事，不发议论，不加说明，更不能抒情。语言郑重严肃，平实无华，简洁明快。

（2）一般基层单位要宣布一些很具体的事项，不宜使用公告，使用通告或通知比较合适。

三、项目演练

（一）例文赏析

例文❶

第 29 届北京 2008 年奥林匹克运动会组织委员会公告

北京 2008 年奥林匹克运动会会徽（又称第 29 届奥林匹克运动会组织委员会徽记，以下简称为"徽记"）已于今日公布。我委现就该徽记的知识产权保护事宜，公告如下：

一、根据《奥林匹克标志保护条例》及相关法律法规，我委为该徽记的权利人。

二、该徽记的商标注册申请已在国内外进行，以我委为申请人的国内商标注册申请于 2003 年 5 月 19 日提交至国家工商行政管理总局商标局，并已被受理。

三、未经我委许可，任何机构或个人均不得为商业目的（含潜在商业目的）使用该徽记。将该徽记用于非商业目的时，必须明显区别于商业行为，并不得与商业广告相邻使用。

四、任何机构或个人，在任何情况下，均不得将该徽记进行拆分、歪曲、篡改等变形使用，亦不得将该徽记作为其他图案的组成部分使用。

五、在北京市行政区域内使用该徽记时，除严格遵守《奥林匹克标志保护条例》之外，还应遵守《北京市奥林匹克知识产权保护规定》。

六、若发现任何侵犯该徽记知识产权的行为，我委将提请有关部门依法查处，追究侵权人的侵权责任。

七、我委欢迎任何机构和个人举报侵犯该徽记知识产权的行为。我委接受举报的传真号码为 010 - 64002577，接受举报的电子邮箱为 lega1@beijing-olympic.org.cn。

特此公告

第 29 届奥林匹克运动会组织委员会（印章）

二〇〇三年八月三日

【简析】这是一则知照性公告。北京 2008 年奥林匹克运动会是全国人民的一件大事，奥林匹克运动会组织委员会徽记一事国内外关注,所以该公告先写徽记的知识产权保护的原由,再写徽记的知识产权保护事宜的具体内容、侵权责任和相关要求。

例文❷

中华人民共和国最高人民法院公告

《最高人民法院关于如何处理农村五保对象遗产问题的批复》已于2006年6月30日由最高人民法院审判委员会第1121次会议通过。现予公布,自2006年8月3日起施行。

中华人民共和国最高人民法院(印章)

二〇〇六年七月二十五日

【简析】这是一则知照性公告。告知"处理农村五保对象遗产问题的批复"通过的时间和施行日期。

(二)项目实操

根据"项目描述"内容,以国家环境保护总局的名义写一篇公告。

四、课后互动平台

(一)撰写实训报告

内容包括完成该实训项目的过程、存在的问题,以及你从此项实训任务中收获了什么。

(二)网上学习

百度搜索:豆丁网,参看公告例文,提高公告的写作能力。

(http://www.docin.com/p-317103458.html)

项目六 通 告

一、项目描述

深圳市建设局根据《深圳市施工企业管理暂行办法》等相关文件规定,决定于2012年11月18起对深圳市建筑安装企业、装饰施工企业、建设监理单位、工程总承包单位进行2011年度企业年审工作。要求凡在深圳市建设局注册的建筑安装企业、装饰施工企业、建设监理单位、工程总承包单位于2012年11月16日至11月21日到深圳市建设局领取有关文件,办理年审手续。

二、必备知识

(一)概念

通告适用于公布社会有关方面应当遵守或者周知的事项,是使用频繁、用途广泛的告启式公文。

（二）特点

通告的使用不限于政府机关，一般单位或有一定指挥权的临时机构也可以使用。但必须依法发布，限定范围不能超过发文机关的权限。正因为它是各级机关、团体常用的具有周知性和一定约束力的文种，所以它具有以下几个特点：

（1）周知性。通告的内容，要求在一定范围内的人们或特定的人群普遍知晓，以使他们了解有关政策法令，遵守某些规定事项，共同维护社会公务管理秩序。

（2）法规性。通告常用来颁布地方性的法规，这些法规一经颁布，特定范围内的部门、单位和民众都必须遵守、执行。

（3）务实性。通告是一种直接指向某项事务的文种，务实性比较突出。其内容一般属于业务方面的问题，而且多为局部的、具体的问题，如交通、金融、能源等，使用频率比较高。

（4）广泛性。通告不只是对本组织或成员发出的，而是对本组织之外的社会成员发出的，对象范围较广。

（三）种类

（1）法规性通告：用于在一定范围内公布应当遵守的事项，是法规性文件有关规定的具体化，多由地方政府发布。

（2）知照性通告：用于在一定范围内公布应当周知的事项，不具有约束力，重在让一定范围内的单位、公众知道重要事项。

（四）写作格式

（1）标题。通告的标题由发文机关＋事由＋文种三者共同构成。例如《关于东城区东中街施工期间禁止机动车由南向北行驶的通告》。

（2）发文字号。通告的发文字号不像一般公文那样只用常规方式，在实践中有多种情况并存。

如果是政府发布通告，要有正规的发文字号，例如《××市人民政府关于整治市区人行道违章停放车辆的通告》，发文字号就是"市政告字〔2006〕16 号"。

如果是某一行业管理部门发布通告，则可采用"第×号"的方式，标示位置在标题之下正中。一些基层企事业单位发布的通告，可以没有字号。

（3）主送机关。通告亦为普发性公文，不需要写主送机关。

（4）正文。通告的正文共分三大部分：

① 通告缘由。作为开头部分，通告缘由主要用来表达发布通告的背景、根据、目的、意义。通过叙述相关的政策、法规依据或具体的实际情况来说明行文的原因。

② 通告事项。这是主体部分，写明社会有关方面周知或遵守的事项。文字多，内容较复杂的，多采用分条列项的写法，以做到条理分明，层次清晰。如果内容比较单一，也可采用篇段结合式写法。

③ 通告结语。这是结尾部分，写法比较简单，多采用"本通告自发布之日起实施"指明执行日期，或"特此通告"、"此告"等习惯用语结尾。

（5）落款。正文右下方写明发文机关全称。若标题上已有发文机关，则落款可省略。

（6）成文时间。日期一般放在落款之后，也可放在标题之下。

（五）注意事项

（1）通告的撰稿者要有政策观念，以政策衡量通告的事项，确保其不与现行政策抵触，不搞不符合法律程序的"土政策"。

（2）因为通告可以用来处理带有一定专业性的公务，所以写有关专业性的内容时，难免会使用一些术语，但要注意尽量选择大多数人熟悉的行业用语。同时，也要求撰稿者有一定的专业知识。

（3）通告的内容一定要突出，才能给人以深刻的印象。

（4）通告一般可以张贴、见报，也可以文件形式下达。

（六）通告和公告的异同

通告和公告二者有相似之处，也有不同之处，在写作中需要注意准确把握。

通告和公告都属于周知性的文体，也就是说，内容都具有知照性，发布范围都是面向全社会的。但二者在相同之中也存在一些区别，可大致概括为以下五个方面：

1. 发文内容的重要程度不同

公告是用来发布重要事项和法定事项的，涉及内容多是国家大事或省市级的行政大事，或者履行法律规定必须遵循的程序。小的局部性事项和非法定的事项，不能采用公告的形式公布。通告是用来发布在一定范围内需要遵守或周知的事项的，它所涉及的事项一般没有公告那么重大，多是一些局部的、具体的业务性事项。

2. 发文机关的权限大小不同

公告是一种高级别的文体，只有涉及全局性的重大事项或法定事项时，才能由高级别的行政部门发布，这一点前面介绍公告的特点时已有阐述。通告是一种高级机关和基层单位都可使用的文体，不仅行政机关可以制发，社会团体、企事业单位在自己的职权范围之内，也可以制发。

3. 发布范围有所不同

公告是向国内外发布重要事项和法定事项采用的文种，它的发布范围比较大，面向全国，有时面向全世界，遍示天下，一体周知，接受的人越多越好。通告虽然也是面向社会发布的，但多是限定在一个特定社区范围内，而且内容也多是指向某些特定的人群，要求某一社区的某一类特定人群遵守或周知。所以通告的定义中特意强调了"在一定范围内公布"。

4. 发布的方式不同

公告多数是在报刊上刊登，一般不用红头文件的方式下发，也不能印成布告的形式公开张贴。通告可以在新闻媒体上刊登，也可以用红头文件的形式下发，还可以公开张贴。

5. 发布的目的不同

多数公告，以公布事项、传达信息、让人知道为目的。通告多数是发布事项让人遵守的，即不但要让人知道，而且要让人遵守执行。

三、项目演练

（一）例文赏析

例文❶

××公司 ××××有限责任公司关于兼并经营的联合通告

为了促进经营的合理化，经双方认真论证和商定，并报请有关主管部门批准，双方同意兼并，并以××公司为存续公司，××××有限责任公司为解散公司。现将有关事项通告如下：

一、兹定于××××年××月××日为兼并日。

二、自兼并之日起，××××有限责任公司的一切权利、义务和债务，悉由××公司（存续公司）承担。

三、依公司法规定，凡××××有限责任公司的债权债务人，如有异议，请在本通告发布之日起三个月内提出，逾期提出视为无效异议。

特此通告

××公司（印章）

××××有限责任公司（印章）

××××年××月××日

【简析】这是一篇企业告晓性通告。文章以主旨句直陈行文目的，并对有关行文背景作了交待，然后，以文种承启语导出三项通告事项。文章以通告惯用语"特此通告"作结。全文文字精简，庄重明白，事项排列合乎逻辑，是短小精悍的优秀通告。

例文❷

郑州市人民政府关于封山育林的通告

郑政通〔2010〕10号

为贯彻落实《中共郑州市委郑州市人民政府关于加快林业发展的决定》（郑文〔2009〕166号），巩固造林绿化成果，发挥大自然自我修复能力，加快我市生态环境建设步伐，根据《中华人民共和国森林法》和有关法律法规，结合我市实际，市人民政府决定在全市山区实行封山育林。现将有关问题通告如下：

一、封山育林实行政府负责制，县、乡人民政府负责本辖区内封山育林工作。县级以上人民政府林业行政主管部门负责本行政区域内封山育林的规划、业务指导、核查等具体工作，计划、财政、公安、农业、国土资源、水利等部门在各自职责范围内，协同做好封山育林工作。

二、各级人民政府要通过各种有效形式，做好封山育林的宣传教育工作，使有关政策与规定家喻户晓。要确定封山育林任务，划定封山育林区，有计划有步骤地逐步实施。要安排好封山育林区群众的生产生活，通过推行牲畜圈养、使用节柴炉、搞多种经营等措施，发展山区经济，做好农民增收工作。

三、封山育林的区域为巩义、登封、新密、荥阳、新郑五个有山区的市符合封山育林条件的林业用地。具体区域由县级人民政府予以公告。

四、在封山育林区封育期内，严禁从事下列活动：

（一）放牧、割草、砍柴和非抚育性修枝；

（二）非法开垦、采石、采矿、采砂、采土、采种、采脂、掘根、剥树皮及其他毁林活动；

（三）吸烟、燃放烟花爆竹、烧荒、烧香、烧纸、野炊及其他非法用火行为；

（四）擅自移动或者毁坏标牌、界桩（标）、围栏及其他封山育林设施；

（五）法律、法规和规章禁止的其他活动。

五、违反本通告第四条规定，在封山育林区封育期内，致使森林、林木、林地、标牌、界桩（标）、围栏及其他封山育林设施受到损毁的，由县级人民政府林业行政主管部门责令恢复原状，并按照有关法律、法规、规章的规定处罚；情节和危害后果严重，构成犯罪的，依法追究刑事责任。

六、对拒绝、阻碍林业行政执法人员依法执行职务的，由公安机关依照《中华人民共和国治安管理处罚条例》予以处理；使用暴力、威胁方法的，依法追究刑事责任。

七、切实做好封山育林的管护工作。各级人民政府要加大对封山育林的投入力度，安排相应经费，并纳入当地财政预算。县级人民政府要成立专门的管护机构，根据管护实际，按每1000～2000亩设置一名护林员的标准组建管护队伍，并配备车辆、灭火器材、通讯工具等必要设备。要发动群众，组织建立乡、村护林组织。

八、对因工作不力致使封山育林工作流于形式的，坚决追究有关部门和人员的责任。

九、县级人民政府可以根据本通告精神制定本地封山育林的具体工作方案。

十、本通告自 2004 年 5 月 1 日起施行。

特此通告

郑州市人民政府（印章）

二○一○年二月二十七日

【简析】这是一篇禁管性通告。标题采用完全式写法。正文第一段写通告的依据、背景和目的，文种承启语后，分条列项写了通告事项、规定及要求。

（二）项目实操

根据"项目技术"背景，写一篇通告。

四、课后互动平台

（一）撰写实训报告

内容包括完成该实训项目的过程、存在的问题，以及你从此项实训任务中收获了什么。

（二）网上学习

百度搜索：复习与训练九　病文评析与通告写作训练，按其中要求，加强通告的学习与训练。

（网址：http://www.docin.com/p-521888026.html）

项目七　通　报

一、项目描述

2010 年 12 月 19 日一车间生产的阿莲牌上衣的帽子进入水洗帽子工序时，500 条帽子绳缠绕，操作工王田丽没有一件件地解开，而是直接剪断绳子，当时已经没有辅料再做绳子了，导致大批货物无法如期交付。这件事由于操作工一心图快，为简单省事，马虎处理，终酿成质量事故。为此，公司决定扣该操作工工资 1000 元，并把此事作为教训告知每一位操作工，引起重视，以此为戒。

二、必备知识

(一) 概念

通报适用于表彰先进、批评错误、传达重要精神或者情况。

通报属于周知性公文。各级机关对于工作中出现的新情况、新问题、新经验、好坏典型等都可以用通报的形式在一定范围内传播。

批评通报和表彰通报都是下行文，制发单位没有级别限制。情况通报多作下行文，也兼作平行文。

(二) 特点

1. 真实性

真实是通报的生命。通报的任何情况、事实都必须是真实的，不能有差错，更不能编造假情况。因此，写通报对正反两方面的事实都要认真核实，做到准确无误，没有水分。例如对先进事迹的通报表扬，要实事求是地反映，不要拔高，更不能借贬低群众，来提高先进人物。

2. 教育性

表彰先进的通报，对被表彰单位是一种鼓舞、激励；对其他单位是一种教育，引导其找差距，学先进；对后进单位是一种鞭策，激励他们学习先进，迎头赶上。批评性通报的目的则是让人们知道错误，认识错误，吸取教训，改正错误，引以为戒。

3. 典型性

无论是表彰先进的通报，还是批评性通报，所选事例都应当具备典型意义的、非一般性的事迹或错误。

4. 知照性

通报传递了信息，起到了告知通晓的作用，扩大了所通报事项的影响，具有知照、告晓的特点。

5. 时效性

通报的内容一般都是近期发生的事情，对当前的工作具有指导和促进作用，这就要求及时行文，越及时，发挥的作用就越大。

(三) 种类

1. 表彰性通报。主要用来表彰先进，介绍单位或个人的先进事迹或成功的经验、做法，注重从典型实例中提倡先进事迹和优秀品质，概括出具有普遍意义的好经验，号召人们学习先进，进一步做好工作。

2. 批评性通报。用来批评后进，纠正错误，打击歪风，目的是惩戒坏人和防止事故再度发生，以引起有关方面有关人员的警觉。

3. 情况性通报。用于传达上级重要精神与重要情况，让下级了解和掌握上级的重要精神和工作意图，以指导下级的工作。

批评性通报和表彰性通报都是下行文，制发单位没有级别限制。情况通报多作下行文，也兼作平行文。

（四）写作格式

（1）标题。通报的标题由发文机关、事由和文种三个要素构成，如《昌盛公司关于违纪售房情况的通报》。

（2）主送机关。主送机关一般为直属下级机关，或需要了解该内容的不相隶属的单位。

（3）正文。

① 表彰性通报和批评性通报一般分为三部分：

一是主要事实。表彰性通报要突出主要先进事迹，批评性通报要抓住主要错误事实。

二是分析指出事例的教育意义。表彰性通报，要在阐述先进事迹的基础上，提炼出主要经验、意义和值得学习与发扬的精神。批评性通报要分析错误的性质、危害，产生的根源和责任，指出应吸取的主要教训等。

三是决定要求。表彰性和批评性的通报，应写明组织结论与予以表彰或处理的决定，同时提出对表彰或批评对象与读者的希望、要求。为了防范和杜绝类似错误发生，批评性通报的结尾处，通常要有针对性地提出防范的措施或规定。

② 情况通报有两种形式：一种只对有关事实作客观叙述；另一种还对有关情况加以分析说明，有时还针对具体问题提出应采取何种对策的指导性意见。

情况通报的正文，关键在于对情况的掌握要确实、全面、充分。它的正文包括通报有关情况，分析并作出结论。具体写法，有的是先摆情况，然后进行分析得出结论；有的是先通过简要分析作出结论，再列举情况，来说明结论的正确性和针对性。

（4）落款。在正文后右下方标注发文机关，如在标题中已出现发文机关，也可不署发文机关。

（5）成文时间。成文时间一般为发文日期，该日期也可注于标题之下。

（五）写作的注意事项

1. 事实要典型

不论写哪一类通报，既是为了处理解决点上的问题，更是为了指导面上的工作。因此，选取的事实必须典型，具有鲜明的特点，这样才会具有教育意义，达到写作的目的。

2. 分析要准确

通报对事实的叙述清楚，分析科学，评价讲究理据。在分析评价时，要依据国家的相关法律和方针政策，用语严谨，实事求是，是褒是贬，是奖是罚，必须恰如其分，称善不溢其美，言恶不过其极。

3. 通报要及时

通报在具有指导性和教育性的同时，也具有很强的时效性，因此，必须把握时机，迅速行文，使它和当前的中心工作密切结合。

4. 写作态度要严肃

通报的影响比较大，写作态度要严肃而慎重。无论哪一种通报都要涉及情况，动笔前要核对事实，情况说明要以确凿无误为前提，写作中要把握好分寸，不可主观想像和随意推理。分析、判断要以事实为基础，以法律、规章为依据。情况的确凿，结论的准确和表达的严谨，是严肃性的集中体现。

（六）通报与通知的区别

从通报与通知的特点和作用，可以看出它们的主要区别有：

1. 内容范围不同

通知可以发布行政法规和规章，批转和转发公文，传达需办理和周知的事项等；通报则是表扬先进，批评错误，传达、交流重要的情况、信息。两者虽然都有告知的作用，但通知告知的主要是工作的情况，以及共同遵守执行的事项；通报则是告知正反面典型，或有关重要的精神或情况。

2. 目的要求不同

通知的目的是告知事项、布置工作、部署行动，内容具体，要求受文机关了解要办什么事，该怎样办理，不能怎样办理，有严格的约束力，要求遵照执行；通报的目的主要是交流、了解情况，或通过正反面的典型去教育人们，宣传先进的思想和事迹，提高人们的认识。

3. 表现方法不同

通知的表现方法主要是叙述，告知人们做什么、怎样做，叙述具体，语言平实；通报的表现方法则常兼用叙述、说明、分析和议论，有较强的感情色彩。

4. 行文时间不同

通知告知的是相关事项，一般是在事前来行文，而通报告知的是已经发生过了的有关情况，只有在事后才可以行文。

三、项目演练

（一）例文赏析

例文❶

××省化工总公司
关于授予张××"优秀员工"荣誉称号的通报

各分公司、总公司各部门、各直属机构：

张××同志是××分公司所属天宏化工厂管道维修工人，共产党员。今年8月12日上午8时30分，该厂成品车间后处理工段油气管道突然爆炸起火。正在利用公休日清理夜间施工现场的张××被爆炸气浪猛烈推倒，头部、右臂和大腿等多处受伤。但张××强忍剧痛，迅速爬起来冲入烈火之中，迅速关闭了喷胶阀门、油气分层罐手阀、蒸汽总阀。接着用干粉灭火器扑救颗粒泵、混胶罐等处的大火，并在随后赶来的保安人员的援助下，共同将大火全部扑灭，避免了火势的蔓延。

张××同志在身体多处受伤、火势凶猛并随时可能发生更大爆炸的万分危急关头，将个人生死置之度外，果断处理突发事件，为遏制火势蔓延，防止事故扩大，减少国家财产损失，做出了突出的贡献。他的行为体现了为保护国家财产和人民利益而置个人生命安危于度外的崇高精神品质。

为了表彰张××的英雄行为和崇高的革命精神，总公司研究决定：授予张××"优秀员工"荣誉称号，将张××奋力灭火的英勇事迹通报全公司，晋升二级工资，并颁发灭火奖励10000元，以资鼓励。

希望各分公司、各直属机构组织广大干部职工以张××为榜样，落实安全生产责任，努力做好本职工作，为化工行业的改革与发展做出更大的贡献。

××省化工总公司（印章）

2012 年 8 月 20 日

【简析】这是一份表彰性通报。正文叙述张××的先进事迹，对该同志的行为作了有境界而又恰当的分析、评议，目的句之后写决定事项，最后提出发文单位的希望号召。全文结构合理，格式规范，注重将英勇行为上升到恰当的境界予以分析、评议，且语言通俗流畅。

例文②

××市食品公司关于××食品厂
司机李××私自开车到北戴河游玩的通报

公司所属各单位：

今年 8 月 8 日晚，××食品公司司机李××以磨合汽车为名，擅自驾驶"630"食品防尘车并带上五人从××分厂去北戴河游玩。10 日 8 点抵达北戴河，至 12 日夜间 12 点才返回公司。行程六百多公里。

李××的行为，违反组织纪律，错误实属严重。车队负责人在问题发生后未及时向公司汇报，这种做法也是错误的。为了严肃纪律，维护公司利益，同时教育李××本人，经公司研究决定：对司机李××予以通报批评，扣发三个月奖金，并责令其上交全程汽油费。

望各单位接此通报后，组织员工及时学习、讨论，从中吸取教训，把各项工作提高到一个新水平。

××市食品公司（印章）

2012 年 8 月 15 日

【简析】这是一份批评性通报。正文第一自然段写当事人的错误事实和经过，具体交代了时间和地点。第二自然段对当事人的错误进行了分析和评价，同时作出了处理。第三自然段对各单位提出了希望和要求。全文层次分明，语言明晰，分析评价到位，行文思路清晰。

（二）项目实操

根据"项目描述"背景，写一篇通报。

四、课后互动平台

（一）撰写实训报告

内容包括完成该实训项目的过程、存在的问题，以及你从此项实训任务中收获了什么。

（二）网上学习

百度搜索："大中型企业公文写作模板－通报－批评通报"、"通报例文"，巩固通报的写作方法，提高通报的写作能力。

（网址：http://wenku.baidu.com/view/48a0e30af78a6529647d5359.html）

· 35 ·

项目八　通　知

一、项目描述

新达公司是集无线通信、电子信息、系统集成、电芯等高新科技产业为一体的集团化企业。新达公司依托政府给予企业的良好政策与当地特有的人文环境，加上新达公司人的不懈努力，使得公司在新世纪初有了长足的发展。新达公司严格遵循 ISO9001 质量管理体系进行人事管理与生产，崇尚"细致、专业、求实、创新"的精神，奉行 24 小时全方位技术支持响应，与国内知名高等院校建立了长期、广泛的技术合作关系，形成了人才优势、技术优势、产品优势，为推动我国高新技术产业的发展做出了贡献。

为进一步激发员工的积极性，特别是提高企业的科技水平，公司准备在年底召开表彰大会，表彰工作兢兢业业，在产品研发、企业技术改造、节省企业成本等方面做出积极贡献的郑同等 5 名员工，授予他们新达公司"科技明星"的荣誉称号。

新达公司办公室主任要求刚应聘到该公司办公室的李秘书，尽快按公司要求拟写一份会议通知下发公司各部门，并且拟写一份表彰通报。

二、必备知识

（一）概念

通知适用于批转下级机关公文，转发上级机关和不相隶属机关的公文；发布规章；传达要求下级机关办理和有关单位需要周知或者共同执行的事项；任免或聘用干部。

通知是各级党政机关、人民团体、企事业单位在公务活动中最常用的一种公文，使用范围相当广泛。通知不仅可以下达指示，布置工作，传达有关事项，还可用于任免或聘用干部。上级机关对下级机关可以用通知，平级机关之间有时也可以用，所以通知大多属于下行文或平行文。

（二）特点

1. 用途的广泛性

通知不受发文机关级别高低的限制，不论机关级别高低都可以用；党政机关可以用，人民团体、企事业单位也可以用。通知主要用作上级机关对下级机关、组织对所属成员的下行文，但平行机关之间、不相隶属的机关之间，有时也可使用通知知照有关事项。

2. 使用的高频率性

通知由于对主体要求宽泛，使用范围广，行文方便灵活，已成为现行公文中使用频率最高的一种公文。

3. 功用的指导性

上级机关在向下级机关发布规章、布置安排工作、批转和转发文件等，都需明确阐述处理问题的原则方法和具体措施，说明需要做什么、怎样做、达到什么要求等，来指导下级机关工作的开展，从发挥的功用上来说具有很强的指导性。

4. 行文的时效性

通知都是在受文对象对某件事情应知而未知、应办而未办的情况下下达的，事项一般是要求立即办理、执行或知晓的,不容拖延,否则会失效或误事。有的通知如会议通知,只在指定的一段时间内有效,行文要及时,具有较强的时效性。

（三）种类

根据内容与作用,通知可分为以下几种类型:

（1）发布性通知:用于发布条例、规定、办法和实施细则等行政法规时使用。

（2）批转性、转发性通知:用于批转下级机关的公文,转发上级、同级或不相隶属机关的公文时使用。这类通知包括批转性和转发性两种。批转性通知适用于上级机关对下级部门的文件加批语下发,需在标题中加"批转"两字;转发性通知主要用于"转发"上级、平级和不相隶属机关、部门和单位的文件,同样需在标题中注明"转发"字样。

（3）指示性通知:用于上级机关对下级机关某一项工作作出指示和安排,而根据公文内容又不必用"命令"或"指示"时。

（4）知照性通知:用于告知各有关方面周知的事项等。这种通知发送对象广泛,对下级、平级均可发送。

（5）会议通知:用于告诉有关单位或个人参加会议。

（6）任免通知:用于任免或聘用国家机关工作人员职务等。

（四）写作格式

1. 标题

通知的标题由发文机关、事由和文种构成。例如《天风集团关于召开股东会议的通知》。

发布性和批转性通知的标题由"发文机关＋发布（批转、转发）＋被发布文件标题＋通知"构成。被发布、批转、转发公文为法规、规章时,一般应加上书名号,有时由于被批转、转发公文标题中已有"关于"和"通知"字样,或者被批转、转发的公文标题比较长,通知的标题一般可保留末次发布（批转、转发）文件机关和始发文件机关,省略去多余的"关于"和"通知"字样。否则,就会出现一个标题中有多个"关于"和"通知"的现象,显得很长,读起来也拗口。例如:"××县人民政府关于转发《××市人民政府关于转发〈国务院关于防止重大火灾事故的紧急通知〉的通知》"。这个标题有四个层次,用了三个"关于",两个"的通知",很不顺口。可把这个标题简化为《××县人民政府关于转发国务院防止重大火灾事故的通知》。至于被省、地区等转发过的内容,可在转发意见中交待清楚。

2. 主送机关

所有通知都需有主送机关,一般为直属下级机关或需了解通知内容的不相隶属的单位,一个或多个均可。

3. 正文

通知的正文主要包括缘由、事项、结尾三部分。

（1）缘由写明制发通知的理由、目的、依据或情况。

（2）通知事项,即通知主体。要求主要受文机关承办、执行和应予知晓的事项。不同类型的通知在这一部分的写作要求有所不同:

发布性通知写明被发布公文的全称,提出执行要求。必要时可强调该法规的重要性,请受文单位予以重视。文字要简短,不要长篇大论。

指示性通知或写发布行政法规、规章制度、办法、措施等,或写带有强制性、指挥性、决策性的原则（或指示性意见）、具体工作要求等。指示性通知的事项,一般具有影响面较大、比较紧急和有一定的政策性的特点。

批转性、转发性通知写明被批转、转发公文的全称，根据不同情况可用"现转发给你们，请遵照执行"、"请认真贯彻执行"、"希研究执行"等词语对受文单位提出贯彻执行的具体要求；还可以根据具体情况做出补充性的规定。

知照性通知要写明受文单位应知应晓的具体内容。要求文字简练、明白、准确，涉及时间、地点、名称和活动等的内容应清楚无误。

会议通知，依据其不同类型，有不同的写法。通过文件传递渠道发出的会议通知，一般应写明召开会议的原因、目的、会议名称、主要议题、到会人员、会议及报到时间、地点、需要的材料等，通常采用条文式写法，要求内容周密、语言清楚、表述准确，不致产生歧义。供机关、单位内部张贴或广播的周知性会议通知，应在通知事项中说明会议时间、地点、内容、准备材料及出席人员等，语言力求简短、明白。

任免通知比会议通知更为简单，一般的固定格式是：按任免决定写明任免人员的单位名称、人员姓名、职务即可。

（3）通知的结尾有三种常用写法：

① 事项结束，全文就自然结尾；意尽言止，不单写结束语。

② 用习惯用语"特此通知"收尾，但前言和主体之间如用了"特作如下通知"等作过渡语，则不宜在收尾处再用习惯用语。

③ 用简要的文字再次明确主题或作必要的说明，以引起收文单位对该通知的重视。

4. 落款

在正文右下方写明发文机关名称，如果发文机关在标题中标明，落款则可以省略。

5. 成文时间

成文时间写在落款之下。

（五）写作的注意事项

（1）内容要具体明确。通知与实际工作关系非常密切，因此通知的内容要具体明确，便于理解与执行，充分保证日常工作的正常开展。

（2）制发要迅速及时。通知具有很强的时效性。及时行文，不仅仅是在部署安排重大工作时，大量的日常工作也必须及时处理，所以通知应撰制及时，传递及时，执行、办理及时，力求高效益。

（3）用语要准确具体。通知的适用范围不同，行文方向不同，因此必须根据实际的需要，区别使用不同的公文用语。

三、项目演练

（一）例文赏析

例文❶

重庆松风电子有限公司关于召开代理商工作会议的通知

各地区代理商、本公司各部门：

为了保证松风显示器在中国的领先地位，建立一个和谐顺畅而稳定坚固的销售渠道，给厂商、代理商和消费者带来更多的利益,本公司决定在重庆召开松风电子 2010 年度显示器代理商工作会议。现将有关事项通知如下:

一、会议议题

1. 总结各地区代理销售情况。

2. 讨论并解决各地区存在的销售矛盾。

3. 商讨如何建立一个和谐顺畅而稳定坚固的销售渠道。

二、参加会议人员

各地区代理商及本公司各部门负责人。

三、会议时间

5 月 10 日至 5 月 12 日。

四、报到时间和地点

5 月 9 日在重庆百乐园度假村酒店大堂报到。

五、会议地点

重庆百乐园度假村二楼圆形会议厅。

六、其他事项

1. 大会将为各与会人员免费提供食宿。

2. 参加会议的代理商请按要求填写本通知所附的会议报名表,于 4 月 20 日前寄回会务组。需接车、接机及购买回程机票、车票的人员,请在会议报名表中注明。

3. 请华东、华北及华南各代理商报到时向我公司提交一份销售情况报表。

会务联系:重庆市××路××号松风电子有限公司代理商工作会议会务组

邮编:×××××××

联系人:李秘书

联系电话:×××××××××

电子邮箱:liwen@21cn.com

附件:重庆松风电子有限公司代理商工作会议报名表

重庆松风电子有限公司(印章)

2013 年 4 月 28 日

【简析】这是一篇会议通知。正文开头写会议目的和会议名称。文种承启语后,写了会议的议题、时间、地点、与会人员及有关注意事项。文章层次分明,语言简洁、清晰。此外,为与会人员赴会考虑得比较周到,也是本文的一大特点,值得借鉴。

例文❷

红日集团公司关于纪天习等同志职务任免的通知

红日建筑分公司:

你公司上报的选举过程和结果已收悉。经董事会会议研究决定:

任纪天习为经理,主持全面工作;

任吴纪壮为副经理,主持施工工作。

免去蒋民的经理职务和刘恺的副经理职务，由公司安排其他工作。

特此通知

红日集团公司（印章）
2012 年 9 月 5 日

【简析】任免通知的正文，第一部分一般说明任免的依据，多用"经×××研究决定"，"根据××××、经××××研究决定"一类用语领起第二部分，即任免事项，每个事项单独为一个段落，以达到醒目的效果。本文简明扼要，直陈其事，符合一般任免通知的写法。

例文❸

郑州××高等专科学校关于对教学研究课题组织结题验收和进行鉴定的通知

各系（部）、有关部门：

根据教育厅的有关通知精神，学校将对 2009 年以前立项的教研课题统一组织结题验收和鉴定，请 2009 年以前立项的各课题尽快做好结题总结工作，将相关材料一式 7 份务必于 2012 年 9 月 24 日前报送教务处，学校组织鉴定后于 2012 年 9 月 30 日报送省教育厅。

有关事项请按照教育厅文件要求执行。

附件：河南省教育厅关于组织全省高校教学成果进行省级鉴定的通知

郑州××高等专科学校（印章）
2012 年 9 月 8 日

【简析】这是一篇工作通知，文章首先指出行文的缘由、通知事项和结题工作的相关要求，体现出时间的紧迫感，其次是对开展工作的补充要求。全文条理清楚，规定具体，是一篇规范的公文。

（二）项目实操

根据"项目描述"背景，写一份会议通知。

四、课后互动平台

（一）撰写实训报告

内容包括完成该实训项目的过程、存在的问题，以及你从此项实训任务中收获了什么。

（二）网上学习

百度搜索：秘书写作综合训练，并按其中的训练要求，进行相关文种的写作。

（网址：http://wenku.baidu.com/view/e249614d852458fb770b56a4.html）

项目九 报 告

一、项目描述

（一）201×年 11 月 2 日中午 13 时 20 分左右，××工业大学研究所的一个实验室发生爆炸事故。

（二）事故后果：造成 2 人重伤 3 人轻伤。其中，1 名男教师 90％二度到三度烧伤；一名男研究生全身 58％烧伤。另一名老师和两名职工被玻璃划伤。

（三）施救情况：事故发生后，消防部门接报后出动了综合防化车、干粉灭火车和照明车等八辆消防车和大批消防官兵，于事后几分钟之内赶到现场，用 40 分钟将爆炸燃起的大火彻底扑灭，然后戴防毒面具进入大楼和实验室进行了搜寻。受伤人员及时送往空军医院救治。

（四）事故原因：爆炸现场是工业大学化工综合楼。爆炸的直接原因是研究所的一位老师和一名研究生在实验室进行超强吸水性素质聚合反应实验时，化学物品和气体发生爆炸。

（五）善后处理：工业大学校长带领有关人员赶到现场调查处理，召开了紧急会议，并对整个校园的安全进行了全面检查，对事故的有关责任人，做了相应的处理。

请你根据上面提供的材料，以××工业大学的名义向××省教育厅起草一份公文。

二、必备知识

（一）概念

报告是向上级机关汇报工作、反映情况、答复上级机关的询问时使用的公文。它属于陈述性上行文。

（二）报告的特点

（1）内容的汇报性。一切报告都是下级向上级机关或业务主管部门汇报工作，让上级机关掌握基本情况并及时对自己的工作进行指导，所以，汇报性是"报告"的一大特点。

（2）语言的陈述性。报告具有汇报性，是向上级讲述做了什么工作，或工作是怎样做的，有什么情况、经验、体会，存在什么问题，今后有什么打算，行文上使用叙述方法，即陈述其事，而不是像请示那样采用祈使、请求等方法。

（3）行文的单向性。报告是下级机关向上级机关行文，是为上级机关进行宏观领导提供依据的，一般不需要受文机关的批复，属于单向行文。

（4）成文的事后性。多数报告都是在事情做完或发生后，向上级机关作出汇报，是事后或事中行文。

（5）双向的沟通性。报告是下级机关取得上级机关的支持和指导的桥梁；同时上级机关也能通过报告获得信息，了解下情，报告成为上级机关决策、指导和协调工作的依据。

（三）报告的种类

按照内容，报告可分为如下四类。

1. 工作报告

工作报告是向上级机关汇报工作的报告。多数工作报告不向上级提出工作建议，只汇报某一阶段工作的进展、成绩、经验、存在问题及打算，汇报上级机关交办事项的结果，汇报对某一指示传达贯彻的情况等。

2. 情况报告

情况报告是汇报出现的新情况、新问题，特别是突发事件、特殊情况、意外事故及处理情况。

3. 呈转报告

呈转报告是下级机关向上级机关提出自己的工作安排、设想和建议，期望得到上级的认可和采纳，转有关单位执行的报告。

呈转报告的作者大多是某项业务的主管机关或部门，报告中提出的解决有关业务问题、处理业务工作的方法、措施等，需有关方面通力合作，但在自己职权范围内，又无权向有关协作单位和部门部署工作，因此，采取呈转的形式向上级领导部门作出报告，提出解决问题、开展工作的建议，待上级批准后，转发到有关单位具体贯彻实施。其结束语是"以上报告如无不妥，请批转有关单位执行"。（结束语不能用"以上报告如无不妥，请批转……执行"。因为报告与请示不同，如果有请上级批转的要求，应当使用"请示"或"意见"这样的文种。2000 年 8 月 24 日，国务院发布的《国家行政机关公文处理办法》中，对"报告"文种的用途已经做了调整，将原来的"提出意见和建议"的功能专门赋予"意见"文种。）

4. 答复报告

答复上级机关询问问题的报告。

按照性质和写作特点，报告又可分为如下两类：

（1）综合报告：是一个机关反映在一定时期内全面工作情况或提出今后工作意见，以便上级机关全面指导工作的报告。

（2）专题报告：是一个机关就某一项工作或某一个问题、某一件事情向上级所写的报告。

（四）报告的写作

报告的结构内容一般由标题、主送机关、正文、生效标识及成文日期等四部分构成。

（1）标题。标题由发文机关＋事由＋文种组成，例如《××市爱国卫生运动委员会关于创建国家级卫生城市的报告》。

（2）主送机关。报告的主送机关尽量要少，一般只送一个上级机关即可。但行政机关受双重领导的情况比较多见，只报送其中一个上级机关显然不妥，因此，有时主送机关可以不止一个。

报告应报送自己的直接上级机关，一般情况下不要越级行文。同时，为对上级负责且以示尊重，报告是要签署的，这和一般行政公文有版头就可免签署的情况比较，有很大的不同。报告如以机关行政首长个人名义签署，其职务及姓名要签于标题下。

（3）正文。正文一般都由报告缘由、报告事项和报告结束语三部分构成。

报告导语：说明为什么写这份报告，概述何时接到上级公文、指示或任务，本机关执行、办理情况及结果如何，并用"现将……报告如下"或"现将……汇报于后"之类的承启用语转入报告主体内容。

报告事项：是报告主干部分。工作报告要注意写清开展某项工作的情况，包括主要过程、措施、结果、存在问题、今后打算等；情况报告要写清楚事件发生的原因、经过、性质、办法和处理意见；答复报告须紧紧围绕上级询问事项，不能顾左右而言他。报告事项部分大多采用分条列项的形式来行文。有的报告事项也可以不分条列项，但仍要注意内容安排的逻辑性，使其层次分明。

报告结束语：写在报告结尾处，另起一行，空两格。常见结束语多写"特此报告""以上报告，请审阅"等。呈转报告常用结束语是"以上报告如无不妥，请批转有关单位执行"。

（4）生效标识和成文日期。写法与一般公文类同，即将发文机关名称与成文日期置于正文右下方。如果是政府工作报告，则将日期写在标题下方。

（五）注意事项

（1）材料属实，让事实说话。

（2）注意工作报告和情况报告的区别。

① 工作报告：反映的是常规性的工作，内容相对稳定，写法也相对固定，也可以向上级提出工作建议。

② 情况报告：汇报的是偶发和突发的特殊情况，内容多不确定，写法相对灵活。

（3）经验体会是工作报告写作的难点。经验体会不是简单的做法的罗列、拼凑，而必须是从实际工作中概括出的能指导今后工作的规律性的东西。

（4）写情况报告要及时，以便及时让上级机关掌握情况。

（5）写答复报告要紧紧围绕上级机关提出的问题而回答，不能答非所问、节外生枝。

（6）报告中不能夹带请示事项。

三、项目演练

（一）例文赏析

例文❶

省安监局煤监局
二〇〇九年上半年综合治理和平安建设目标自查报告

省综治委：

今年上半年，我们在局党组的正确领导下，在省综治委的协调指导下，根据《省综治委关于印发〈2009 年度省综治委成员单位社会治安综合治理工作目标〉的通知》（川综治委[2009]3 号）和《四川省社会治安综合治理委员会关于印发〈2009 年全省社会治安综合治理工作要点〉的通知》（川综治委[2008]49 号）文件要求，结合全省安全生产监管监察工作实际，认真组织开展了社会治安综合治理和平安建设工作，进一步推动了全省安全生产形势的稳定好转。现将半年来社会治安综合治理和平安建设工作目标自查报告于下。

一、落实全省统一部署，谋划安排全年社会治安综合治理和平安建设工作（略）

二、采取措施，认真抓好今年的社会治安综合治理和平安建设工作（略）

1. 健全完善局机关社会治安综合治理责任体系。（略）

2. 认真开展综治和平安建设宣传月活动。（略）

3. 结合城乡环境综合整治，进一步深化机关综治和平安建设活动。（略）

4. 加强信访和矛盾纠纷的排查调解工作。（略）

5. 加强对联系点市区社会治安综合治理和平安建设的指导和检查。（略）

6. 认真完成省综治委部署的有关工作。（略）

三、搞好安全生产监管监察工作，确保人民群众的生命财产安全（略）

1. 广泛开展安全生产宣传教育，积极推动"平安企业"创建活动，预防和减少生产安全事故。

2. 扎扎实实开展全省安全生产监督管理工作。

今年下半年，我们将继续按照省综治委的要求，结合全省安全生产监管监察工作实际，继续认真组织开展社会治安综合治理和平安建设工作，努力完成全年工作目标，进一步推动全省安全生产形势的稳定好转。

二○○九年七月八日（印）

（资料来源：四川省安全生产监督管理局）

【评析】这是一则工作报告，报告内容为社会治安综合治理和平安建设目标自查情况。开头部分简要交代了在省综治委的协调指导下，省安检局和煤监局开展工作的良好形势，然后用"现将半年来社会治安综合治理和平安建设工作目标自查报告于下"，引出报告的主体部分。主体部分分项列出，汇报工作清晰明了。在文尾部分，提出今后的打算。

例文❷

关于五峰县境内发生一起重大交通事故的报告

省政府总值班室并省应急办：

2009 年 4 月 26 日 16：50 时许，我局接宜昌市旅游局和五峰县文化体育旅游局传真报告，武汉吉永通勤有限公司一辆 35 座金龙牌大客车（车牌号为鄂 AN2712），乘载由武汉大唐国际旅行社有限责任公司组织的游客 30 人，司机 2 人，导游 2 人，由柴埠溪景区往渔洋关方向行至五峰境内 325 省道 108.3 公里处翻车，造成 5 人当场死亡（2 男 3 女），1 人经抢救无效死亡，24 人受伤，其中 23 名受伤人员已送往渔洋关卫生院救治，1 人转宜都市救治。

我局已通知宜昌市旅游局迅速赶往事故现场，协调救助。具体伤亡情况正在核实中，我局将及时续报。

专此报告

二○○九年四月二十六日（印）

（资料来源：湖北旅游网 http://www.hubeitour.gov.cn/index.html）

【评析】这是一则重大事故情况的报告。报告开头介绍了事故发生的时间、地点、伤亡人数。接着，介绍事故发生之后有关部门领导赶赴现场，协调救助。最后，交代事件处理情况将续报。这则报告及时、内容具体、针对性强，体现了事故报告写作的特点。

例文❸

××县人民政府文件
×政发〔2010〕28 号　签发人：吴××

关于治理水质污染问题的报告

××市人民政府：

前接×政发〔2010〕106 号函，询问我县水质污染原因及治理问题，现将有关情况报告如下：

我县水质现污染较严重,其主要原因:一是公众环境保护意识差,一些居民随意向河道坑塘倾倒垃圾;二是我县市政基础设施薄弱,无污水处理厂,居民生活污水直接排入大环境;三是近几年,我县"三业"发展较快,其废水杂物直接排入护城河及坑塘,造成水质严重污染。

解决水质污染问题的根本途径:首先是建设污水处理厂,目前,县政府正在积极筹备之中。其次,加大宣传力度,提高全民环保意识,减少污水无序排放。其三,加大环保监督检查力度,确保排污企业治污设施正常运行,达标排放,促进水质好转。其四,环保部门依法行政,严格执法,从源头把关,减少各种污染。

专此报告

二〇一〇年四月二十九日(公章)

主题词:治理 水质污染 报告

××县人民政府办公厅 二〇一〇年五月八日印

【评析】这是一则答复报告在这篇例文中,首先引述来文标题或发文字号,简明叙述上级询问或交办的事项,然后写明答复的具体内容,最后是结束语。

(二)项目实操

下面的报告存在一些问题,请仔细阅读后指出其主要问题。

关于免税的报告

××开发区税务局领导:

我公司是经粤经贸××〔20××〕101号文批准成立的中外合资企业。在×年度(第一年)的经营中实现利润××万元,应交所得税×万元。根据《中华人民共和国经济法》规定:中外合资企业从开始获利的年代算起,第一年和第二年免征企业所得税。我公司特申请免缴×年度×万元所得税。

特此报告,请批示。

××公司(公章)
×年×月×日

【病文诊治】

(1)标题文种选错:向上级有关主管部门(非隶属关系的上级机关)请求批准应用"函"。

(2)标题事由不明确:应写明"关于免缴企业所得税"。

(3)主送机关应是"负责处理、执行公文的机关",应把"领导"二字删去。

(4)缘由部分引用有关法律条文,应注明具体条款,在"《中华人民共和国经济法》"规定后加上"第×条第×款"。

(5)结语不当:应为"可否,请复函"。

(6)成文时间不规范,应改为汉字书写。

(7)删去应交所得税×万元。

(8)应加盖印章。

(9)"年代"一词使用不当，改为"年份"。

(10)"×年度"的"度"字应删去。

四、课后互动平台

（一）撰写实训报告

内容包括完成该实训项目的过程、存在的问题，以及你从此项实训任务中收获了什么。

（二）网上学习

学习网站：http://www.50yl.com/50yl＿article/JianZhanDaiMa/。

项目十　请　示

一、项目描述

某公司下属服装厂因扩大生产，急需扩建厂房，由于地皮有限，需拆除一二车间平房，在此基础上建设四层楼新厂房，请你以服装厂的名义向总公司写一份请示。

二、必备知识

（一）概念

请示是下级机关向上级机关请求对某项工作、问题作出指示，对某项政策界限给予明确，对某事予以审核批准时使用的一种请求性公文。

请示必须具备以下三个条件：

（1）必须是下级机关向上级机关的行文。

（2）请示的问题必须是自己无权作出决定和处理的。

（3）必须是为了向上级请求批准而写的。

（二）请示的特点

1. 期复性

请示是请求上级给予指示并期待上级批复的公文，期复性是它的特点之一，即请示行文的目的非常明确，要求上级机关对请示的事项作出明确的批复；得到上级机关批准后才能付诸实施，不可"先斩后奏"或"边斩边奏"。

2. 单一性

请示要求一文一事，因此具有内容集中、单一的特点，即一份请示只能请求指示、批准一件事或解决一个问题。

3. 请示内容的限定性

并非事无巨细都要向上级请示，属于自己职权范围内的问题还是应该尽力由自己解决。请示必须是在自己的职权范围内无法解决或无权解决的问题。

（三）请示的种类

根据请示的不同内容和写作意图，可将请示分为三类：

（1）请求指示的请示。此类请示一般是政策性请示，是下级机关需要请示上级机关对原有政策规定作出明确解释，对变通处理的问题作出审查认定，对如何处理突发事件或新情况、新问题作出明确指示的请示。

（2）请求批准的请示。此类请示是下级机关针对某些具体事宜向上级机关请求批准的请示，主要目的是为了解决某些实际困难和具体问题。

（3）请求批转的请示。下级机关就某一涉及面广的事项提出处理意见和办法，需各有关方面协同办理，但按规定又不能指令平级机关或不相隶属部门办理，需上级机关审定后批转执行，这样的请示就属此类。

（四）请示的写作

请示的结构内容一般由标题、主送机关、正文、生效标识及成文日期等四部分构成。

1. 标题

标题由发文机关＋事由＋文种构成。例如《××分公司关于清理基本建设项目资金拖欠款问题的请示》。

"请示"本身含有请求、申请之意，因而标题中应尽量不再写"申请"、"请求"类词语。

请示的标题在使用动词时，不能与文中词语重复，即一个标题中不能出现两个请示。在表述主要内容时，一般只宜使用一个动词。例如《关于请求批准购买×××的请示》这个标题，其中的"请求批准"应删去。

2. 主送机关

指负责受理和答复该文件的机关。根据《办法》第18条的规定，每件请示只能写一个主送机关，不能多头请示。如果有两个主管部门，应该根据请示的目的和内容选择其中一个机关或组织作为主送机关。主送机关一般是直接上级组织，不得越级请示。由于特殊情况越级行文时，应该要抄报被越过的组织。

注意：除领导直接交办的事项外，请示不得直接送领导者个人。

3. 正文

请示的正文由四部分组成：请示的缘由、事项和请示惯用结束语。

（1）缘由：请示的理由或根据。

这部分内容要求实事求是，有理有据，说明充分，条理清楚，开门见山。比较复杂的缘由必须写明必要的事实和数据，不能追求简要而作简单化处理，要让领导知晓批准或不批准这个请示将分别出现什么局面。

缘由是写作请示的关键，直接关系到请示事项能否成立，关系到上级机关的审批态度。缘由惯用过渡语"现将……问题请示如下"、"特请示如下"。

（2）事项：请求上级机关给予或指示或批准或支持和帮助的具体内容。

要求事项具体，有可行性，有可操作性。如果内容比较复杂，则分条列项写；用语要明确，不能含糊其辞；语气要得体。

（3）结束语。结束语通常使用的惯用语有："妥否，请批复"、"特此请示，请予批准"、"专此请示""请批准"、"请审批"、"请指示"、"以上请示当否请批复"等。

请示结尾绝不能缺少以上类型的惯用语，一般应另起一行书写。

4. 生效标识及成文日期

如果标题中已有发文机关名称，落款可省略，只要在正文之后标明成文日期即可；如果几个机关联合请示，将主送机关写在前面，并写上发文日期。

（五）请示的写作要求

（1）贯彻"一文一事"的原则。

（2）只选一个主送机关，不要搞多头请示。

（3）不得越级请示。必须越级则应抄送被越上级。

（4）请示应主动提出解决问题的意见、建议方案、办法，供上级研究时参考。

（5）请示的篇幅一般不宜过长。

（六）请示与报告的区别

请示与报告都是上行文，都要反映情况，陈述意见，使用时要明确两者的区别。

第一，所担负的任务、使命不同。请示要求批复，报告一般不做批复。

第二，使用时间不同。请示要事前行文，一般情况下不得"先斩后奏"；报告在事前、事后及事中皆可行文。

第三，内容繁简不同。请示的公文一般应一文一事，而报告具有综合性，内容往往涉及许多方面。

三、项目演练

（一）例文赏析

例文❶

四川省林业厅关于国有林木采伐许可证发放有关问题的请示

川林〔2009〕209 号

国家林业局：

近期，我厅陆续收到宜宾、乐山等市有关林木采伐许可证发放权限的请示，请求授予其市（设区的市）属国有单位林木采伐许可证的核发权。根据《中华人民共和国森林法实施条例》第三十二条第二款"省、自治区、直辖市和设区的市、自治州所属的国有林业企业事业单位、其他国有企业事业单位，由所在地的省、自治区、直辖市人民政府林业主管部门核发"的规定，这部分单位的林木采伐许可证均应由省林业厅核发。

鉴于我省幅员面积广，国有林所占比例较大，省和设区的市、自治州所属的国有林业企业事业单位、其他国有企业事业单位数量多、分布广，此类林木采伐审批工作量大，加之基层到省厅办理林木采伐许可手续路途遥远的实际情况，同时为便于当地实施监管，我们认为此类林木采伐许可证的核发由所在市（州）林业主管部门核发更为恰当。

为此，特请示可否将此类林木采伐许可证的核发交由有关市州林业主管部门办理。

专此请示

二○○九年十二月十四日（印）

（资料来源：四川省林业 http://www.sc.gov.cn/scszfxxgkml__2/sbgt__61/）

【评析】这是一篇请求上级机关指示的请示。正文内容简洁明了，请示事项单一明确。以"根据《中华人民共和国森林法实施条例》第三十二条第二款"作行文依据、背景，然后对我省幅员面积广，国有林所占比例较大，此类林木采伐审批工作量大，加之基层到省厅办理林木采伐许可手续路途遥远的实际情况作出阐释。最后，为便于当地实施监管，表明行文单位的倾向意见，请求上级单位给予指示。文章在陈述时显得理据充分，要求合理，语言得体。

例文❷

××单位关于增拨技术改造资金的请示

××主管局：

正当我单位技术改造处于关键阶段，资金告罄。前次所拨资金原本缺口较大，加之改造过程中出现了新的技术难题，需增新设备，以致资金使用超出预算。由于该项技术是我局所属大部分企业所用的核心技术，如改造不能按期完成，势必拖延全部技术更新的进程，进而影响各单位实现全年预定生产指标和利润。目前我单位全体技术人员充分认识到市场经济的机遇和挑战，正齐心合力，刻苦攻关。缺口资金如能及时到位，我们保证该项技术改造按期完成。现请求增拨技术改造资金××××万元。

特此报请核批。

××单位（印）

××××年×月×日

【例文简析】这份请示针对"增拨技术改造资金"的理由做了较详尽的陈述：原拨资金缺口大，并出现了新的技术难题；该技术是×局所属企业所用的核心技术，影响全年的生产指标和利润……充分地说明实际困难，向领导诉之以理，使之能够尽快做出批复。

（二）项目实操

1. 下面这篇请示存在着文种选择有误、内容偏离中心话题、语言瑕疵较多等几个问题，试分析指出。

关于申请拨给灾区贷款专项指标的请示

省行：

×月×日，××地区遭受了一场历史上罕见的洪水袭击，×江两岸乡、村同时发生洪水，灾情严重。经初步不完全统计，农田受灾总面积达 38000 多亩，各种农作物损失达 100 多万元，农民个人损失也很大。灾后，我们立即深入灾区了解灾情，并发动干部群众积极开展生产自救。同时，为了帮助受灾农民及时恢复生产，我们采取了下列措施：

一、对恢复生产所需的资金，以自筹为主。确有困难的，先从现有农贷指标中贷款支持。

二、对受灾严重的困难户，优先适当贷款，先帮助他们解决生活问题。到×月×日止，此项贷款已达××万元。

由于这次灾情过于严重，集体和个人的损失都很大，短期内恢复生产有一定的困难，仅靠正常农贷指标难以解决问题。为此，请省行下达专项救灾贷款指标××万元，以便支持灾区迅速恢复生产。

以上报告当否，请批示。

××银行××市支行（印）

2013 年 3 月 5 日

【病文诊治】

（1）文种选择有误。

① 从标题看，这篇公文是向省行提出灾区贷款专项指标的"申请"，目的是获得省行的批准。

② 从正文的主体部分看，两条措施确属报告性质，但随后出现的专项贷款请求，就不是报告应有的内容了。

③ 从结束语看，"以上报告妥否，请批示"，有着很强的期复性。

因此，综合起来看，这篇公文应改为《关于拨给灾区贷款专项指标的请示》。

（2）内容含糊。

这是由于原文混淆了报告和请示的界限而造成的。写请示，只需写明请示缘由、请示事项，最后提出请示要求即可，与此无关的内容不应写入。而原文提出的两条措施："对恢复生产所需的资金，以自筹为主"、"对受灾严重的困难户，优先适当贷款"，既不是请示缘由，也不是请示事项，不应该写入文中。

（3）语言不准确。文中有多处语言不确切。

如"×江两岸乡、村同时发生洪水"，×江两岸所有村庄都遭受洪灾是不可能，"同时发生"也可能性不大。"灾情较重"跟后面"这次灾情过于严重"的说法相矛盾；"据初步不完全统计"，"初步"和"不完全"语意重复。

2. 课堂实训：根据下述材料，拟写一份请示。

××省环保局拟于2011年1月13日派组（局长×××等五人）到美国纽约市××设备公司检验引进水净化设备。此事需向省政府请示。该局曾与对方签订过引进水净化设备的合同，最近对方又来电邀请前去考察。在美考察时间需二十天，有需外汇由该局自行解决。各项费用预算，可列详表。

3. 根据"项目描述"背景，拟写一份请示。

四、课后互动平台

（一）撰写实训报告

内容包括完成该实训项目的过程、存在的问题，以及你从此项实训任务中收获了什么。

（二）网上学习

学习网站：http://www.50yl.com/50yl__article/JianZhanDaiMa/。

项目十一　批　复

一、项目描述

×厂青年工人×××同志，自2010年入厂以来，虚心向老师傅学习，刻苦钻研技术，积极提出合理化建议，技术革新成绩卓著。广州市××机械厂向上级轻工业局写了一份关于给技术革新能手××同志晋升两级工资的请示，请代表广州市轻工业局拟写一份同意的批复。

二、必备知识

（一）批复的概念

批复是上级机关答复下级机关请示事项时使用的公文。先有请示，后有批复。批复是下行文。

（二）批复的特点

（1）行文具有被动性。批复的写作以下级的请示为前提，它是专门用于答复下级机关请示事项的公文，先有上报的请示，后有下发的批复，一来一往，被动行文，这一点与其他公文有所不同。

（2）内容具有针对性。批复要针对请示事项表明是否同意或是否可行的态度，批复事项必须针对请示内容来答复，而不能另找与请示内容不相关的话题。因此批复的内容必须明确、简洁，以利下级机关贯彻执行。

（3）效用的权威性。批复表示的是上级机关的结论性意见，下级机关对上级机关的答复必须认真贯彻执行，不得违背，批复的效用在这方面类似命令、决定，带有很强的权威性。

（4）态度的明确性。批复的内容要具体明确，不能有模棱两可的语言，使得请示单位不知道如何处理。

（三）批复的种类

（1）按请示的类别可分为指示性批复（答复请求指示事项的批复）和审批性批复（答复请求批准事项的批复）。

（2）按机关的态度可分为同意性批复、否定性批复、既有肯定又有否定的批复（包括原则同意和基本同意）。

（3）按写法可分为表态性批复和指导性批复。表态性批复是针对下级机关的请示事项表明态度的批复。指导性批复多数也需表态，同时还就请示事项的解释、落实、执行或就该事项重要性、意义提出指导性意见，对下级工作有指导作用。

（四）批复的写作格式

批复的结构内容一般由标题、主送机关、正文、生效标识及成文日期等四部分构成。

（1）批复的标题。标题由发文机关、事由和文种构成。例如《国务院关于编纂〈中华大辞典〉问题的批复》。

（2）主送机关。主送机关一般为"请示"的来文单位。

（3）正文。正文写作包括两大部分：批复缘由和批复事项。

批复缘由又叫"引语"部分，即引述请示名称或请示事项作为批复依据。有的引用来文发文字号，有的写明来文标题，有的写明来文日期和文种。如"你院院教办〔2004〕26 号文收悉，"或"×年×月×日关于××（事项）的请示收悉"等。

批复事项又叫"答复意见"部分。无论肯定与否定，在写答复意见之前，在"引语"之后，需有过渡句："经研究答复如下"、"现作如下答复"、"现批复如下"等。然后，另起一段写清答复意见。

"答复意见"的写作有两种情况：一种是简洁明了，就简单请示事项而言，例如《国务院关于同意广东省扩大梅州市郊区给广东省人民政府的批复》，正文只有两句："×年×月

×日请示悉,同意你省扩大梅州市郊区,将梅县的梅江乡划归梅州市管辖。";一种是作出指示说明的,这是就答复重要事项而言的,见例文《国务院关于长沙市城市总体规划的批复》的正文写作。

(4)生效标识及成文日期。正文后右下方签署发文机关和发文日期。

(五)写作注意事项

(1)要核实请示事项的真实性,研究请示所提方案的可行性、下级机关提出问题的背景。

(2)一个批复针对一份请示。

(3)要有理有据。

(4)态度要鲜明,意思要明确。

同意或不同意,立办还是缓办,绝不能含糊其词,模棱两可。忌使用的词语包括"似属可行"、"酌情办理"、"最好去做"等。

(5)若批复内容涉及其他部门,应进行协调,根据协调结果行文。

(6)及时批复,以免贻误下级机关的工作。

三、项目演练

(一)例文赏析

例文❶

×××总公司关于同意拨款修建地下消火栓的批复

××食品公司:

你公司《关于提请拨款增设地下消火栓的请示》(××食字〔××××〕×号)已悉。经研究批复如下:

同意你公司在仓库库区范围内修建四处地下消火栓,有关手续请尽快同消防部门联系办理。

拨款3万元作为你公司修建消火栓专项包干用款,要求专款专用,不得挪作他用。不足部分请自筹解决。

×××× 年 × 月 ×× 日(印)

【评析】本批复正文先引叙来文标题,然后用"经研究批复如下"引出批复事项,即同意拨款修建地下消火栓,并对有关办手续、款项的筹集和使用等问题提出了要求。全文针对性强,态度明确,要求具体。

例文❷

××省教育厅关于对××××学院引进社会资金
创办应用技术学院××校区的批复

××××学院:

你校《关于引进社会资金创办应用技术学院××校区的请示》(××院〔2011〕6号)收悉,经研究同意你校请示,并提出如下具体要求:

1. 同意你校应用技术学院（民办二级学院）和高等职业技术学院合并为应用技术学院，兼办国有民营教育和高等职业教育，以举办多层次、多类型的职业技术教育为主，充分发挥学院专业特色和办学优势，为××地区培养装备制造业人才。

2. 你校应用技术学院规模暂定为××××人，201×年达到规模。

3. 鉴于你校办学条件紧张，而且目前办学资金紧张，同意你校与××××有限公司合作，在××市开发区创办新型教学区。从201×年起招生，试办三年，规模暂定为××××人。

4. 望你校加强教学管理工作。我厅将对你校的办学情况进行监督和检查，由此评估合作办学的情况和教学质量。

以上意见，请遵照执行。

××省教育厅（印）

二〇一一年××月××日

【例文简析】这是一份在同意下级单位请示事项的前提下重在提出工作要求的批复，体现了上级机关的领导意图和领导权威。文章思路清晰，主次分明，语言得体。

（二）项目实操

1. 请仔细阅读下文并指出其存在的问题

关于修建新办公大楼请示的批复

××厂：

有关请示已悉。关于修建新办公楼一事，经研究，还是以不建为宜。此复。

××××有限公司

二〇一二年五月五日

【病文诊治】

这篇"批复"存在的主要问题如下：

（1）未写批复引语。"有关请示已悉"一句，没有明确说明批复是针对有关什么问题的请示，也没有引述来文的发文字号。

（2）态度含糊不清。"还是以不建为宜"，语气不决断，态度不明确，让受文单位难以执行。

（3）没有说明不同意新建办公楼的理由。

2. 根据下列材料拟写一份批复

为了完善实验设备，更好地为教学服务，绍兴文理学院元培学院经管系打算购买50台电脑，建立50个新的多媒体教室，需要资金25万元。先以经管系名义向学院拟写一份请示，再以学院名义拟写一份同意的批复。

3. 根据"项目描述"背景，拟写一份同意的批复。

四、课后互动平台

（一）撰写实训报告

内容包括完成该实训项目的过程、存在的问题，以及你从此项实训任务中收获了什么。

（二）网上学习

学习网站：http://www.50yl.com/50yl＿article/JianZhanDaiMa/。

项目十二 会议纪要

一、项目描述

李明庆毕业后去了中国畜产进出口总公司××分公司工作，任职于总经理办公室，经常随领导出席各种商务会谈活动，并且在会谈后还要根据原始材料，概括性地记录本次会谈的基本情况，会谈所达成的一致意见，尚待今后会谈协商解决的问题等，即会谈纪要。在一次工作协调会谈中，因为该公司与某外资公司的产品供给问题产生争议，因而由两家公司负责人会谈协调，针对问题提出了解决措施及各家公司应负的责任。后在执行过程中，会谈纪要就成了处理问题的依据，避免了各方在合作过程中的推诿扯皮。在实践中，李明庆认识到会谈纪要对保证谈判的连续性和双方决策部门能够及时掌握情况起着重要作用；为进一步签订意向书、协议书、经济合同提供了依据；并且当会谈双方在发生争议时，这些文件还可作为重要的参考资料或提供佐证，以弄清问题的来龙去脉和前因后果。

中国畜产进出口总公司××分公司与新加坡菲乐裘皮中心，为发展中国裘皮工艺，增强两国经济技术合作，培养设计人员和制造人员，扩大我国裘皮出口业务，决定合资经营一家公司。2013年5月12日，李明庆随中国畜产进出口总公司××分公司李总经理出席会谈双方合作筹建公司的事宜。双方进行了3天的会谈，主要内容是：新公司的投资金额、投资比例、命名、地点、组织机构的人员构成、利润分配等。请根据相关材料拟定会谈纪要，以便双方安排各自的工作，进行进一步的合作，达到互惠互利的目的。

二、必备知识

（一）纪要的概念

《条例》指出，会议纪要是"适用于记载会议主要情况和议定事项"的公文。

它是在某次会议之后，对该会的基本情况，讨论与研究的重要事项、主要精神等，加以记载、整理而形成的文件。会议纪要可以向有关单位和群体传达，作为开展某类工作的依据与指导。

（二）会议纪要的特点

（1）纪实性。会议纪要是在会议后期或者会后根据会议记录和各种会议材料整理而成的，内容准确、真实。

（2）纪要性。会议纪要不同于会议记录，不能事无巨细，有闻必录。必须对会议进行整理，择取其要，提炼出精华，概括出主要精神，归纳出主要事项。

（3）决议性。会议纪要一经下发，便对有关单位和人员产生一种指示作用和约束力，实际上起着协议的某些作用。

（三）会议纪要的种类

（1）按会议的形式，会议纪要可分为工作会议纪要和座谈会议纪要。

（2）按会议的内容性质，会议纪要可分为决策型会议纪要、研讨型会议纪要和交流型会议纪要。

（四）写作格式

《格式》明确指出："纪要格式可以根据实际制定。"故关于纪要的结构与格式，与前面各节所讲的党政公文格式有所不同。

1. 标题

纪要的标题主要有两类。

（1）单行标题，即普通公文标题，由事由（会议名称）、文种构成，如《×××市计划生育工作会议纪要》、《×××市长办公会议纪要》。

（2）双行标题，以正副标题形式出现。有的纪要正标题是文章类标题，副标题是文件类标题。如《穷追猛打，除恶务尽——某市扫黄打非工作会议纪要》，也有纪要正标题是文件类标题，副标题为概括内容。如《××市长办公会议纪要——制定特色产业园入驻企业及生产经营期间优惠政策》。

2. 成文日期

会议纪要的成文日期有两种位置。

（1）写于标题下，例如属会议通过的纪要，应注明通过日期，形式是：×年×月×日××××会议通过。

（2）写于文末，同于一般行政公文。

应该说明的是，纪要不写主送机关，也可不落款。印好后发给参加会议的机关、个人和需要知道会议情况的机关与个人。

3. 正文

正文的构成是：会议概况＋会议事项＋结尾。

（1）会议概况。会议概况应写明会议的主要内容，包括会议名称、会议议题、会议的基本情况等，包括会议日期（或起止期）、地点、主持人（或主持单位）、会议程序、与会人、领导同志参加会议等情况。其后用"现将会议主要精神纪要如下"等承启语。

（2）会议事项。这部分要求写明会议的主要精神、讨论的具体问题、交流的经验、提出的意见、领导的指示、今后的任务与决定的事项等。

（3）结尾。结尾或对会议作出总体评价，或对贯彻落实会议精神的关键问题予以强调，或发出号召，提出希望，如"会议希望"、"会议呼吁"、"会议要求"等。或者采用秃尾的形式。

（五）注意事项

1. 正确区分会议纪要与会议记录

（1）会议纪要是用于记载、传达会议情况和议定事项的公文，而会议记录不是公文。

（2）会议记录是会议过程的原始记载，而会议纪要则是对会议记录的分析、归纳和提炼。

（3）会议记录与会议纪要的文面写作不同。

2. 吃透精神、领会实质、把握基调

一定要仔细研析会议记录，分析每一位发言者的发言，归纳会议决议，全面吃透会议精神，领会好会议实质，把握好会议基调，确保传达的会议精神不失真、不跑调。

3. 体现会议语言风格技巧

对于复杂纷繁的内容，用"会议指出"、"会议认为"、"会议强调"、"与会者一致认为"等惯用语自然分层，以体现清晰的条理。

三、项目演练

（一）例文赏析

例文❶

关于补偿贸易的会议纪要

会谈时间：2013 年 4 月 10 日至 4 月 12 日

会谈地点：杭州文华大酒店

会谈双方：杭州贵华丝绸公司（以下简称甲方）

　　　　　香港运达丝织品贸易公司（以下简称乙方）

会谈人员：甲方：陈方圆 李虎

　　　　　乙方：郭新兴 王威

会谈内容：双方进行补偿贸易问题

现将会谈主要内容纪要如下：

一、为了保证资源，扩大丝织服装贸易，甲乙双方经协商，一致同意在互惠互利基础上开展丝织服装补偿贸易。

二、乙方要求甲方提供稳定的生产厂家，为乙方生产所需的丝织服装。甲方同意乙方的要求，准备于 2013 年 5 月内在浙江省东阳市投资人民币 950 万元新建一家丝绸服装厂，并于 2014 年 1 月 1 日前建成投产，生产乙方所需的以真丝为面料、绣花的各式服装，年产量约 30 万至 35 万件。如乙方需要，产量还可逐年提高。

三、会谈中乙方多次表示了对质量问题的关注，希望甲方在人员配置、职工培训、质量检验等方面加大投入，加强管理。甲方对乙方的要求表示理解，并表示在工厂筹建和投产后生产管理等方面愿意积极听取乙方意见，采取各种措施，保证产品质量。

四、双方商定，乙方向甲方提供价值大约 51 万美元的丝绸服装生产专用设备和附属设备。应甲方的要求，乙方同意在双方正式签订补偿贸易合同后 1 个月内向甲方提交设备名称、价格、说明文件，供甲方确认。购置设备款项全部由乙方垫付，不计利息；甲方分 3 年，即 2014 年、2015 年、2016 年内归还 1/3；归还方式为在乙方来料加工的加工费中扣除。

五、双方商定，甲乙双方的丝绸服装贸易和乙方的来料加工，其产品的规格、款式、质量要求、交货期限、付款方式等，应逐笔签定合同。其中价格条款，原则上以双方签约时中国大陆的出口价格为标准协商确定。

六、应甲方的要求，乙方同意派出技术人员来甲方投资新建的丝绸服装厂进行技术指导，帮助服装厂提高产品质量。同时乙方同意乙方技术人员前来服装厂进行技术指导时所发生的费用，全部由乙方自行承担。

七、双方商定，甲方在本纪要签署后 1 个月内提出投资新建丝绸服装厂的具体方案寄给乙方，由乙方确认后，双方约定适当时间，就补偿贸易问题举行进一步会谈，确定合同内容。

八、本纪要用中文书写，一式两份，甲乙双方各执一份。

有关未尽事宜，另行约期协商解决。

甲方：   乙方：

杭州贵华丝绸公司(印)   香港运达丝织品贸易公司(印)

代表：陈方圆(签名)   代表:郭新兴(签名)

      李虎(签名)   王威(签名)

                              2013 年 4 月 12 日

【评析】文章符合会谈纪要写作的常规要求。标题揭示了文章的文种。正文分三大部分，开头是会谈组织情况部分，罗列了会谈时间、地点、会谈代表、重点为会谈的议题即"补偿贸易"。主体部分分条列项地围绕如何开展补偿贸易，先明确了双方进行补偿贸易的目的是"保证资源，扩大丝织服装贸易"、原则是"互惠互利"，后又描述了合作办法和措施"乙方提供设备，甲方提供稳定生产的厂家为乙方供货等"，对双方的权利、义务及乙方对甲方的要求进行了细致、具体的描述。文章主旨突出，观点鲜明，条理清楚，措施详实、具体、切实可行，保障了会谈双方的补偿贸易合作顺利进行。

例文❷

××学院学生思想状况分析座谈会纪要

2013 年 5 月 25 日下午，在院会议室进行了学生思想状况分析座谈会。会议由主管政治思想教育工作的副院长××主持，各系党总支书记、政治辅导员、班主任、学生会委员出席了座谈会。现将座谈会情况纪要如下：

一、××副院长传达了省教育厅领导关于要认真加强学生政治思想工作，注重分析当前学生的思想状况的讲话精神；其后，××副院长对学生思想状况作了分析，认为当前学生的思想状况总体是健康的、向上的，但也存在一些较突出的问题，如……(略)

二、人文系党总支书记×××同志说："当前青年学生思想比较活跃，愿意思考问题，这的确是学生的主流，但当前在部分学生中也存在比较严重的拜金主义、重技能轻理论、重实用轻人文的倾向。"

三、××班党支部书记在汇报学生思想状况时，指出有些同学在思想上没有处理好学习与兼职的关系，严重影响了学习成绩。

四、经贸系政治辅导员×××同志谈到个别学生存在怕露贫而不愿申请经济困难补助的心理。

(注：本文摘自杨文丰主编的《高职应用写作》，高等教育出版社，有改动。)

【评析】这是一则情况会议纪要，真实地反映了会议的讨论情况和与会人员的意见。这种会议纪要的观点出自个人，具体而真实，具有较强的资料价值。

例文❸【病文评析】

关于建立合资公司商谈

中汇百货股份有限公司(以下简称甲方)与风云文化股份有限公司(以下简称乙方)，在"真诚合作、互利互惠，共同发展"的基础上，会谈了三天，具体事项如下：

双方初步讨论了合资公司的投资总额及注册资本，分别为 800 万元和 800 万元。中汇百货公司和风云文化公司各占合资公司注册资本的 50%。甲方以土地作为出资的一部分，其余以现金作为出资，如与亦庄新技术产业开发区（以下简称为开发区）商谈土地价格时，应有乙方代表同时参加。

一、董事会及董事

董事会由双方各出 3 名董事组成，共 6 人。

二、总经理、经理层

中汇百货公司建议合资公司设定总经理和副总经理各 1 人，第一个 3 年总经理由乙方提名，董事会任命，副总经理由甲方提名，董事会任命。对总经理、副总经理的提名权每 3 年轮换一次。

三、产品及零配件报价（略）

四、商标

中汇百货公司认为合资公司的商标需重新设计，但原则为：有利于合资公司的形象建立；有利于强化双方现有商标在中国市场的影响力。

五、国内销售

在合资公司建立的初期，甲方认为合资公司的产品由甲方现有的销售网络代理。但合资公司应逐步培养自己的销售队伍。

六、海外销售

甲方认为应由乙方的海外销售网络代理销售合资公司的产品。

甲方：   乙方：

中汇百货股份有限公司（盖章）   风云文化股份有限公司（盖章）

2013 年 3 月

【病文诊治】

这篇"会谈纪要"存在的主要问题有：

（1）标题不正确。标题可以无事由，但须有文种"会谈纪要"，而此篇纪要标题只有事由而无文种。

（2）开头未能概括出会谈的基本情况。只说明会谈了 3 天，而会谈的具体时间、会谈的地点、会谈的议题等均未交代。

（3）称谓混乱。在开头部分，既然已经说明中汇百货股份有限公司为甲方，风云文化股份有限公司为乙方，那么，在主体部分，就应用甲乙来替代二者，并使用习惯性用语"甲方建议"、"乙方认为"、"双方商定"等。而本纪要在称谓中，经常是公司名称和甲乙混用，造成主体不清。

（4）没有全面真实地反映会谈情况。全文只写了中汇百货股份有限公司即甲方的建议、认为、权利等，所有意向的约定均出自甲公司。既然是会谈，当然应有乙方参加商谈，但文章对乙方的活动、意向都没有反映，这样的纪要不能说得上全面真实地写出会谈的情况。

（5）结构不严谨。文章在第二大段对合资公司的投资金额、比例和方式进行了综合概述，而该内容是重点，最易出问题，这样写不能突出其重要性，应拆分段落。所写的国内销售、海外销售，从性质上看，是同属于"产品销售"的，只是目标市场不同而已，应合为一大条来写；而董事会和经理同属于"组织机构"，也应合为一大条来写。拟稿者对材料没有充分地分析，对观点没有认真推敲，从而造成了整篇文章条理不清，结构混乱，不能很好地反映会谈的情况。

（6）对于董事会及董事的人员构成和乙方的出资方式过于简单、笼统，不够明确，不利于双方顺利和友好地合作。

（7）为了留有余地或为了双方的权利和义务的进一步磋商，应写明"对未尽事宜，另行协商"字样，以便以后具体化或更趋完善。

（8）落款不完整。没有与会代表的签名，而且纪要的形成日期不是全称。

以上问题的存在，使这篇"会谈纪要"不可能发挥应有的作用。

病文修改稿

关于建立合资公司的会议纪要

中汇百货股份有限公司（以下简称甲方）与风云文化股份有限公司（以下简称乙方）就建立合资公司一事于 2013 年 3 月 26 日在中汇百货股份有限公司本部举行商洽，在"真诚合作，互利互惠，共同发展"的基础上，就双方的合作事宜达成如下共识：

一、投资总额、注册资本

双方初步讨论了合资公司的投资总额及注册资本，分别为 800 万元和 800 万元。

二、双方出资比例、出资方式

1. 出资比例

双方初步商定以甲方占合资公司注册资本的 50％，乙方占合资公司注册资本的 50％的出资比例建立合资公司。

2. 出资方式

甲方以土地作为出资的一部分，其余以现金作为出资，如与老城工业技术开发区（以下简称为开发区）商谈土地价格时，应有乙方代表同时参加。

乙方以技术转让费作为出资的一部分，其余以现金作为出资，至于技术转让费的作价，有待于将来谈判时确定。

三、合资公司名称、年限、选址

1. 名称

海南恒运有限责任公司。

2. 年限

根据中国合资法律法规，双方同意合资公司首期合作为 15 年，逾期双方可协商延长。

3. 厂址

海南老城工业技术开发区。

四、组织机构

1. 董事会及董事

董事会由双方各出 3 名董事组成，共 6 人。

甲方建议董事会设董事长和副董事长各 1 人，由中外双方每 3 年轮换担任，第一个 3 年董事长由甲方担任，副董事长由乙方担任，为避免董事会表决时出现僵局，双方对不同重要程度的事项的决策办法在合资公司章程中确定。

2. 总经理、经理层

甲方建议合资公司设定总经理和副总经理各1人，第一个3年总经理由乙方提名，董事会任命，副总经理由甲方提名，董事会任命。对总经理、副总经理的提名权每3年轮换一次。

五、其他

1. 合资公司的员工来源

甲方认为中国有十分丰富的劳动力资源，同时甲方承诺向合资公司提供部分熟练工人、精通业务的技术及管理人员。

2. 产品及零配件报价（略）

3. 商标

双方初步商定合资公司的商标需重新设计，但原则为：

（1）有利于合资公司的形象建立；

（2）有利于强化双方现有商标在中国市场的影响力。

4. 产品销售

（1）国内销售。

双方认为在合资公司建立的初期，合资公司的产品由甲方现有的销售网络代理，但合资公司应逐步培养自己的销售队伍。

（2）海外销售。

乙方原则同意其海外销售网络代理销售合资公司的产品。

有关未尽事宜，另行约期协商解决。

甲方：   乙方：

中汇百货股份有限公司（盖章）   凤云文化股份有限公司（盖章）

代表：（签字）   代表：（签字）

2013 年 3 月 26 日

（二）项目实操

拟写一篇合格的会议纪要，要掌握会议纪要各组成部分的写作内容和写作要求，即第一、六要素，即时间、地点、主持人（或主持单位）、参加人（代表或单位）、议题、决议齐全；第二，要条理化，用综合概括方式把众多意见分类整理后再分项写；第三，注意语言的准确、简洁和习惯语的使用。

根据"项目描述"情景，拟写一份会议纪要。

四、课后互动平台

（一）撰写实训报告

内容包括完成该实训项目的过程、存在的问题，以及你从此项实训任务中收获了什么。

（二）网上学习

搜索优酷网：秘书资格证考试案例视频，看一看四级秘书技能考试视频，比较一下你的秘书技能基本功如何。

学习网站：http://v.youku.com/v__show/id__XNTA40TY5NTI=．Html．

模块三 事务文书

项目一 计 划

一、项目描述

广东某化建有限公司拟定在"五四"期间，组织优秀团员进行一次集培训、学习、娱乐于一体的活动，以加强联系、提高业务水平、放松身心，增强企业凝聚力、更好地调动优秀团员的工作积极性。活动时间为 2010 年 5 月 7 日下午至 8 日中午，活动地点为新世界度假村，活动内容主要有：请某知名学者做题为"金融危机环境下企业如何化危为机"的讲座，请××学院××老师做商务沟通与技巧方面的培训，举行联欢、抽奖、跳舞等娱乐活动。

二、必备知识

(一) 概念

计划是国家机关、企事业单位、社会团体或个人为完成某一任务或实现某项目标，预先对今后一定时期内的工作、活动所做的安排、设想、部署、规划和筹措。计划是决策，是对理想、目标的具体化。它是对工作完成的具体任务、质量及数量的要求，是对工作完成时间，进行步骤、措施以及内外部保证条件等内容进行通盘考虑和周密安排的一种说明性应用文体。

计划是计划类文书的统称。按内容涉及的范围大小、期限长短和实施步骤的详略不同，计划有以下不同的名称。

(1) 规划：具有全局性的、较长时期的远景计划称规划。规划，一般跨度五年以上，目标大、涉及范围广、内容较概括、具有原则性、指导性和鼓舞性。如：《××师范大学五年发展规划》、《××省经济发展十年规划》。有时这类较长远、宏大的计划还被称为"纲要"，如：《中国残疾人事业"十一五"发展纲要》(2006－2010)。

(2) 方案：对某项工作的多种可能性进行比较、筛选、论证后，做出的相对优化、周密的计划称方案。方案，一般都要从完成任务的目的、要求，工作步骤，到工作方式、方法，做出比较全面、详细的步署和安排，多用于对需要短期完成的目标和任务做出计划。如：《天驹商贸公司第四季度销售方案》、《3.12 特大刑事案件侦查方案》。

(3) 安排：对短期内预计要完成的工作进行具体布置的计划称安排。安排一般比较切近、具体，如：《开元商场童装部周工作安排》、《××省化学学会 2009 年度年会准备工作安排》。

(4) 设想：对长远的工作做出粗线条的部署称设想。设想，属初步的草案性计划，其实施方法和步骤较为简略。如：《××省建立生态保护区的设想》、《建立健全农村人口医疗保障体系的设想》。

（5）打算：短期内工作的要点式计划称打算。一般只写出需完成任务的概要，不做详细布署。如：《元旦文艺汇演筹备工作打算》。

（6）要点：对一段时间的主要工作做出简要安排的计划称要点。如：《某建筑公司2009—2010 年度工作要点》、《生产安全管理工作要点》。

（二）特点

（1）预见性。计划是先于实践活动制定的，必须对未来工作中可能发生的问题有充分的估计和预测，要遵循客观事物的发展规律，结合已有的经验和实际情况，进行科学的预见。没有预见性，计划就不能成立。另外，正因计划具有预见性、设想性，所以，在执行中，当情况、条件发生了变化时，也必须视实际情况，对计划做出相应的调整。

（2）可行性。计划是行动的指南，计划的目标和措施必须具有科学性，确保切实可行。因此确定计划目标时必须以主客观条件为依据，对各种有利因素和不利因素进行研究、论证，既要发挥主观能动性，也要考虑客观可能性。有了可行的目标，完成目标的措施也必须得当，方法正确、步骤合理，不脱离实际，才能实现预期目标。

（3）指导性。计划是结合实际工作而制定的科学方案，对人们有目的、有秩序、有步骤地进行某项工作有一定的指导作用。计划既是指导下级工作的依据，也是考核下级工作的尺度，计划一经制定下达，就有一定的约束力，尤其是经过一定的会议讨论通过和批准的计划，更具有权威性和约束力，若无重大变化，必须严格按照计划执行。

（4）简明性。计划在制定时必须简明扼要、条款清晰、目标明确、步骤性强，以便指导实际工作和进行具体操作。

（三）种类

计划从性质、时间、形式等角度可划分出以下不同类型：

（1）按性质划分，可分为综合性计划和专题性计划。

（2）按内容划分，可分为工作计划、培训计划、科研计划、教学计划、基建计划等。

（3）按时间划分，可分为长期计划、短期计划、年度计划、季度计划、月计划、周计划等。

（4）按范围划分，可分为国家计划、部门计划、单位计划、个人计划、行业计划等。

（5）按表达方式分，可分为条文式计划、表格式计划、文表结合式计划。

（四）写作格式

计划由标题、正文和落款三部分构成，其写法如下：

1. 标题

（1）标题一般由制定计划的单位名称、完成时限、计划内容和计划名称四部分构成。如：《××机械厂 2009 年财务工作计划》。

（2）所拟计划若还需讨论定稿或经上级批准，就应在标题的后面或下方用括号加注"草案"、"初稿"或"讨论稿"等字样。

2. 正文

计划的正文包括引言、主体和结尾三部分。

（1）引言

引言又称"前言"。在全文中起引导作用，简明扼要介绍制定计划的背景、依据、指导思想，说明其意义和重要性，并列出所要达到的目标。

例如：为全面提高我区街道工作的整体水平，加快区域经济发展，强化城市管理工作，着力推进社区建设，切实抓好社会主义精神文明。根据区委、区政府未来五年内对全区街道工作的总体要求，本着高标准、高起步、求实效、创一流的工作原则，特制定本规划。

这段引言简洁明了，一语道出制定计划的目的和依据。

（2）主体

主体部分主要具体全面说明计划内容，即计划的目标和任务要求、措施和时间、实施步骤等事项。

① 目标：即计划需完成的任务，是计划的核心内容，是具体提出计划目标和工作要求的部分。首先要明确指出总体目标和基本任务，对工作任务要达到的数量和质量都要有明确的指标。

② 措施：即完成计划任务所采用的方式、方法。以什么方法，用什么措施来确保完成任务、实现目标，这是关乎计划是否具有可操作性的关键一环。一个完整的计划，应既有目标任务，又有措施办法。所谓有措施办法，就是对完成计划需动员哪些力量，创造哪些条件，排除哪些困难，采取哪些手段，通过哪些途径等心中有数。这既需要熟悉实际工作，又需要有科学预见。只有如此，制定的措施、办法才能切实可行。

③ 步骤：步骤是工作的阶段划分，强调时限和先后顺序。编制计划必须胸有全局，经过分析、对比、统筹，设计出科学的工作阶段和工作流程，并对人、财、物进行合理分工和周密组织。工作要有先后、主次、缓急之分，工作进程要有一定的阶段性。在编制计划时要对整体的工作任务进行分解，规定操作步骤，将各项工作的完成时限、质量要求及责任人落到实处。这样才能职责明确、操作有序，执行无误，保证计划的完成。

以上三点可称计划三要素。一份成功的计划，措施要具体，分工要明确，步骤要有序，表达要条理清楚。

（3）结尾

① 总括式结尾。为使文意完整，少数计划可在文尾概括说明完成计划的有利条件或表明信心和决心。

例如：本学期的工作一定会开展得丰富多彩，希望我部在以往所取得成绩的基础上，再创辉煌，将我部的宣传工作推上一个新的台阶。

这段结尾简明扼要，表明信心，提出希望。

② 自然式结尾。即，叙述完主体自然收尾。

3．落款

在正文右下方署上制定计划的单位名称和日期，并加盖公章。

（五）注意事项

（1）要把预测性和可行性很好地结合起来。

（2）计划的目标、任务、措施、步骤程序等都要写得明确具体，切忌含糊不清、模棱两可。

（3）要走群众路线，以保证计划的认同度和可行性。

（4）语言要准确、明晰。

三、项目演练

(一)例文赏析

例文❶

××公司新职工培训指导计划

第一章　教育目的与内容

1. 教育目的

对本企业新录用的职工介绍企业的经营方针,传授本企业职工所必备的基本知识和业务技能,提高其基本素质,使之在较短时间内成为符合要求的职工。

2. 教育内容

(1)明确本企业的生产目的和社会使命。

(2)明确本企业的历史沿革、现状、在产业中的地位和经营状况。

(3)了解本企业的机构设置和企业组织。

(4)掌握本企业的规章制度和厂规厂法。

(5)掌握本企业各部门的业务范围和经营生产项目。

(6)了解本企业的经营风格和职工精神风貌。

(7)了解本企业对职工道德、情操和礼仪的要求。

(8)通过教育培训考察学员的个人能力和专业特长。

第二章　教育实施要领

1. 教育指导者

(1)企业主要领导全面负责教育指导工作,其他领导应参与。

(2)计划的编制和组织实施由总务部或人事部负责。

(3)企业全体职工都应协助教育培训工作。

2. 培训时间

一般为3个月,根据实际情况可适当延长或缩短。

3. 编班

为便于组织培训,根据学员学历,可分成不同的班组,并指定一名班组长。外出参观或实习时,可根据实际需要,重新编班。

4. 时间安排

集中培训的时间安排为"上午:×时×分至×时×分;下午:×时×分至×时×分"。实习时间同企业工作时间一致。参观时间视情况而定。

5. 教育方法

(1)专业知识传授采取集中授课的方式。

(2)实习则采取到实习工厂或企业车间部门实际操作的方式。

(3)参观。根据教员的布置,实地考察,并由学员提交参观报告。

(4)培训日记。培训期间,要求学员对培训感想和认识做出记录,以提高学员的观察和记录能力。

(5)在培训过程中,尽量让学员接触生产实践,尽量提供更多的参考资料和视听教材。

第三章 模拟安置

1. 目的

在新职工教育培训期间,根据企业的组织设置,将学员模拟安排到不同部门,以考察其能力和适应的部门,为正式安排提供依据,同时也使新职工尽快地了解企业情况。

2. 时间

模拟安置时间从培训正式开始起,到正式安排止。以15天为一周期,全体学员轮流更换工作。

第四章 教育培训实施要领

1. 基础理论教育(见附表一)(略)

2. 实习教育(见附表二)(略)

3. 注意事项

(1) 对企业的机构设置、规章制度、生产经营管理系统要作重点介绍。

(2) 对各部门的职权范围、工作内容等要作详尽介绍。

(3) 要让学员清楚地掌握工作性质和责任。

(4) 要使学员真正掌握业务知识。

(5) 要重点培养学员的责任心和效率意识。

(6) 培养学员的礼仪修养,养成礼貌待人的习惯。

(7) 使学员意识到校园生活与企业生产的差别,感知到自己新的责任与地位。

(8) 培养学员尊重知识、严肃认真的工作态度。

(9) 注意培养学员的集体精神和企业意识。

(10) 不应把新职工的教育培训任务仅局限于企业领导,要使全体企业职工参与教育培训工作。

×××× 年 × 月 × 日(印章)

【简析】这是一篇写得较好的职工上岗培训计划。文章通过分章结构,表述培训的目的、内容、指导者、时间安排、教法、模拟安置、注意事项等内容。计划的"三要素",即目标任务、措施、步骤程序,已体现其中。本计划具有考虑较周密,上岗针对性强,操作性较强的特色。

例文❷

××市××造纸厂2014年质量工作计划

随着我国经济体制改革的深入发展,企业外部环境和条件发生了深刻的变化,市场竞争越来越激烈,质量在竞争中的地位越来越重要。企业管理必须以质量为重点,提高产品质量是增强竞争力,提高经济效益的基本方法,是企业的生命线。2014年是我厂产品质量升级、品种换代的关键一年,特制定工作计划如下:

一、质量工作目标

(1) 一季度增加2.5米大烘缸一只,扩大批量,改变纸页的温度。

(2) 三季度增加大烘缸扎辊一根,进一步提高纸页的平整度、光滑度,要求此项指标达到QB标准。

（3）四季度改变工艺流程，实现里浆分道，使挂面纸和小泥袋纸板达到省内外同行业先进水平。

二、质量工作措施

（1）强化质量管理意识，进行全员质量培训，培养质量管理骨干，使广大职工提高认识，管理人员工作方法更为得当。

（2）成立以技术厂长为首的技术改造领导小组，主持为提高产品质量以及产品升级所需设备、技术改造工作，负责各项措施的布置、落实和检查工作。

（3）由上而下建立质量保证体系和质量管理制度，把提高产品质量列入主管工作厂长、科长及技术人员的工作责任，年终根据产品质量水平算奖金，执行奖惩办法。（办法另有方案）

（4）本计划已纳入 2014 年全厂工作计划，厂部负责检查监督，指导实施，各部门、科室要协同配合，确保本计划的完满实施。

×× 市 ×× 造纸厂（印章）

2013 年 12 月 9 日

【简析】这篇计划用的是完全式标题。前言简洁，一开始就扣紧质量的主旨。迅速进入计划的正文部分。例文采用条文式结构。计划的主体一般要写清计划的"三要素"：目标（做什么）、步骤（分几步完成）、措施（怎么做）。

（二）项目实操

根据"项目描述"背景，写一份计划。

四、课后互动平台

（一）撰写实训平台

内容包括完成该实训项目的过程、存在的问题，以及你从此项实训任务中收获了什么。

（二）网上学习

百度搜索：秘书写作综合训练，加强计划的写作。

（网址：http://wenku.baidu.com/view/e249614d852458fb770b56a4.html）

项目二 总 结

一、项目描述

艺泰集团是一家大型企业，涉足房地产、建材、物流、酒店等近 10 个行业，下属分公司有 30 家，员工总人数 5000 余人，集团的总部在上海，生产基地主要在苏州。

随着企业的发展壮大，企业的行政机构也逐渐地庞大，在集团总部的办公室行政人员就有 100 余人，其中承担领导助理、办公服务、接待工作职责的人员就有近 20 人。另外，在各分公司配有秘书、文员岗位，略加估算也有 60 余人。他们在集团驻各地机构遵守"三服务"，较好地保证了集团的正常运营。然而，由于市场经济、科学技术的发展以及企业融入国际化战略的需要，必然要求职能部门的人员尽快提高服务水平和服务效率。

负责集团行政工作的行政总监吴小美，从提高企业经营管理水平出发，要求办公室何秘书调查集团秘书、文员岗位人员的素质状况。何秘书接到任务后，立即从人力资源部调看了岗位人员的资料，并发放了艺泰集团秘书、文员岗位培训情况调查问卷。从调查情况看，人员培训情况不容乐观，如集团现有秘书人员只有27％专业出身，86％的秘书缺乏岗位，94％的秘书期望集团举办秘书培训班。基于以上情况，何秘书向吴总监建议举办一次秘书岗位培训班。

在听完何秘书的汇报后，吴总监向何秘书作了交代，何秘书当场做了记录：

成立培训工作领导小组，建议由集团副总裁担任组长，并且邀请副总裁到会讲话，由集团办公室负责人落实；要求年龄在35岁以上的在职秘书、文员参加培训，同时欢迎其他办公室行政人员参加；进行集中封闭式培训，时间是3天总共24个课时；培训以讲座的形式为主，结合实际训练，采取从大专院校和本集团内部聘请的方式选择教师，并且发放专业培训教材，由办公室负责采购；对培训合格者发给结业证书，作为岗位人员以后晋升的参考依据。回到办公室后，何秘书根据吴总监的要求，立即拟定了一份秘书培训计划，上报给集团领导。

2011年5月9日～11日，历时三天的秘书岗位培训班结束了。学员们脸上洋溢着收获的喜悦。他们反映，这次培训班效率高、内容多、教学好、针对性强，学到了不少知识，有些学员听课之后，还抽时间与任课教师探讨有关问题。

二、必备知识

（一）概念

总结是单位或个人对已完成的工作或已发生的事项进行回顾、检查、分析评价，从而得出经验教训，概括出规律性的认识，以备查考和指导今后工作实践所写的一种应用文体。日常工作中形成的总结还有以下名称，回顾、小结、体会、经验、做法、心得等。

总结最基本的特点是回顾过去，评估得失以指导未来。通过对以往的工作、学习、思想等的回顾，在此基础上进行客观分析，肯定成绩和经验，发现问题和缺点，以更好的指导今后实践。在具体工作中总结不仅能起到承前启后的作用，也可为决策部门制定路线、方针、政策提供依据，是不断提高思想认识水平和工作能力的重要途径。

（二）特点

1. 实践性

总结是人们以自身的实践活动为基础，通过客观地回顾、认识、评价、分析得出的具有指导性和规律性的认识，它的根源是客观实践活动，总结的对象和材料来自于实践，观点也是从实践中提炼出来的。因此总结的写作必须忠于事实，不能添枝加叶、无中生有或避重就轻、报喜不报忧。否则，就失去了总结的价值和意义。

2. 理论性

总结不是对已完成工作事实的简单复述，也不是对工作实践过程和情况的表面反映。总结的目的在于得出浓缩的、经典的规律性东西，以便在今后工作中能够正确把握事物的客观规律，提高工作效率和成功率。这是一个把零星的、肤浅的、感性认识上升为全面的、系统的、理性认识高度的过程。应当从取得的成绩中提炼出经验，从失败中分析出教训，因此总结必须具备一定的理论性。

3. 简明性

总结的语言必须简明扼要，条理清楚，忌长篇大论，要以提炼规律性东西为目的，忌说空话、大话。

（三）种类

总结从性质、时间、形式等角度可划分为以下不同类型：

（1）按性质划分，可分为综合性总结和专题性总结。

① 综合性总结，又称全面总结，它是对某一时期各项工作的全面回顾和检查，进而总结经验与教训，如：《××公司 2005 年度工作总结》、《××省体工委工作总结》。

② 专题性总结，也称单项总结，是对某项工作或某方面问题进行专门的总结，尤以总结推广成功经验为多见，如：《利君集团 2005 年度销售工作总结》、《××市××区植树造林工作总结》。

（2）按内容划分，可分为工作总结、学习总结、科研总结、教学总结、行业总结等。

（3）按时间划分，可分为年度总结、季度总结、月份总结等。

（4）按范围划分，可分为地区总结、部门总结、个人总结等。

（四）写作格式

总结同计划一样由标题、正文、落款三部分构成，具体写法如下：

1. 标题

总结的标题有多种拟写方式，常见的有以下几种：

（1）文件式标题：一般由写作总结的单位名称、时限、内容、文种名称四部分构成。例如：《××局 2005 年度拥军优属工作总结》、《××市 2005 年农村工作总结》。

（2）文章式标题：以单行标题概括主要内容或基本观点，不出现总结字样，但对总结内容有提示作用。例如某企业的专题总结《技术改造是企业振兴之路》，某高校的专题总结《我们是如何实行教学与科研相结合的》。

（3）双行式标题：分别以文章式标题和文件式标题为正副标题，正标题揭示观点或概括主要内容，副标题点明单位、时限、性质和总结种类。

例如：

知名教授上讲台　教书育人放异彩

——×× 大学德育工作总结

2. 正文

（1）前言：一般介绍总结写作的依据、背景、基本概况等，也可交待总结主旨并作出基本评价，力求简洁，开宗明义。

常见的总结开头有以下几种写法：

① 概括式。简要介绍基本情况，分清主次，为下文叙述奠定基础。

例如：在卫生厅党组织的关怀和领导下，在各处室的支持和帮助下，××××年全院党政团结、上下齐心，全体职工积极努力奋斗，以全国结核病防治规划为目标，以全国和全省卫生工作大会精神为动力，结合我省和我院实际，圆满完成了院长和党支部两个工作合同所规定的任务，并通过抓"项目"试点，为开创我省"结防"工作新局面奠定了良好的基础，现将主要工作总结如下：

这段开头简要介绍了工作完成的基本情况和取得的总成绩，具有承前启后作用。

② 提问式。以提问的方式将总结的主题直接点明，引人注意。

例如：党校培训是每一个有志于加入中国共产党的青年学子的必修课。那么，究竟通过学习可以得到哪些提高呢？现以我个人的学习经历，谈几点体会：

这段开头在点明主题的同时，并以提问的方式，设置悬念，引起读者的重视。

③ 对比式。用前后、新旧或先进与落后进行对比，从而分出优劣，引出下文。

例如：1998 年～2004 年 6 年间我厂平均每年亏损 130 余万元人民币。建立集团公司后，公司不仅扭亏为盈，而且连年来产值、利润以 7.8％ 的幅度稳步提高，2006 年首次创盈利新高，净增利润 2000 万元人民币……

这段开头用前后两组差别显著的数据作为对比，以引起读者对所总结的经验和所取得的成绩的兴趣。

④ 结论式。开门见山提出总结的结论，引发人们对总结过程的兴趣。

例如：经过一学期的刻苦学习，高考取得了理想的成绩。这使我得出一个终身受益的结论——科学有效的学习方法是提高学习成绩的关键。

这段开头直截了当给出总结结论，先声夺人，激起读者对经验过程的索求欲。

（2）主体：包括主要工作的基本情况、成绩及评价、经验和体会、问题或教训等。这些内容是总结的核心部分，可按纵式或横式结构形式撰写。所谓纵式结构，即按主体内容从所做的工作、方法、成绩、经验、教训等逐层展开。所谓横式结构即按材料的逻辑关系将其分成若干部分，标序加题，逐一来写。典型结构如下：

① 基本情况。基本情况是总结分析评价的基础，这部分应较为详尽的对已完成的工作或任务，及取得的成绩和效果作以叙述。

② 主要经验。从上述基本情况自然会引出结论性、规律性的东西。这部分是总结的主要目的和内容，应以具体事例、具体材料为依据，然后上升到理性认识，围绕成绩的主要方面进行论述；也可采取纵横对比的方式展示所得经验的优势和特点，要条理清楚，有理有据。

③ 存在的问题。找出问题也是总结的主要目的之一，因而在看到经验的同时不能忽视问题，只有对问题实事求是的认识，才能使今后工作做的更好。

（3）结尾：作为总结的结束语可以归纳呼应主题、指出努力方向、提出改进意见或用表示决心信心等语作结，要求简短利索。

例如：一年来，我局在党建方面做了一些工作，取得了一些成绩，全系统没有发生违反党纪国法的事件，没有发生政治事件，没有发现腐败行为，保持了工作的正常运转和稳定，保证了党的方针、政策的贯彻落实，为我省的经济建设增光添彩，作出了应有的贡献。

这段结尾即是综述全篇，又是增强主题，简洁明了，很是完美。

3. 落款

一般在正文右下方署名。（若是报刊杂志或简报刊用，应在标题下方居中署名）

（五）总结与计划的关系

总结和计划有着密不可分的关系，总结可以检验计划的优劣得失，计划可以依据总结得出的经验制定得更加科学、合理。具体表现为以下三点：

（1）总结是对计划实践活动的检验。总结要以计划为依据，要检查计划的执行情况，检验计划的准确程度，检验它是否科学、是否可行，是否的确具有较强的指导性。任务完成结果与目标基本一致，则会总结出有价值的规律性认识；二者差距较大或结果截然相反，则会得出引以为鉴的教训。

（2）计划可以采用成熟的经验总结。经过对前一次的计划完成情况进行全面系统的总结分析，得到的先进经验可用来指导下一轮计划的制定，使得计划更加符合事物发展的客观规律，具有较高的成功率。而总结得出的失败和教训，则也可作为制定计划的前车之鉴。

（3）总结依赖计划不断创新。每一次计划的实施都会有不同的特征表现，而对每一次计划实施的总结，都会得出有益的结论。如此周而复始则会使计划更加科学、可行，总结更加深刻、新颖，更有利于指导以后的实践。

因此看来，计划与总结既是相互制约、相互依赖的关系，同时又是相互促进、不断提高的关系。计划——实践——总结——再计划——再实践——再总结……如此周而复始，循环无穷，不断提高，这就是计划与总结最本质、最有价值的关系。

（六）注意事项

总结的写作要注意如下几个问题：

（1）全面地掌握有关材料。（典型材料、有关数字）

① 掌握总结对象的全面情况和工作过程。

② 掌握兄弟单位的有关情况或同行业的有关情况资料。

③ 了解掌握有关的计划资料。

（2）要写出自己的特色。采取第一人称写法，写出本单位的个性特点，写出本单位独具特色的新鲜经验教训，写出和别人，和别的单位的不同地方来，写出今年与去年不同的特点来。

（3）要找出规律性的东西。总结的根本任务就在于总结经验，找出规律性的东西，不断把工作推向前进。

（4）叙议结合，语言合体。叙议结合，是总结写作的主要方法。

叙：摆情况，谈成绩，讲做法。

议：分析原因，谈经验，记体会。

不论怎样叙、议，都必须做到用观点统帅材料，用材料说明观点，使观点与材料统一。

总结的语言要准确、简明、朴实。

准确：文如其事，恰如其分，有分寸感，不允许模棱两可，含糊其词。

简洁：简明扼要，不能拖泥带水，重复啰嗦。

朴实：朴素平实，不追求华丽，过分修饰。

要适当运用生动活泼的群众语言及形象化的口语。

三、项目演练

（一）例文赏析

例文 ❶

××市纺织品交易团
2012 年春季交易会调研工作总结

在今年春季交易会上，我纺织品交易团重视调研工作，组成工贸结合的调研组，调研员通过业务洽谈和召开专题座谈会进行调研，取得了一些成绩。现将本次的调研工作总结如下：

一、本届交易会调研工作取得的成绩

（1）通过调研，基本上弄清了当前纺织品市场情况、供求关系、价格水平，对搞好本届交易会的业务成交起到了良好的作用。

（2）通过调研，对于当前和今年下半年纺织品市场供求关系和价格趋势较以前有更为明确的认识，有利于完成全年的经营计划，为领导确定经营决策、制定措施提供了参考。

（3）对一些重点市场和重点商品的产、销、存等情况及趋势进行了调研，积累了资料，有利于今后进行系统研究。

（4）调查了解国外纺织品和服装的品种、花色、款式、处理等方面的流行趋势及用户对我产品的反映；提供给我生产部门以便改进生产，使我产品适合国外市场需要，扩大纺织品出口。

二、本届交易会调研工作的经验和体会

（1）领导重视，调动调研员的积极性，是搞好调研工作的保证。

（2）本届交易会采用工贸结合的调研组织形式，是可行的、较好的形式，只要加强统一领导，互相配合通气，工贸双方既可分头活动，也可合作活动。

（3）调研中要注意不断提高调研工作的质量，不仅要及时反映情况，还要在一定时间内进行分析研究，提出意见看法。调研期间，可分阶段进行，前半段应着重调研当前市场和价格，为本届交易会工作服务；后半段应着重调研趋势，为今后工作服务。

（4）调研会是进行调研的好方法，今后可多搞一些专题性的商人座谈会和业务员座谈会。

三、存在的问题和建议

（1）工作中调查多，分析研究少。在编印简报中，介绍商人的反映多，而经过分析拿出我们的看法、建议的少。调查偏重于商品，对地区市场情况缺乏系统归纳分析，拿不出有参考价值的意见。

（2）建议今后在交易会前，各有关公司都应提出本公司的调研提纲，以便调研组及时制定反映实际要求的调研方案。

××市纺织品交易团（印章）

2012 年 4 月 20 日

【简析】这是一篇专题总结。主体部分由三个层次构成："取得成绩"、"经验和体会"、"存在的问题和建议"。全文文字精简，事项排列合乎逻辑。

例文❷

××开发区秘书局 2012 年工作总结

今年，秘书局在开发区党工委、管委会的正确领导下，在兄弟部门的大力支持下，紧紧围绕开发区的中心工作，积极做好为领导、为基层、为群众"三个服务"，充分发挥参谋助手、综合协调、督促检查"三个作用"，不断强化全局意识和服务观念，理顺管理渠道，增强内部凝聚力，提高工作效率，确保了开发区各项工作的顺利进行。

一、加强内外联络，创造良好工作环境

秘书局处于沟通上下、联系左右的枢纽位置，工作涉及方方面面，因此，我局一直把发挥综合协调作用作为一项重点工作来抓。一是协助分管领导走访市委办公室、市政府办公室、市档案局、市交巡警支队、市公路管理处、市车管所等相关部门,并与市委办秘书处、信息处、市政办秘书处、信息处、三外旅游开发区处等处室建立了良好的业务关系,为更好地开展工作奠定了基础;二是加强同兄弟开发区的联系,组织人员随领导赴江阴、吴县、金坛、丹阳、江宁、西安等地开发区进行考察学习;三是协调与各职能部门的关系,上传下达,及时反馈,做到政令通畅,确保日常工作高效运转。

二、强化服务意识,工作稳步发展

一是文字材料方面。不断提高文字水平,正确领会把握领导意图,精心做好文稿起草工作,保证文件质量。全年共编发办公室及管委会正式文件×件,党组及党工委正式文件×件,函件×件;撰写有关综合材料×篇,其中汇报材料×篇,理论调研及经验交流材料×篇,领导讲话稿×篇,约×万字;编发办公室会议纪要×期;编发大事记×条,约×字;作会议记录近×万字;编发管委会周工作计划×期和月工作计划×期;完成《江苏年鉴》、《徐州年鉴》徐州经济开发区篇组稿工作。以上文字总量约×万,其中秘书局拟稿、记录的约×万,占文字总量的×%。

二是信息工作。不断加强信息工作,注重信息的时效性、真实性和适用性,积极搜集开发区的相关信息,及时上报重要信息和紧急信息。全年共编发《金山桥信息》×期,约×万字;向市委、市政府上报信息×篇,其中在《徐州信息》上刊登×篇,在《政务信息》上刊登×篇,在江苏省外经贸厅主办的《开发区信息》上刊登×篇,采用率达×%。继续执行重要电话记录制度,使有关信息传递更加准确、及时。

三是文印工作。共打印各类文件×万字,复印文件×万页,印刷×万页;切实做好各类文件的分类存贮,分阶段刻成光盘保存、备用,全年刻录各式文件多份;不断提高文字打印正确率,减少回机率。注重节约,尽量降低各类耗材的消耗量;做好计算机、复印机、一体多用机和打印机的维护保养,定期请专业技术人员检查,保证其正常运行。

三、突出规范管理,行政后勤工作成效显著

一是制度建设。从制度建设入手,做到有章可循。逐步推进内务管理制度化,先后修订了《卫生评比检查办法》、《值班管理规定》、《饮用水分配管理办法》、《车辆管理办法》和《接待工作管理办法》,并相应设计管理表格多种,切实执行值班制度,使管委会的行政后勤、车辆管理、接待、会务等工作步入了制度化、规范化的轨道。二是车辆管理。不断加强车辆管理,制定了《节假日期间车辆管理规定》、《办公室车辆使用、管理办法》等制度,每天主动与用车部门联系,确保各部门的车辆使用,特别是在开发区举行的几次大型活动期间,合理调配车辆,提高使用效率,提供车辆保障;每月对车辆维修、油料消耗等费用进行统计,做到帐目清楚;办理了×部新车的采购、挂牌等手续;组织安全教育×次,树立安全第一的思想,全年无重大行车事故发生。

四、发挥窗口作用,接待和会务工作步入正轨

一是接待和用餐管理工作。接待工作努力做到既热情周到,又注重节俭,坚持统一标准、统一扎口,从接站、入住、就餐、会务、参观、娱乐,到车(机)票购置、送站、费用结算等,实行统一管理,圆满完成了台湾投资考察团、美国太平洋公司、日本公司、台湾钢铁项目、美国棋与茶商务考察团、美国奶酪项目考察团及省内外领导、兄弟开发区等重要接待任务。全年共接待国内外客商×批×人次,办理出国手续×批×人次。严格执行招待审批制度,实行用

餐管理办法,坚持"节俭实在,杜绝浪费"的原则,实行定点定价、自带酒水的办法,尽量控制经费支出。

二是会务工作。每次面临重要会务,都制定详细进度要求,明确分工,责任到人。全年圆满完成开发区首次科技工作会议、二期开发工程开工奠基仪式、全省部分开发区工作座谈会、项目开工奠基仪式等会务工作。

三是外商俱乐部工作。制定外商俱乐部活动计划,组织区内外商参加了徐州第五届樱花节、徐州市第五届经贸洽谈会、彭城饭店之春——外国朋友民俗康乐赛、"六一"联欢等活动,成立了足球队,进行了多次足球联谊赛,成功举办了外籍人员圣诞联欢晚会。制作了外商《医疗服务卡》,并及时了解使用情况。

五、加强思想教育,提升人员综合素质

通过每周工作例会、每月工作调度会、安全教育会和支部民主生活会等形式,组织全体人员学习国家的大政方针、时事政治以及开发区的有关方针政策,提高人员的政治理论水平和思想道德修养,同时开展批评与自我批评,互通情况,交流思想;被市机关工委和团市委授予市级"青年文明号",通过创建活动,确立了"四个一流"、"承诺制"、"公示制"的创建目标和实施举措,进一步增强了全体人员的思想觉悟,激发了大家的工作热情和自信心。

六、存在问题

(一)对外联络不够,特别是与开发区业务相关联的部门。

(二)调研工作亟需开展。建立健全调查研究工作制度,针对全区具有全局性、普遍性和长期性的问题,确定调研课题,制定调研计划,取得调研成果,为领导决策提供实践依据。

(三)内部管理制度有待进一步完善。

××开发区秘书局(印章)

××××年×月×日

(资料来源:《新编应用文写作教程》,主编,张文英)

【简析】这是一篇工作综合性总结。文章正文结构采用了观点式结构,逐条交待该局一年来所涉及的主要工作,内容逻辑性强,并引用数据,概述成就,充分证明了总结中所提出的各个观点。全文层次分明,观点与材料统一,针对性强,做法具体,条理清楚,是一篇值得借鉴的总结。

(二) 项目实操

根据"项目描述"背景,按要求写作:

假如你作为集团的一名秘书参加了这次培训,请写一份学习总结。

四、课后互动平台

(一) 撰写实训报告

内容包括完成该实训项目的过程、存在的问题,以及你从此项实训任务中收获了什么。

(二) 网上学习

百度搜索:秘书写作综合训练,加强总结的写作能力。

(网址:http://wenku.baidu.com/view/e249614d852458fb770b56a4.html)

项目三　简　报

一、项目描述

2011 年 9 月 5 日，在××市红山矿区办公楼会议室，红山矿区程光全主任主持召开红山矿区行政办公会议。参加本次会议的人员有：矿区副主任刘克先、劳资科科长赵列、财务科科长刘洪军、安全科科长熊彬、人事科科长范树森、办公室主任张平均。会议议题有：① 二季度奖金发放办法；② 自然减员招工方案；③ 有关人员的调动问题；④ 对违反劳动纪律人员的处理。本次会议最终决定的事项有：① 矿区二季度奖金按照××总公司××年×月制定的《奖金发放办法》(试行草案)第六条、第七条；② 这次自然减员招工，招收××年以前参加工作的职工子女，并实行文化统考，择优录取的办法(详细规定由劳资科负责制定)；③ 同意刘详同志因父母身边无人照顾调往××容器厂工作；④ 同意陈新同志与硫铁矿吴才明对调，解决陈新同志夫妻长期两地分居问题；⑤ 对矿工盛乔无故旷工三天的行为，责成劳资料在全矿区给予通报批评，并扣发旷工日工资及当月奖金。

二、必备知识

(一) 简报的概念

简报是机关、团体、企事业单位内部，或者是某项中心工作、某次重要会议中用的沟通信息、交流经验、反映情况、汇报工作的期刊式文字载体。简报是信息类公文中最重要、最常用的一种，常见的"工作动态"、"情况反映"、"简讯"、"内部参考"、"快报"等，都属简报。

(二) 简报的特点

(1) 简。简就是内容集中，篇幅短小，文字简要。内容集中，是指每份简报的内容要做到单一、集中，一事一报，不要在一份简报中写许多项内容。如果为了集中反映某种情况、某个问题，也可以把几个内容相关或有共同性的短文编在一期内。篇幅短小，一份简报最好不超过一千字。有些综合性的简报，内容较多，但字数也应控制在两千字之内为宜。文字简要，是指写作简报时，文字要精练，利索、无假、大、空话。

(2) 真。简报的内容必须绝对真实。简报一个重要的目的是为领导机关反映情况，而领导机关有时可能根据简报所反映的情况做出决策。正是基于这个特点，决定了简报所写的事例，包括时间、地点、人物(或单位)、事情的前因后果、来龙去脉，引用的数据、人物语言等，都必须准确无误。对上级既报喜也报忧；既不以偏概全，也不以面概点，力求准确全面，真实地反映实际情况。

(3) 快。这是对简报时间上的要求。简报的时限性很强，它必须及时地把工作中出现的新情况、新问题、新典型、新动向，报告给有关上级机关和业务部门。如果简报编写不迅速及时，作用就会大大缩小，有时甚至会变成"马后炮"，失去其意义，毫无作用。

(4) 准。就是针对性强。简报应根据国家的法律、法令及各级政府的指示或上级机关的有关规定，围绕本单位工作的重点，抓住工作中的关键问题，准确地加以反映，为领导运筹决策提供依据。

（三）简报的种类

简报的名称很多，常见的有《××简报》、《××简讯》、《××信息》、《××动态》、《××通报》、《××通讯》及《内部参考》、《情况反映》等。从不同角度对简报有不同的分类，按时间分，有定期的简报、不定期的简报；按内容来分，可分三种。

1. 综合简报

它全面、综合地反映编发单位工作进展、思想动态、成绩缺点等概况。综合简报多常年定期编发，例某高校党委、校长办公室编《××工作动态》。

2. 中心工作简报

它主要是为配合、推动当前某项中心工作，掌握思想动态、交流推广经验而编发。中心工作简报多在一定时期内不定期制发。例某市委路线教育工作领导小组编发《路教工作简报》。

3. 会议简报

它报道会议概况，反映会议交流经验和探讨的问题，传达和贯彻会议精神和决议。会议简报用于大中型会议，视会期长短及规模在会议期间可只编发一期或多期。例某校学代会秘书组编发的《××学代会简报》。

（四）简报的格式

1. 报头

简报首页上端 1/3 处由分割线将报头与文稿部分分开，报头由以下四个必备要素构成。

（1）简报名称，一般套红、居中、字体稍大印刷。

（2）期数，印于简报名称正下方。

（3）编印机关，一般为制发简报单位的办公部门或中心工作领导小组及会议的秘书处（组），要求用全称或规范化简称印于分割线左上方。

（4）编印日期，印于分割线右上方，要求年月日齐全。

除以上四个要素，视简报内容、保密要求，还可以增加简报编号、密级（或使用范围和要求）等要素。

2. 报核

根据文体性质和文稿来源，简报的体式可分四种：一是报道体，它及时、简明、准确地叙述、报告部门、行业、系统、领域内最新发生的新情况、新动态。其文体十分类似动态消息、动态信息。二是汇篇体，这是在众多稿源基础上剪辑而成的类似综合消息的简报文体，其信息量大面广，能做到点面结合反映全局性情况。三是总结体，其文章即一般意义的总结，但内容有典型性、有推广价值，编入简报能发挥其指导一般的作用。四是转引体，即将其他单位有参考借鉴意义的材料完整地或片段地摘编转引。

（1）按语。按语是代简报编制机关立言，是对文稿及使用作出说明、评价，如说明材料来源、转引目的、转发范围，表明对简报内容的倾向性意见及表示对所提问题引起讨论研究的希望等等。按语的位置在报头下，标题前。它视需要而使用，并非每篇必有。一般在转引体、总结体及重要的报道体、汇篇体简报文章前才配用按语。

按语可分三种类型：一是题解性按语，它类似前言，主要对文稿产生过程、作者情况、主体内容作简要介绍；二是提示性按语，它侧重于对简报内容的理解揭示或是针对当前实践应注意事项的提醒；三是批示性按语，它往往援引领导人原话或上级机关指示，结合简报内容对实际工作提出批示性意见。

（2）标题。根据简报的体式，标题也有不同写法。动态性较强的内容多采用单行式新闻标题，简短明快地交待事实、揭示中心。

（3）目录。简报文稿通常是一期一篇，根据需要也可以是一期为一组性质接近的文章。如果是一组文章，则须在报头下设计"目录"一栏，将各篇文章标题先印于此，然后依次刊出每篇文章。

（4）正文。因体式各异，简报正文格式相去甚远。报道体、汇篇体类消息结构往往前有导语，后有主体、背景等；总结体可完整地将"总结"刊于简报；转引体则因所引文章不同，正文或可能是片断章节，也可能是整篇文稿。

3. 报尾

在简报末页下 1/3 处用分割线与文稿部分分开，分割线下与之平行的另一横线间内标本期简报的"报、送、发"单位名称，右侧注明本期印数。

编号（可选）　　　　　　　　　　　　　　　　　　　　　密级（可选）

××简报

第×期

编制单位（必备）　　　　　　　　　　　××××年×月×日（必备）

××××××（标题，必备）

（文章正文，必备）

发送单位（必备）

报送单位（有则备）

　　　　　　　　　　　　　　　　　　　　　　　　共印 ×× 份（必备）

（简报格式示意图）

（五）简报的写作要求

在简报写作中注意把握好以下几点：

1. 选材要准

简报不能有事就报，它要注意从党的中心工作和单位阶段工作的需要出发，在众多的事件中选取那些最有指导意义或必须引起重视的经验、状况和问题，予以全面的、实事求是的报道。那种捡起芝麻丢掉西瓜，或者只看表象忽视实质，误把芝麻当西瓜的做法，是必须避免的。

2. 速度要快

简报也是一种"报"，它有新闻性。这就要求简报的编写应该求快，对于工作中、会议中出现的新动向、新经验、新问题，编写者要及时地予以捕捉，并用最快的速度予以报导。否则，失去了新闻性、时效性，简报就会降低指导意义，乃至完全失去应有的作用。

3. 文字要简

简报的一个"简"字,代表了简报的基本特性。为了体现这一特征,作者在编写简报时首先,要注意选材精当,不求面面俱到;其次,要求文字简洁,对事物作概括的反映。一篇简报最好是千把字,至多不超过两千字。篇幅过长、文字过繁的做法,是不适于简报的编写的。

4. 内容要真实

简报作为加强领导和推动工作的重要工具,内容必须保证绝对真实、准确。否则,就会造成不良后果。简报写作不允许对那些心理活动、环境、气氛等无形的事实搞"合理想象"。必须深入调查研究,不走马观花、浮光掠影,保证内容绝对真实可靠。

三、项目演练

(一)例文赏析

深入学习实践科学发展观活动

简 报

第 7 期

市实践活动第五指导检查组　编　　　　　　　　　　　　2009 年 5 月 8 日

　　根据市委深入学习实践科学发展观活动领导小组关于第二阶段工作的部署,在各单位完成对第一阶段总结和第二阶段动员的情况下,从 5 月 4 日至 5 月 7 日,第五指导检查组深入负责联系的十个单位进行座谈,详细了解各单位关于第二阶段工作内容的具体安排,以及各单位在开展工作中遇到的问题和困难,曾树生组长对此一一作了分析,并现场解答,针对有关单位人手吃紧、工作量大的现状,提出了各种可操作性强的建议和方式、方法。为及时跟踪各单位第二阶段的工作进度,第五指导检查组还制作了《分析检查阶段有关情况统计表》,列出了第二阶段需要重点掌握的数据要点。

　　各单位第二阶段的主要亮点:雷彪常委亲自带队到环保局开展调研,并深入一线了解情况;国资委通过制定战略规划落实科学发展观;外事侨务局、统计局、中山调查队将组织到省属直接领导机关听取意见。

报:市委学习实践活动领导小组办公室

共印 30 份

(二)项目实操

根据"项目描述"背景,写一份会议简报。

四、课后互动平台

(一)撰写实训报告

内容包括完成该实训项目的过程、存在问题,以及你从此项实训任务中收获了什么。

（二）网上学习

百度搜索：简报范文，进一步提高简报的写作能力。

项目四　规章制度

一、项目描述

新世纪建筑公司以承建"高、大、新、特、重"工程著称于世，已成为国内外知名的建筑业行业品牌。公司在国内和国际上完成了一大批工期要求紧、质量要求高、难度要求大的大型和特大型工程，并先后在国内外建筑工程的建设中，创造了多个彪炳建筑业史册的施工速度，一些项目已成为当地标志性的建筑物。

为建立、健全安全生产责任制，制定完备的安全生产规章制度和操作规程，公司有关管理人员决定拟制一份安全生产操作规程及建筑施工管理制度。

二、必备知识

（一）概念

规章制度是国家机关、社会团体、企事业单位，为了维护正常的工作、劳动、学习、生活的秩序，保证国家各项政策的顺利执行和各项工作的正常开展，依照法律、法令、政策而制定的具有法规性或指导性与约束力的应用文，是各种行政法规、章程、制度、公约的总称。

规章制度的使用范围极其广泛，大至国家机关、社会团体、各行业、各系统，小至单位、部门、班组。它是国家法律、法令、政策的具体化，是人们行动的准则和依据，因此，规章制度对社会经济、科学技术、文化教育事业的发展，对社会公共秩序的维护，都有着十分重要的作用。

（二）特点

1. 约束性

规章制度明确规定了应该做什么，不应该做什么。它是人们的行为准则，一经生效，有关单位或个人就必须严格遵守或遵照执行。如果违反有关条款，就要受到相应的处罚。

2. 权威性

规章制度的权威性来源于机关单位的权威性。规章制度的作者是法定的，即依法能以自己的名义行使权利与承担义务的组织。规章制度是这些法定作者根据自己的职责和权限制定的，是本级机关权力意志的反映。

3. 稳定性

规章制度既然是人们的行为准则，就不宜经常变动和修改，应具有相对稳定性。因此，不能将脱离实际的条文，属于临时性的、个别性的问题，暂还没有条件实行的问题引入规章制度。但并不是说规章制度是一成不变的，在条件成熟的时候或环境发生了变化时，我们应及时修改并完善它。

(三) 种类

规章制度包括行政法规、章程、制度、公约四大类。不同的类别,反映不同的需要,适用于不同的范围,起着不同的作用。

1. 行政法规类

(1) 条例。条例是具有法律性质的文件,是对有关法律、法令作辅助性、阐释性的说明和规定;是对国家或某一地区政治、经济、科技等领域的某些重大事项的管理和处置作出比较全面、系统的规定;是对某机关、组织的机构设置、组织办法、人员配备、任务职权、工作原则、工作秩序和法律责任作出规定或对某类专门人员的任务、职责、义务权利、奖惩作出系统的规定。它的制发者是国家最高权力机关、最高行政机关(国务院各部委和地方人民政府制定的规章不得称"条例")。例如:《失业保险条例》、《中华人民共和国人民币管理条例》。

(2) 规定。规定是为实施贯彻有关法律、法令和条例,根据其规定和授权,对有关工作或事项作出局部的具体的规定。它是法律、政策、方针的具体化形式,是处理问题的法则。规定主要用于明确提出对国家或某一地区的政治经济和社会发展的某一方面或某些重大事故的管理或限制。规定重在强制约束性。它的制发者是国务院各部委、各级人民政府及所属机构。例如:《关于制止低价倾销工业品的不正当价格行为的规定》、《关于出版物上数字用法的试行规定》。

(3) 办法。办法是对有关法令、条例、规章提出具体可行的实施措施;是对国家或某一地区政治、经济和社会发展的有关工作、有关事项的具体办理、实施提出切实可行的措施。办法重在可操作性。它的制发者是国务院各部委、各级人民政府及所属机构。例如:《南方工业学校班主任工作考核办法》、《广东省普及九年制义务教育实施办法》。

(4) 细则。细则是为实施"条例"、"规定"、"办法"作详细、具体或补充的规定,对贯彻方针、政策起具体说明和指导的作用。它的制发者是国务院各部委、各级人民政府及所属机关。例如:《〈对外汉语教师资格审定办法〉实施细则》、《审批个人外汇申请施行细则》。

2. 章程类

章程是政府或社会团体用以说明该组织的宗旨、性质、组织原则、机构设置、职责范围等的纲领性文件,具有准则性与约束性的作用。它的制发者是政党或社会团体。例如:《中国共产党章程》、《中国写作学会章程》。

3. 制度类

(1) 制度。制度是有关单位和部门制定的要求所属人员共同遵守的准则,是机关单位对某项具体工作、具体事项制定的必须遵守的行为规范。它的制发者是机关团体、企事业单位及其部门。例如:《安全生产制度》、《××地区环保局廉政制度》。

(2) 规则。规则是机关单位为维护劳动纪律和公共利益而制定的要求大家遵守的关于工作原则、方法和手续等的条规。它的制发者是机关团体、企事业单位及其部门。例如:《全国安全生产委员会专家组工作规则》、《南方工业学校图书馆借书规则》。

(3) 规程。规程是生产单位或科研机构,为了保证质量,使工作、试验、生产按程序进行而制定的一些具体规定。它的制发者是机关团体、企事业单位及其部门。例如:《车间操作规程》、《计算机操作规程》。

(4) 守则。守则是机关团体、企事业单位要求其成员遵守的行为准则,它倡导有关人员遵守一定的行为、品德规范。它的制发者是机关团体、企事业单位及其部门。例如：《全国职工守则》、《汽车驾驶员守则》、《高等学校学生守则》。

（5）须知。须知是有关单位、部门为了维护正常秩序，搞好某项具体活动，完成某项工作而制定的具有指导性、规定性的守则。它的制发者是有关单位、部门。例如：《观众须知》、《参加演讲赛须知》。

4. 公约类

公约是人民群众或社会团体经协商决议而制定出的共同遵守的准则。是人们为了维护公共秩序，经集体讨论，把约定要做到的事情或不应做的事情，应该宣传的事情或必须反对的事情明确写成条文，作为共同遵守的事项。它的制发者是人民群众、社会团体。例如：《居民文明公约》、《北京市各界人民拥军优属公约》。

（四）写作格式

规章制度通常由标题和正文两部分组成：

1. 标题

由制定机关、事由和文种组成。如《国务院关于社会企业贯彻国民经济调整方针的若干规定》。

2. 正文

（1）正文通常由开头、主体、结尾三部分组成。开头部分写明依据、目的、意义、指导思想、适用原则等说明性文字。如："为制止低价倾销工业品的不正当价格行为，维护公平、公开、合法的市场竞争和正常的价格秩序，维护国家利益，保护经营者和消费者的合法权益，根据《中华人民共和国价格法》及国家其他有关法律，制定本规定。"

主体部分写明法规的具体条款，内容复杂的可分章节，简单的可直接分条列项书写。

结尾部分说明实施日期、执行权、解释权及其他未尽事宜的解决办法。如：《旅行社条例》"第六十八条：本条例自 2009 年 5 月 1 日起施行。1996 年 10 月 15 日国务院发布的《旅行社管理条例》同时废止。"

（2）正文的结构通常有以下两种形式。分章列条式：即将规章制度的内容分成若干章，每章又分若干条。第一章是总则，中间各章是分则，最后一章是附则。总则一般写原则性、普遍性、共同性的内容；分则指接在总则之后的具体内容，通常按事物间的逻辑顺序，或按各部分内容的联系，或按工作活动程序，以及惯例分条列项，集中编排；附则包括的主要内容有：施行程序与方式，有关说明，施行日期等。

条款式：这种规章制度只分条目不分章节，适用于内容比较简单的规章制度。一般开头说明缘由、目的、要求等，主体部分分条列出规章制度的具体内容。其第一条相对于分章列条式写法的总则，最后一条相对于附则的写法。

（五）写作注意事项

1. 维护建章立制的权威性

规章制度属于机关事务文书，写法上没有法定公文那么严格，执行中也不像法律文书那样具有极强的法律效力。但是就一个部门、一个单位来说，规章制度无疑具有行政强制性。为了维护规章制度的权威性，在起草时必须做到"三明确"：一要明确领导意图。规章制度是领导者管理思想的载体、管理意图的物化。因此，规章制度的写作不仅要有本部门本单位领导的安排或授权，而且必须吃透领导意图，吃透上级或主管部门的意向、目的和要求，从而准确把握规章制度的要点和重点。这样，写出的规章制度才会有权威性和可用性。二要明确行文基调。写作前应深入了解该规章制度所针对的对象的现状，要解决哪些方面的问题，需要限制的范围及程度，需要把握的侧重点或表述尺度，形成一个清晰的写作思路。对于事关全局的规章制度，写作前尤其要做好调查研究，定好写作基调。三要明确制发背景。制度管理是一个连续的、系统的过程，任何部门与单位都不可能仅有一项或一个方面的规章制度。

因此，起草前应弄清楚以前是否有过这方面的规定或要求，如果有的话，应分析是否需要修订，弄清是文字提法上的修改，还是内容方面的补充、增删；是基本维持原规定的精神，还是要推翻重写；原来的规章制度有什么优点，有什么不足，等等。有时，一种规章制度中会涉及好几个方面的内容，而对于同一个问题或情况的管理又可能涉及好几种不同的规章制度，这就需要从各方面考虑内容的制约和平衡，用好有关参考资料。这样定出的规章制度才会有连续性和可执行性。

2. 考虑条文内容的可行性

规章制度是要人执行的，其内容必须准确、规范，有可行性。

首先，内容要有针对性。内容是规章制度的内核和基础，除了必须真实准确之外，还必须有明确的指向性。同样一种规章制度，在不同的部门和单位里往往有不同的侧重点和不同的内容要求。如果其内容"千人一面"、"千部一腔"，毫无自己的特色，那规章制度就可能成为"样子货"。只有从本单位的实际出发，写出具有针对性的制度和规定，才会言之能行，行之有效。

其次，内容要有依据性。从某种意义上说，规章制度是法律法规和政策条文的延伸或细化，它必然具有强制性特征。因此，任何规章制度都必须有法律依据或政策依据，必须符合党和国家的政策、法令，不允许与之相抵触或违背。如果上级的有关规定内容已经比较具体，适用性也比较强，本部门或单位就没有必要再就同一内容作出规定和要求了。为了显示内容的严肃性，有的规章制度还应在文中写明批准和公布机关，写明规章制度生效的日期，以及本规章的修改权和解释权。

再次，内容要有协调性。为确保规章制度的可行性，写作时必须十分注意与同类规章制度的纵向或横向联系与协调。纵向关系的协调关键在下级。下级部门和单位制定的规章制度必须符合上级部门的有关要求。这里涉及到诸多方面的问题，如规章制度从什么时间开始执行，各级有什么权限，衡量的标准是什么，等等。标准要统一，口径要一致，步调要协调，避免出现矛盾或混乱。横向关系也必须协调。有时会遇到这样的情况：面对同一个需要解决的问题或需要规范的对象，几个部门从各自不同的角度和需要出发，都制定了规章制度，但由于互不通气，结果出现矛盾，发生规定"撞车"、制度"打架"现象，使人们无所适从，甚至让一些人钻了空子，这样的规章制度是不会有什么执行性的。

3. 讲求体式结构的规范性

规章制度属于法规性文书，具有一定的约束力，因而其文字表述必须严谨、周密、规范。既要体现严肃性，又要考虑稳定性。

4. 重视定稿过程的完整性

规章制度的写作不同于一些公务文书的写作，它往往不是在一两天内就可完成的，通常都要经过几上几下、多次反复认真的推敲、修改、酌定或试验、实证。一些重要的规章制度成型后，先要制成讨论稿，发至有关部门和单位，发给有关同志，经过有关会议或有关部门的认真讨论、逐条审议修改后，方能定稿。有些规章制度即使在反复讨论审定后印发下去，也还须批注"试行"或"暂行"字样，尚须经过一段时间实践的检验，并在实施中不断地完善和修订。对于文秘写作人员来说，规章制度的反复推敲和修改定稿的过程，就是对管理对象和客观事物的认识逐步深化的过程，亦即由感性认识到理性认识，再由理性认识指导实践的一个认识的循环过程。在此过程中，写作者要进行多次调查研究，其认识要经历两次"飞跃"。尤其是定稿后的调查研究，既是对文稿的反复推敲过程，也是认识的深化和升华过程。直至修改到不能增减移易一字，才能算是基本上完成了规章制度的写作任务。

三、项目演练

（一）例文赏析

例文❶

员工请假管理暂行规定

为严肃医院规章制度，提高工作效率，使医院内部管理更趋制度化、科学化，形成良好的员工自律机制，特制定《员工请假管理暂行规定》：

一、员工因公外出（一天以上三天以内，包括三天），本人应出具书面说明，注明外出的时间、事由、去向等。批准程序如下：

（一）临床和医技科室主任，由医教部主任审批后，交分管院领导批准，方可外出；临床和医技科室员工，由本科主任批准后上报医务部备案，方可外出。

（二）护士长，经本科主任同意，交护理部主任审批，报分管副院长同意，方可外出；各科的护士，由护士长批准，报护理部批准后备案，方可外出。

（三）各行政部门、科室主任，由院领导批准，方可外出；其他员工由本部门、科室主任批准后备案，方可外出。

二、员工因私请假，应填写请假单（人力资源部领取），按请假单上的批准程序办理。

三、上述经批准的因公外出和因私请假单，与本部门的考勤表放置一起，作为考勤依据。每月底由考勤员将考勤表和请假单一起交给人力资源部。

四、员工未按上述要求办理请假手续而外出或未上班的，一律作旷工处理，并按医院相关规章制度作出相应的处理。

五、中层干部超过三天以上外出者必须报请院长审批，方可外出。

六、未尽事宜由人力资源部作出解释。

【简析】这是属于行政法规类的规章制度。正文结构采用条款式结构：开头说明缘由，主体部分分条列出规章制度的具体内容。是一篇内容比较简单的规章制度。

例文❷

服务承诺制度

第一条　为进一步增强服务意识，提高办事效率，改善发展软环境，根据有关法律、法规、政策及《施甸县服务承诺制》，结合我镇实际，制定本制度。

第二条 本制度适用于××镇各级党政机关、国家机关、政协机关、人民团体，履行公共管理和服务职能的、与人民群众生产生活密切相关的企事业单位（以下统称单位）及其公务员或工作人员。

第三条 本制度所称服务承诺制，是指各单位根据职能分工和工作要求，对服务的内容、程序、时限以及服务标准等事项向社会作出公开承诺，并严格按照承诺办事的制度。

第四条 服务承诺遵循依法、诚信、公开、高效、便民的原则，以提高公共服务水平、效率和公众满意度为目标。

第五条 服务承诺的主要内容：

（一）服务项目和服务标准；

（二）办理程序和办理时限；

（三）收费依据和收费标准；

（四）投诉方式；

（五）保障措施及其他承诺。

第六条 各单位应围绕首问服务、即时服务、限时服务、全程服务、规范服务、高效服务、廉洁服务制定服务承诺。单位主要负责人对本单位服务承诺的兑现和落实负总责。

第七条 单位和个人有下列情形之一，经查证属实的，应当依据《××镇行政问责办法》有关规定进行问责：

（一）不制定服务承诺的；

（二）服务承诺不向社会公布的；

（三）服务承诺不兑现的；

（四）违背服务承诺的其他情形。

第八条 有制度第七条情形之一的，由本单位按照干管权限进行问责，也可由纪检监察机关按照有关规定直接进行责任追究。

第九条 本规定自 2009 年 6 月 30 日起施行。

【简析】这篇规章制度正文分条列项书写，正文内容完整，有开头、主体、结尾三部分。体式结构规范，表达简洁。

（二）项目实操

根据项目描述背景内容，写一份安全生产操作规程及建筑施工管理制度。

四、课后互动平台

（一）撰写实训报告

内容包括完成该实训项目的过程、存在的问题，以及你从此项实训任务中收获了什么。

（二）网上学习

百度搜索：公司规章制度范本——百度文库，进一步了解公司相关规章制度的写法。

（网址：http://wenku.baidu.com/view/78e9a21ffc4ffe473368ab87.html）

模块四 公关礼仪文书

项目一 公关策划文案

一、项目描述

海口市富华物资实业有限公司是一家专业经营金属材料、非金属材料、机电设备、化工产品、电子元器件、1.5～5 吨叉车门架总成、货叉架总成、挡货架、车架、工程机械零部件、金属制品、五金交电及其配件等产品的一家公司。俞琴是市场部办公室主任助理，经过近两年的工作，由于出色的工作表现，俞琴调到总裁办公室当秘书。2013 年 9 月，该公司将在成立 30 周年之际将举办一次产品展销订货会，俞琴负责拟订一份展览展销活动这一公共关系活动策划方案。要求该策划方案包括以下几方面内容：标题、目的、背景分析、时间、地点、活动项目与步骤、传播策略、经费预算、效果预测与评估、场地布置、署名和日期。

二、必备知识

（一）商务公共关系策划方案的概念

商务公关活动方案又称为公共关系策划书、公共关系策划文案。它是公关活动策划全过程最终形成的文件，是公共关系工作方案实施过程的指导性蓝图。策划书与策划一样，是市场经济发展到一定阶段的产物。策划书的问世，使策划劳动有了一种物化的形式，而成为一种特殊的商品。如果策划者是一个社会组织委托提供策划服务的主体，那么，策划书便成为这一智力劳动的载体，并被当成商品出售给委托方。总之，策划书是现代社会极富生命力的应用性文体。

（二）商务公共关系活动文案的特点

1. 程序性

公关策划都是按照严格的逻辑程序来进行的，具有程序性。所有的公关活动都必须按照计划、分步骤，一环扣一环地进行，也就是说，必须按严格的逻辑程序系统地进行公关活动。因此，作为公关活动的文案，首先必须具有逻辑程序性，这样才能指导公关活动有条不紊、按部就班地进行。

2. 必须以准确、丰富的信息作依据

一般来讲，写作公共关系策划文案需要掌握的信息有以下几类：

（1）社会环境信息。包括政治、经济、文化、科技、外交、社会、舆论等方面的信息。

（2）公众信息。包括相关的公众特点、态度、行为、需求、目前各方面状况等。

（3）组织自身信息。包括组织发展总目标、组织领导层对公共关系工作提出的任务和要求、组织的运作情况等。公共关系工作目标信息是策划的重要依据，是策划的起点。

（4）具体公共关系工作条件信息。包括公共关系组织建设、人员构成、经费预算、物资设备和技术、场地等。

（5）已有策划知识、经验、案例等。在充分拥有这些信息之后，策划者才能做到"知己知彼"，再运用策划的技巧和方法，写出公共关系策划方案来。

3. 系统性、周密性

社会环境因素的制约和社会组织本身行为的多样性和复杂性及公共关系工作的千头万绪，决定了公共关系策划文案必须具备系统性和周密性的特点。

所谓系统就是指写作策划文案时必须做到以下几点：第一，把社会组织放到社会环境的大背景中去观察，一切与社会组织相关的社会关系和各种政治、经济、文化等因素都要考虑到。第二，对社会组织自身的各种工作都能关照到，公共关系工作必须与社会组织的其他工作相配合、配套，体现整体化的要求。第三，公共关系策划必须把全局与局部、总项与分项、内部与外部、长远与近期、战略与战术、自身效益与社会效益等都谋划到。第四，公共关系策划的内容需要系统完整，公共关系的工作目标、活动主题、工作对象、媒介选择、相关公众、工作程序、采用的途径、方法与技巧、经费预算、人员和物资、空间及场地安排、时间的分配、评估的标准等都应当谋划、设计好。

所谓周密，是要求在写作文案时，对时间和空间的把握、利用，对工作人员的调度、对经费和物资的安排等，要做到计算精密、布置周到，使各方面、各环节相互紧密衔接、协调、安全、有序。

大型公共关系活动的实施操作，有其特殊性，产生的主要原因包括：一是时间高度集中，事件纵横交错，活动一展开所有程序项目便一个接一个，不可以有人为停顿的机会。现场工作人员的工作像打仗一样，要求在奔跑中工作。二是大型活动实施的机会只有一次，要么成功，要么失败。三是公关活动往往选择在人气很旺的地方进行，要特别注意其安全性，要有周密的保安措施与应急方案。由此可以看出，在大型公关活动的实施操作过程中，稍有疏忽，哪怕是任何一个细小环节的疏忽，就可能酿成大错，所以对大型活动实施的有效管理，单是策划出一个程序方案，已完全不能满足大型活动实施的工作要求，必须对整个操作过程的先后顺序、人力安排、物品使用等环节作出精心而周密的安排，才能保证活动圆满完成。

4. 可操作性

公共关系策划文案是为公共关系活动制定的一个纲领、计划和行动方案。这个纲领、计划和方案不是出台后就束之高阁的，而是要照此付诸实施、采取行动，要求策划方案必须具有可操作性。其具体要求包括以下几个方面。

（1）公共关系策划要符合实际情况，不能凭空想象，理论与实践要结合，创新与可行性要统一。要在充分了解相关因素和条件的基础上，谋划出一个切实可行的方案。

（2）公共关系策划方案要为操作者留出一定的余地，使方案具有弹性。其计划性与灵活性要兼顾，使操作者在操作过程中可以随机应变。

（3）公共关系活动目标、方法、步骤等都要明确，对人财物的安排要切实可行，使操作者十分清楚在何时、何地做何事。

（4）策划方案要在循环反馈调节的过程中不断进行修改，在掌握准确、丰富的信息基础上进行策划。策划好的方案要经过有关方面论证和实验。方案确定了并开始实施后，要随时注意方案中某些不正确、不合理、不利操作的地方，根据发现的新情况进行调整，使计划方案不断完善和成熟。

（三）写作格式

商务公共关系策划方案包括标题、主题、目的、背景分析、活动要素和实施步骤、传播策略、经费预算、效果预测与评估、署名与日期九个部分。

1. 标题

一份完整的策划方案，必须具有标题。标题的写法有以下两种：

（1）第一种写法是由公共关系活动主体——组织的名称、公共关系活动的主要内容加上策划书的文体名称构成。如"三亚市"五·一"旅游公共关系促销活动策划书"。

（2）第二种写法是在上一种标题的基础上再加上一行揭示主题的文字，形成正副标题。如"生命呼唤绿色——海南药谷股份有限公司环保宣传活动策划方案"。

2. 主题

商务公共关系策划方案的主题就是用简洁的语言概括公共关系活动创意内容。如：海南经贸学院百年华诞庆典活动的主题为"同一身份，同一盛事"，其概括的公共关系活动创意内容为："无论你来自何方，无论你去向何方，无论你现在的身份与地位，但是现在或是曾经我们都在这里学习过，成长着，工作过，共同拥有一个身份——经贸学院的一分子；在'经贸'百年华诞之际，我们将以最高昂的热情，用最热烈、最隆重的方式，共同迎接、共同庆祝我们大家的节日——经贸学院百年华诞。"

3. 目的（或目标）

商务公共关系策划方案的目的就是用简洁的语言表明本次公共关系活动要达到的目的或目标。它可为公共关系活动的评估提供参照，同时也表明了本次公共关系活动的意义所在。例如，海口市环保宣传活动的目的是为了向市民宣传环保知识，进一步提高市民的环保意识，共创国家环保模范城市和建设国际旅游岛，向市民推荐绿色产品等。

4. 背景分析

商务公共关系活动的背景分析是公共关系策划方案正文的一项要素。这是因为社会组织的任何一项公共关系活动的产生都是有缘由的。作为活动的主办方或出资方，在特定的时间、地点、推出一项公共关系活动，均有其特定的背景和需要。一份好的策划方案，只有在充分调查研究的基础之上，阐明这一背景和需要，才能顺理成章地引出后面的具体策划内容、方案，也才能说明举办这一活动的迫切性、针对性和意义所在。

商务公共关系活动背景分析的撰写，无固定的套路，可视活动的不同性质而定。如一项公益型公共关系专题活动的策划书与一项品牌推介型公共关系专题活动的策划书，其活动背景分析的撰写重点就有所不同。前者强调社会热点和公众需要；后者着眼于市场竞争态势和企业拓展需要。但一般来说，其都离不开两大块内容，一是社会、公众和市场需要；二是组织自身发展需要。只不过不同的活动各有其不同的侧重点而已。所以，撰写者在写作公共关系活动的背景分析这一部分文字时，必须牢牢把握社会、公众、市场需要和组织自身发展需要，并注意用简洁的语言表明这一内容。同时在分析社会、公众、市场需要时，应以一定的调查资料为基础来展开。

下面给出 2012 年海口市大型环保宣传专题活动的策划书的情景分析。

例文❶

　　6月5日是世界环境日，环保是全球的热点话题，是全人类共同关注的焦点；2012年海口市54项市政重点工程已初见成效，城市面貌已焕然一新。海口市提出了创建国家环保模范城和建设国际旅游岛的奋斗目标。在此背景下，向市民宣传环保知识，进一步提高市民环保意识，倡导绿色消毒已势在必行。（下略）

　　5. 活动要素和实施步骤

　　实施步骤一般分为准备阶段、实施与传播阶段、善后阶段。在每一个阶段一般都要写明活动时间或时机、场地、人物（包括实施人员）、方式、物品调度等要素，并将其进行动态的组合，从某种意义上说就是公共关系活动在文本上的预演。策划书的可操作性和实践指导性具体体现在这一部分。具体各要素的情况如下：

　　（1）时间或时机。"天时、地利、人和"，时间或时机对策划者来说可以说是命运之神，关系到公共关系活动的成败，如何选择合适的时间或时机，策划者应慎重考虑。一般来说，适宜公共关系活动进行的时间或时机有以下几类：

　　① 节假日。目前中国有18个传统的和从国外引进的节假日。

　　② 组织创办或企业开业之际。比如，美国芝加哥体育中心酒店，在酒店刚刚破土动工时，就开始向公众传播设计规划、介绍施工情况，邀请参加联欢活动，征求意见等，使酒店在未开业之前就已有一定的知名度和美誉度，拥有了良好的形象，拥有了一大批顾客。

　　③ 企业推出新的产品和新的服务项目之际。比如，海南豪联房产在推出枫丹丽苑楼盘时就加大了公共关系宣传力度，进行了一系列公共关系活动，如赞助海口市2012年环保宣传活动等。

　　④ 组织发展很快，但声誉尚未形成之际。比如，海南西线澄迈、临高、儋州等市县具备丰富的旅游资源，但知名度并不高，在这种情况下，他们开展了一系列公共关系活动，如节庆活动、参加展览展销活动等，通过媒介的推波助澜，他们的知名度和美誉度在逐步提升。

　　⑤ 组织更名或与其他组织合并之际。比如，第一次世界大战后，日本的"安国银行"改名为"富士银行"时，为了使银行的声誉不受影响，拨出1000万日元的巨额预算进行维持信誉的公共关系活动。

　　⑥ 组织在某些方面出现失误或遭到误解之际。比如，上海的正广和汽水厂出现老鼠钻进汽水瓶的事件后所采取的措施。

　　⑦ 富有价值的信息被捕捉到之际。比如，1992年希拉里夫人要为其丈夫克林顿助选美国总统，在纽约港某豪华客轮上集会时，第一夫人笑吟吟举起健力宝饮料的消息很快传遍美国。

　　（2）场地。适合公共关系活动开展的主要场地有以下几类：

　　① 闹市。繁华的街道上和顾客盈门的商场，由于公众云集，易于传播往往是公共关系活动的首选场地。一般来说，生产日用生活用品的企业，适宜选择这些场地作为公共关系活动的舞台。

　　② 广场。它是指适宜举办大型公共关系活动的体育广场、文化广场以及城市广场。

　　一般来说，重大的节庆活动、物资交流贸易会、体育比赛、文艺演出等，最好以这些场地作为活动的舞台。

　　③ 会堂。各种类型的会堂，是召开各种会议的场所。一般来说，员工大会、颁奖典礼、

新闻发布会、与协作者磋商、与公众的对话联谊等活动，适合在这里举行。

④ 展馆。展馆可以说是供各类组织进行展示性公共关系活动的专门场所。由于展馆一般展厅面积很大，其适宜开展活动的方式往往是举办短期展览会，供同一行业、同一类商品、同一地区的有关组织联合使用。因此，选择展馆为公共关系活动的场地，如果是独家使用就要审视自身的实力；如果是联合使用就要注意与组织自身同性质的展览会信息。

⑤ 现场。它是指生产现场、施工现场、事件发生现场等。由于有时候活动现场与所传播的信息密切相关，因而利用现场举办公共关系活动，往往有很大的说服力。因此，利用现场来进行公共关系传播，其概率比较大。

选择了公共关系活动的场地后，还需对场地加以布置。大型公共关系专题活动的场地布置，是一项对创意和专业技术均有很高要求的工作，其具体设计方案一般还须另行撰写，并配有专门的设计效果图。在活动策划文案中，往往也可以列为一个要素，拟出几条原则性的意见和设想，让客户或主管领导审阅文案时有一大体印象。对于初学策划文案写作的学生，在写作场地布置部分时，写得较为理想的不多。主要原因是缺乏操办大型活动的实际经验，一时找不到活动场景的感觉，甚至有的学生对场地布置的描述仅是"主席台上挂一条横幅。主席台旁插几面彩旗"之类的话语，给人感觉不是一项大型公关活动的现场，倒像是农村某个社区队的会场。其实，稍有悟性者只要多观察和思考电视中经常播放的有关活动（如晚会等）的现场布置，是不难从中领悟一些基本法则的。下面列举两个公关活动的现场布置方案。

例文②

某大型活动的现场布置简述

1. 主会场和三个分会场在设计和布置上注意保持总体风格的统一性和局部装饰的差异性。即保持会标、背景板和主色调的一致，但在局部布局和装饰上略有变化，以分别突出不同的主题。

2. 主会场和三个分会场均配备一大型多媒体投影仪和同声翻译等设备，主会场两侧设置电视墙，同步映射会议进行场景，以体现会议的前瞻性。

3. 在会议中心大厅，设置一大型液晶显示屏，滚动传播会议有关信息，让在大厅休息者也能及时了解会议情况，扩大会议受众。

4. 在会议中心大厅两侧，建议特设一展示长廊，分区设计，精心布展，充分展现会议主办单位及重要合作伙伴、会议支持单位的最新网络技术成果，并配置多台可供循环演示和自动检索用的电脑，让与会代表能便捷地获取有关资料。（下略）

例文③

海南省大地公关营销有限责任公司为海南京润珍珠有限公司在海口市体育中心举办的公司成立20周年庆典活动设计的场地布置方案

一、总体原则

要充分体现海南京润珍珠有限公司成立20年在业界的地位与实力；氛围隆重、大气，而不失创意。

二、具体布置方案

(1) 在体育中心主大门的路口设置 1 个双龙喜庆充气拱门，2 个飘空气球；沿路用 6 个彩色造型气球灯柱装饰（由于活动是晚上进行，为了美化视觉效果，将采用灯柱的形式）。

(2) 将体育中心的第一号门设为贵宾入口，在此处各悬挂 2 个飘空气球，100 面彩旗，以此作为导视。

(3) 主会场设在体育中心绿茵场，舞台搭建在体育场绿茵场当中，整个舞台呈"T"字形，面对现有的主席台（北面）进行搭建，图略。

(4) 舞台相关设计：

① 舞台搭建成两级 T 形，舞台上铺设红色地毯。

主舞台：第一级 25m（长）×15m（宽）×1.8m（高）

第二级 25m（长）×10m（宽）×1.3m（高）

· T 形延展部分：15m（长）×4m（宽）×1m（高）

· 舞台上搭建设计尺寸为 25m×6m 主题背景

② 主舞台两侧设计。由于场地较大，表演节目的演员人数又不多，为了平衡舞台在视觉上以及实用上两方面，我们在主舞台的两侧作出相关的设计，让整个舞台从场地的视觉感上得到一个横向的延伸感，具体如下：

在舞台的两侧各搭建 1 块尺寸为 10m×6m 的副背景，象征京润珍珠现在已插上了一双飞翔的翅膀，将会飞向更加辉煌、更加成功的明天。材质及形式可采用：喷绘＋桁架（规则的矩形）。

③ 舞台上还安排有一系列的氛围营造设备。

④ 舞台周边装饰：用彩色气球柱及小彩灯装饰。

(5) 观看区：

① 贵宾区利用体育场现有的主席台。

建议案：若晚会邀请了明星嘉宾，建议将贵宾区设在看台下，舞台正前方的跑道区，这样可与演员近距离接触，视听效果更优越，更能突现贵宾们的优越性。

② 观众区则是以主席台为中心，向两旁延伸，直至舞台视角的辐射范围。

(6) 相关的停车区、路口设置晚会指示牌，以作导视。

三、人物（包括实施人员）

在公共关系活动中，要注意考虑如下人员的安排。

(1) 组织领导。他们既是一个社会组织形象的代表，又是公共关系活动的决策、组织、指挥、参与者。因此，组织领导在整个公共关系活动中该什么时候亮相、怎样亮相、亮相时该传播什么信息，策划者在拟订方案时均应有所考虑。

(2) 组织英雄。一个业绩卓越的社会组织，在实践中都会涌现出若干英雄人物。他们或许是科技工作者，或许是普通劳动者，或者是中层管理者，也可能兼为组织领导。在公共关系活动中应让这些英雄们当场亮相。这样既可激励内部公众，也可折服外部公众，并使英雄本身拥有成就感，对树立良好的组织形象也是大为有利的。

(3) 名人与政界明星、体育明星、文坛明星、政界要人等。他们富有较大的知名度，如果公共关系活动中能请他们出场，就能借助他们身上的光环效应，使组织信息的传播效果更佳。由于名人们各有特色，又比较忙，选择哪些名人出场应妥善考虑。

（4）媒介记者。公共关系活动的目的之一就是要尽可能广泛地传播信息，因此与大众传播媒介代表的联络是不可或缺的。方案中对媒介代表的选择一般是与"选择媒介"程序中所确定的媒介相对应的。在"拟订方案"阶段，应考虑如何接待媒介代表，向他们传播怎样的信息，要考虑给他们提供怎样的录摄条件，等等。

（5）公共关系人员。指整个公共关系活动落实、实施的文职工作人员。他们该如何分工，该安排哪几位出外协调关系，哪几位布置公共关系活动现场，哪几位准备公共关系文件等，均应细致考虑拟定。

（6）各种仪式中演奏的铜管乐队队员以及迎宾与烘托气氛的礼仪小姐。在拟订方案时，应根据有关要求，确定好礼仪队员人数、分工、服务项目及具体任务等。

四、活动方式

公共关系的活动方式因策划者的策划思路不一样，而层出不穷，多种多样。在此，我们仅介绍几种常用的方式。

（1）节庆活动。它是通过文化节庆、纪念庆典等活动来传播组织信息的活动方式，比如大连国际服装节、潍坊国际风筝节、上海国际电影节、青岛啤酒节、桂林山水节、阳朔漓江渔火节、资源河灯节、深圳荔枝节，苏州建城2500年庆典、可口可乐问世100年庆典等。

（2）新闻发布。它是通过发布会上的群体传播与新闻媒介的大众传播相结合，来有效传播组织的信息的活动方式。比如，1995年6月，安徽省借在上海浦东投资的裕安大厦启用之机，由各地方组团在上海进行大规模招商活动，其中最主要的方式便是召开了新闻发布会，有效地传播了安徽各方面的信息。

（3）赞助。它是通过对体育、文化、赈灾、助残、社会公益福利事业的赞助，来树立组织良好的形象，如健力宝、农夫山泉等开展的体育公关活动。

（4）展览展销。它是将组织所拥有的有说服力的事实——包括投资环境、固定资产、过硬的产品、出类拔萃的人才、社会的赞誉等，以实物，或以图片，或以文字予以展示，从而令人信服地来传播组织信息的一种活动方式，比如海南国际会展中心开展的一系列展览展销活动等。

（5）演示。它是带有表演性质，又能让群众参与的专题活动。比如，日本西铁城钟表商，为打开澳大利亚市场，曾出人意料地采用直升机空投手表，谁拾到归谁所有。结果，观者云集，手表空投后被幸运者拾到，仍完好无损。于是"西铁城表高质量"的名声不胫而走。

（6）对话。它是以组织决策者或管理者的身份，与公众进行面对面的对话，可以是有问有答的大会，也可以是小型讨论会或协商会，还可以是个人之间的谈心沟通，有的放矢地传播组织信息，并及时从公众那儿获得信息反馈的一种活动方式。组织内部的员工会议、与协作者进行的业务谈判、召开顾客公众参与的建议征询会等，均属"对话"这一类活动方式。

（7）公共关系新闻策划。它是公共关系策划人员有意识地策划良性新闻，从而来吸引媒体的注意，增加被报道的机会，进行传播组织信息的一种活动方式。

五、物品调度

公共关系活动涉及的物品、道具很多，其中包括音响器材、桌椅板凳、背景板、飘空气球、条幅、横幅、步道旗、罗马柱、花篮及彩虹门等礼仪庆典专用物品，还包括胸卡、入场券、宣传册、文化衫、广告帽、遮阳伞、手提袋等物品。这些物品、道具往往成为了活动场地布置、烘托活动气氛、宣传组织形象的工具和广告载体，在公共关系活动中，企业往往通过它们作为广告载体来传播自身信息，树立企业形象。而对于活动的组织者来说，在有些时候，这些物品、道具是企业的赞助媒介，是活动组织者的经费来源，在公共关系活动中所有这些物品应给予适当的安排和运用，发挥其应有的作用。

下面是第十三届大连国际服装节巡游表演暨第三届中国大连狂欢节广告报价表。

第十三届大连国际服装节巡游表演
暨第三届中国大连狂欢节广告报价表

序号	内容	数量	价格	发布时间	备　注
1	遮阳伞	100 把	15 万元	开幕式	
2	面　具	5 万个	4 元/个	巡游表演狂欢节	
3	小丑服装	500 件	200 元/件	巡游表演狂欢节	
4	小丑帽	800 顶	80 元/件	巡游表演狂欢节	
5	彩虹门	16 个	1.5 万元	七天	主席台每个 3 万元　共 3 个
6	空飘气球	60 个	0.6 万元	七天	主席台前每个 1 万元　共 10 个
7	步道旗	1000 面	160 元/面	七天	主席台前每面 180 元　共 100 面
8	文化衫	一万件	15 元/件	巡游表演狂欢节	
9	动力伞	6 个	2 万元/个	开幕式	
10	主席台		6 万元	开幕式	在主席台前沿体现广告
11	巨幕标语广告	2 幅	8 万元/幅	七天	星海花园楼体(40m×25m)
12	主席台会标		5 万元	开幕式	24m 彩虹门

六、具体步骤

在拟订具体方案时，往往把以上各因素组合起来考虑，并确定成实施的具体步骤。一般来说，一个完整的公共关系活动方案包括以下三个步骤。

（1）准备步骤。该步骤主要是公共关系活动正式实施前的一系列工作。包括落实、装饰公共关系活动场地；联系落实出席公共关系活动的名人政要；联系落实出席公共关系活动的媒介代表；通过有关媒体烘造气氛；撰制主要文稿；准备要展示的实物、图片、音像资料；拟定活动的具体程序表；确定有关人员的具体分工等事宜。

（2）活动步骤。该步骤又分为两个阶段，前一阶段为"接待序曲"，其主要工作为有关人员各就各位；迎接来宾在休息室休息；分发宣传资料与公共关系礼品；检查活动场地的有关设施。后一阶段为"传播高潮"，其主要工作为开始正式程序；通过组织领导传播组织的主要信息，通过名人政要传播附加给组织美誉的有关信息；通过英雄模范人物传播组织局部的、却是关键的求取美誉的信息；通过现场展示以及实物、图片、音像资料全方位传播组织信息；进行必要的反馈、沟通；通过媒介录制、传播信息；制造必要的高潮气氛。

（3）善后步骤。它是传播高潮结束后的有关工作。包括招待、欢送来宾；与少数公众进行深度沟通；整理、恢复活动场地；检查媒体传播活动信息情况；经费核算。

以上各工作步骤，仅是对一般常规公共关系活动而言。现在很多公共关系活动策划极富创造性，其体现的是一种个性化的策划艺术，很难予以规范，也难纳入一般的方案中介绍，在此进行一下特别说明。但是作为一个公共关系活动，它都有"序曲"、"高潮"、"善后"的共性，这也是一种不言而喻的规律。

6. 传播策略

凡策划和实施一项公共关系专题活动尤其是较为大型的公共关系专题活动，主办(出资)单位都希望这一活动能产生较大的社会影响，甚至造成一定轰动效应。所以，一旦活动内容确定，则需要围绕活动内容全面设计和制定活动的信息传播策略。这一策略一般包括以下三个方面。

（1）新闻媒介传播。新闻媒介传播是通过新闻媒介来发布有关活动消息及相关报道。这一传播方法投入资金少，宣传效果好，最为理想。所以，一个大型公共关系专题活动，在策划时必须考虑到其宣传的"新闻眼"，并据此制定其新闻媒介传播方案。这一方案的内容包括分几个阶段组织新闻报道；采取什么形式组织新闻报道；重点邀请哪些新闻媒介进行报道等方面。

下面这则范文，是在上海举行的某一大型活动的新闻传播策略。

例文④

新闻媒介传播策略

1. 前期宣传

从活动正式举行前1个月开始，在上海及中央有关报刊上刊发报道本次活动即将举行的消息和专访，展开活动的前期宣传(造势)工作。

媒介选择《人民日报》、《中国日报》、《解放日报》等。

2. 中期宣传

在活动举行前一天，召开新闻发布会，向应邀与会的各大新闻媒介记者介绍活动有关情况，提供活动最新资料，并邀请其参加第二天举行的活动，以便其所在的新闻媒介及时刊(播)发活动消息，形成广泛的社会舆论效应。

媒介选择新华社上海分社、《人民日报》、《经济日报》、《申江服务导报》、《上海英文星报》、东方电视台等20余家。

3. 后期宣传

活动结束后1个月内，在上海和中央若干报刊上组织发表有关"新闻综述"和"新闻观察"之类的文章，对本次活动进行评述，进一步扩展活动的影响。

媒介选择《中华工商时报》、《解放日报》、《上海经济报》等。

（2）广告媒介传播。广告媒介传播是通过广告发布的形式来传播有关活动的信息。对一个大型公共关系专题活动来说，广告媒介传播往往是构成其传播策略的重要部分，是新闻报道的补充和加强。由于广告的费用投入较大，所以，究竟投入多少广告费用，采取什么形式组合，均是策划文案的这一部分所应谋划和建议的。

例文❺

广告媒介传播策略

1. 大众媒体广告

在活动开始前一周内，在《××日报》、《××晚报》上各刊载通栏广告一次，将活动的时间、地点、主办单位、有关内容广而告之。

2. 户外广告

（1）在活动地点周围的××路、××路、××路悬挂宣传横幅15条，刀旗40面，为时10天（自活动前8天起算）。

（2）在地铁××站、××站、××站、××站发布地铁灯箱广告60幅，为时20天（自活动前15天起算）。

（3）其他媒介传播策略。其他媒介传播策略是通过宣传单页或宣传册等媒介来传播有关活动的信息。它是大型公共关系活动信息传播的补充手段，由于是定向发送，往往能取得比较好的实际效果。

以上三个方面，构成了大型公共关系专题活动信息的整合传播框架。这三个方面如何配置从而取得最好宣传效果，策划时应该认真考虑，予以合理安排，并在策划文案中加以明确。所以，把这一部分也称为"信息传播策略"，其中"策略"二字尤为重要。

7. 经费预算

进行公共关系活动经费预算，也就是在方案中将资金、人力和时间进行合理分配，以便有效地开展工作，从财力上保证将公共关系工作纳入正轨。通过估算公共关系活动经费，也可为以后评估公共关系工作的成果及所取得的效益提供比较科学的参考依据。根据经费情况，选用恰当的公共关系活动方式和传播媒介，容易将公共关系的计划方案具体化，形成时间——经费——活动一览表，保证各项具体任务的实施，保证公共关系活动经费按计划支出，防止透支或以权谋私现象发生。

公共关系活动费用的基本构成有10个部分，具体如下：

① 场地费用：即场地租金。

② 物资费用：它包括活动使用的各种道具、器材、设备、文具、礼品及布置场地物品所需的费用等。

③ 礼仪费用：它包括礼仪性项目的开支，如邀请乐队、仪仗队、文艺演出的费用等。

④ 保安费用：即活动期间保卫工作、安全设施、保健项目等费用支出。

⑤ 宣传费用：它包括用于活动宣传方面的开支，如摄影、录像、广告宣传、宣传品印刷、展示费用等。

⑥ 项目开支：它包括交通运输费、差旅费、办公费等行政性开支或代付费用等。

⑦ 餐饮费：如果活动项目中有宴会或餐饮计划，需要安排这一项目开支。

⑧ 劳务费：它包括公关人员和其他劳务人员的薪水。公共关系活动是知识与劳动均呈密集状态的突击性工作，人员的工资、报酬在整个经费中占有很大的比重。这里的人员开支，主要包括公共关系专家、公共关系文职人员、公共关系礼仪队员、名人、摄影师等参与公共关系活动人员的工资、奖金、补贴等。

⑨ 承办费：假如是委托专业公共关系机构承办的，必须支付承办费。这一费用实际也包括了承办机构的管理费和利润。

⑩ 不可预算的费用：它包括应急费用和大型活动常需要的许多不可预算的开支，通常都在这一类费用中列支，一般是以活动费用总额的 5％～10％计算。

以上活动经费预算通常是以编制预算书的形式来完成。

目前，大型活动项目的预算书的编制一般都遵照国际惯例，不能够采用一些笼统的编制方法，而应该实实在在一项一项列示清楚，尤其是一些代付酒店的费用和购物的费用，许多主办机构还要求直接结账或将账单直接交还财务部门销账，所以预算书的编制要十分具体、准确。

8．效果预测与评估

效果预测与评估，是构成公共关系专题活动策划方案的一个重要因素，即根据规范化要求，在活动方案、实施计划及经历预算完成之后，事先对活动的成败制定出一个评估标准。例如，活动各环节的规范操作和呼应，活动应取得的效应，活动参与人数和信息覆盖人数，媒介报道这一活动的发稿数量，政府有关部门和社会公众的反映，以及主办（出资）机构通过这一活动在知名度和美誉度方面的提升等，均可根据不同情况，酌情列入评估标准之中。和效果预测不同的是，这一评估标准应力求物化，尽可能制定为可检测的客观指标，以便事后评估和验证（注：在实际操作中，有些项目的评估可借助必要的抽样调查来进行）。

评估标准制定的依据来自两个方面，一是对活动效果的科学预测；二是行业根据投入产出比率所形成的对这类活动的一般标准和要求。下面为某一公关活动评估标准范文，相关内容如下：

活动实际参加人数不少于 2000 人。

媒介有关活动报道不少于 30 篇（次）。

活动信息覆盖率：本地区人口的 1/4。

活动现场执行情况不发生任何明显失误。

活动经费使用情况严格控制在预算之内。

活动后公司知名度提升 20％。

活动后公司美誉度提升 10％。

9．署名与日期

一份公共关系策划方案其基本的构成除包括标题、背景分析、主题、目的、时间、地点、活动要素和实施步骤、传播策略、经费预算、效果预测与评估部分外，往往还有策划者署名、策划日期、附件等内容。一些重大的策划，由于其形成的策划方案文字篇幅比较长，在策划书的标题之下，因此还有目录和序文等内容。

三、项目演练

（一）例文赏析

例文❻

2013 年海口市环保宣传活动方案

一、背景分析

6 月 5 日是世界环境日，环保是全球的热点话题，是全人类共同关注的焦点；2013 年海口市 54 项市政重点工程已经完成，城市面貌已焕然一新。为了加快实现海口市"十五"环境保护规划创建国家环保模范城市，创建国家级生态示范市的奋斗目标，向市民宣传环保知识，进一步提高市民环保意识，倡导绿色消费已势在必然。

二、活动主题："营造绿色城市，呵护地球家园；人人参与，创建绿色家园"

三、活动口号："为了我，为了你，为了孩子，让我们从现在做起"

四、目的

（1）向市民宣传环保知识，进一步提高市民的环保意识，巩固国家环保模范城和建设国家级生态示范市成果，为海口旅游创造良好的人文环境。

（2）向市民推荐绿色产品，倡导绿色营销与绿色消费。

五、时间：2012 年 6 月 5 日 9:30～21:30

六、地点：海口市中心广场

七、主办单位

海口市委宣传部

海口市环保局

海口市教委

海口市团委

海口市广播电视局

协办单位：

承办单位：

海口市大地公关公司

海口经贸职业技术学院

海南师范大学

海口经济学院

八、吉祥物：椰子花

九、背景音乐：大自然之声的轻音乐（《绿色的呼唤》及其他轻音乐）

十、活动项目与实施步骤

（1）30 块环保宣传展板。

内容：环保知识、正反对比漫画、宣传画。

注：主办单位环保局负责 20 块，承办单位负责 10 块（师大、海南经贸学院、经济学院），在 6 月 2 日前完成，并通过验收。

（2）50 块环保小报展示：环保局、市教委负责，在 6 月 2 日前完成，并通过验收。

（3）儿童优秀环保绘画展：环保局、市教委负责，在 6 月 2 日前完成，并通过验收。

（4）环保咨询：共 20 米咨询台。主办 12 米，承办 8 米。专业人员由环保局负责。

（5）"创建国家环保模范城、建设国家生态示范市从我做起"万人签名活动（大地公关负责）。

（6）环保歌舞表演：环保局、市教委负责，6 月 2 日彩排。

（7）"卡通人物"发送有关环保资料：大象、小熊、青蛙、小白兔、小蜜蜂……海口航专负责，在 6 月 2 日前完成，并通过验收。

（8）环保宣传彩车：10 辆左右。大地公关负责彩车装饰、海南经贸学院准备宣传资料。彩车游行路线协调问题由宣传部、环保局负责与交警部门协调。

其中：第一辆和第五、第十辆突出环保主题，其余展示环保产品。

① 路线：市教委门口——海口大酒店——市妇幼医院——海航酒店——明珠广场——解放路——钟楼——市教委门口。

② 停车分发资料站点：明珠广场、解放路、市教委门口(速度慢行，发资料)。

(9) 环保倡议书(环保局负责)。

(10) 环保演讲比赛(海口经济学院负责)。

① 主题：环保与健康、环保警示。

② 评委：宣传部1名、教委1名、环保局3名。

③ 演讲人员由三院校(师大、海口经济学院、海南经贸学院)各选四名学生参加。

(11) 环保有奖问答(环保局、大地公关、海南经贸学院各出一名主持人。出题：环保局负责)。

(12) 美丽彩虹(儿童用画笔描绘心目中的明天)。

主题：美丽明天。

9位小画家(团市委负责)。

内容及材料(大地公关公司负责)。

(13) 绿色产品展示(大地公关、海南经贸学院负责)。

(14) 生物标本展示(50多件。师大负责)。

(15) 废旧电池回收(团市委、海口经济学院负责)。

十一、活动程序

(1) 8:00~9:30 场地布置。

(2) 9:30~9:50 接待准备。

(3) 9:50~10:10 活动开幕式(近500人参加)。

参加人员：

主办单位：30人；

嘉宾记者：20人；

大地公关：20人；

海南经贸学院：100人；

师大：100人；

海口经济学院：100人；

演出队：50人；

彩虹队：9人；

企业队：50人。

① 主持人(开幕式活动由环保局派一名人员主持)，介绍到场领导和嘉宾(3分钟)；

② 环保局局长讲话(3~5分钟)；

③ 宣读环保倡议书(海南经贸学院学生，3分钟)；

④ 市领导宣布："世间万物，生命之网环保宣传活动开始"。

(4) 10:10~10:30 美丽彩虹。

(5) 10:30~11:10 环保歌舞表演，穿插环保知识有奖问答(约20题)。

(6) 10:10~17:00 咨询(动物、植物及环保知识)。

（7）12:00～17:00 广播宣传（15:00～16:00 停播）。

（8）15:00～16:00 环保演讲比赛（5分/人，12人决赛），现场颁奖。穿插环保知识有奖问答（约20题）。

（9）17:00 结束白天活动。

（10）19:40～21:30 环保文艺晚会（含汇报演讲）（环保局、市教委负责）。

十二、组委会名单

主任：

副主任：

组委会成员：

十三、传播途径

（1）前期宣传：由团市委将活动发至企事业单位；由市教委将活动消息发给各大专院校、中小学校；由海口日报、晚报、电视台于5月30日左右进行媒体发布。

（2）中期宣传：海口日报、晚报、电视台、电台、中国旅游报、中国环境报、海南日报、海南电视台等进行现场采访与报道。拟邀请区环保局及海南电视台领导参加。

（3）后期宣传：海口日报、晚报、电视台、电台在活动结束后半个月内，在相关媒体上组织发表有关"新闻综述"之类的文章，对本次活动进行评述，以进一步扩展活动的影响。

十四、彩车游行交通秩序维持（市交警支队，见附件一安全及应急方案）

十五、现场秩序维持（海口公安局、明珠广场管理处、海南经贸学院，见附件一安全及应急方案）

十六、服装（大地公关、海南经贸学院）

十七、场景设计与布置（大地公关、海南经贸学院、明珠广场管理处）

（1）场景设计（大地公关，见场地布置效果图）。

（2）场地布置（大地公关、海南经贸学院）。

（3）音响（大地公关）。

（4）太阳伞30把（大地公关）。

（5）桌椅（大地公关、海南经贸学院）。

（6）主席台台布（大地公关）。

十八、经费预算

（1）收入：各企事业赞助。

序号	赞助单位	金额（元）	物　资	备　注
1	海口台联房地产开发有限责任公司	8500	部分工作餐	文艺晚会
2	海口日用化工厂	2000	价值2000元的奖品（无磷环保洗衣粉等）	彩虹门
3	海南区机电设备海口分公司	2000	出动12台彩车，部分工作餐	飘空气球、步道旗
4	长天贸易有限责任公司	1000	价值约2000元的奖品（牛奶、茶饮料）	
5	大森林营销公司	1000	价值约1000元的奖品	

续表

序号	赞助单位	金额（元）	物资	备注
6	三戚强化木地板	1000		彩虹门
7	应大公司万华装饰材料商行	1000		彩虹门
8	海南经贸学院		宣传海报	飘空气球、主席台"对比青蛙"巨副海报
9	海南师范大学		生物系植物标本展示，宣传板报	
10	海口经济学院		宣传板报	
总计		16500 元人民币，以及价值约 6000 余元的赞助物品及相关用品		

（2）支出预算。

序号	项目	金额（元）	备注
1	场地布置费用	2000	购买绿色台布、制作主席台背景板等，其余如太阳伞、地毯、彩虹门、飘空气球、步道旗、宣传板报等企业赞助
2	场地租金		明珠广场赞助
3	音响器材租金	800	
4	摄影、制作光盘	800	作为教学资料存档
5	奖品		环保演讲比赛、美丽彩虹、演员演出、有奖问答奖品，企业赞助
6	运输费	600	桌椅板凳、舞台等运输，请搬家公司
7	宣传品印刷与制作	1800	两副 3×6 米对比椰子树花海报，宣传单。30 块环保宣传展板等各参与单位赞助
8	148 名工作人员（包括部分志愿者、记者工作餐）餐饮费		企业赞助
9	彩车（包括装饰）		企业赞助
10	道具等	900	购买卡通面具、签字笔等
11	"美丽彩虹"画布、彩笔	480	
12	礼仪小姐、演员演出费		志愿者，发放企业赞助物品作为奖品
13	保安费		海口市公安局、交警大队自行安排
14	主持人服装租金	200	
15	劳务费	3600	部分为志愿者 发放企业赞助物品作为奖品
16	项目开支	960	
17	活动信息发布费		媒体赞助
18	承办费	2000	
19	不可预算的费用	1500	
总计		15640（企事业单位赞助除外）	

十九、效果预测与评估

(1) 活动现场参加人数不少于 60000 人次(包括彩车游行沿途现场参加人数)。

(2) 媒介有关活动报道不少于 10 篇(次)。

(3) 活动信息覆盖率：本地区人口的 1/4。

(4) 活动现场执行情况不发生任何明显失误。

(5) 活动经费使用情况严格控制在预算之内。

(6) 活动后参与活动企事业单位知名度提升 20%。

(7) 活动后参与活动企事业单位美誉度提升 10%。

附件：1. 安全及应急方案
　　　2. 场地布置效果图

海口市纪念"六·五"环境日宣传活动组委会

2013 年 5 月 18 日

附件 1

安全及应急方案

一、公安、交警

(1) 活动申报：在活动实施前，向公安交警部门进行通报，取得公安交警部门的大力支持。

(2) 活动当天 7:30 前，由公安部门对主会场及周边进行安全、防爆检查。

(3) 活动当天申请出动 100 名公安、交警人员，初步安排如下：

① 50 名公安人员现场护场

② 宣传彩车巡游：50 名交警进行沿途交通管制和秩序维持。

二、医疗、消防

(一) 医疗

(1) 活动当天安排 1 辆急救车、10 名医护人员；

(2) 具体安排如下：

医疗急救车停靠在明珠广场北侧的道路上(DC 商城门口)

A. 饮用水　　　　　　　　　　B. 医务人员 3 名

C. 医疗药品　　　　　　　　　D. 工作人员 4 名

(二) 消防

(1) 活动通报：在活动实施前，向消防部门进行通报，取得消防部门的大力支持。

(2) 活动当天：

① 安排一辆消防车及配备消防员(3 名，待定)

② 消防车与消防员停靠在明珠广场南侧的道路上待命(DC 商城门口)

附件 2　　　　　　　　　　场地布置效果图(略)

【赏析】一份公共关系策划书其基本的构成一般来说应为：标题、背景分析、主题、目的、时间、地点、活动方式和实施步骤、传播策略、经费预算、效果评估。除了以上主要部分，公共关系策划书往往还有策划者署名、策划日期、附件等内容。有些重大的策划，其形成的策划书文字篇幅势必比较长，因此在策划书的标题之下，还有目录与序文等。

该例文背景分析牢牢把握社会热点问题，把握社会、公众需要，用简洁的语言表明这一内容，说明了海口市在环境保护日这一特定的时间、地点、推出这项大型公共关系活动的必要性。主题鲜明，目的明确。活动项目丰富多彩，富有创意，对各方公众具有吸引力，实施步骤设计周密，活动程序一环扣一环，逻辑严密，具有可操作性。传播途径在活动开展前、活动进行中和活动后期都有详细的安排，对于活动的信息传播非常有力，活动的事前传播，有利于吸引公众在活动的时间前来参与，这样花费了巨大人力物力财力，而且对海口市的环保事业的发展意义深远的这一活动不至于因为有关信息没有传播出去而没有人前来参加此活动，大型活动如果没有人气就没有了活动的现场效果。活动信息的中期传播和后期传播对于活动的影响力的扩大非常重要，有了媒体的传播，使得没有到现场参与此活动更多的公众了解了活动所传播的信息，对实现活动目的必不可少。经费是活动得以顺利实施的保障，该方案的经费预算精确完整，计划周密，合理地安排了人、财、物的使用，有了经费预算，就使得活动的经费开支可以按照计划控制在预算范围之内。安全及应急方案在大型活动中必不可少，因为公关活动往往选择在人气很旺的地方进行，所以要特别注意其安全性，要有周密的保安措施与应急方案。面对如此密集的人群，在实施操作过程中，稍有疏忽，哪怕是任何一个细小的环节的疏忽，就可能酿成大错，安全是第一位的，再丰富多彩富有创意的活动，如果出现人员伤亡，那都是彻底失败的活动，所以安全防范措施必须严密周全，丝毫也不能马虎，必须让事故隐患消除在活动进行前。

总之以上案例系统完整，对公关活动的工作目标、主题、工作对象、媒介选择、相关公众、工作程序、采用的途径、方法与技巧、经费预算、人员和物资、空间及场地安排、时间的分配、评估的标准等等都进行了谋划和设计。对时间和空间的把握、利用，对工作人员的调度、对经费和物资的安排等，都计算精密、布置周到，使各方面、各环节相互紧密衔接、协调、安全、有序，策划周密，各策划要素俱全，结构完整，具有可操作性，为活动的顺利组织和实施奠定了基础。

例文 ❼

桂林中学建校100周年庆典活动策划方案

一、背景分析

桂林中学创办于1905年9月23日（清光绪三十一年农历乙巳八月二十五日），即日开学上课，校名为"桂林府中学堂"。1912年更名为"广西桂林中学校"，其后，因学制更动，隶属关系变化和几校分合等原因，先后使用过"广西省立第三中学校"、"广西省立第三高级中学"、"广西省立桂林高级中学"、"广西大学第二附属高级中学"、"广西省立桂林中学"、"桂林高中"、"广西省桂林中学"等名称，1959年最后定名为"桂林中学"，沿用至今。

在这百年的发展中，历经风雨、也历经战火洗礼的桂林中学不断发展壮大，在不同的历史时期均作出了突出的贡献，同时也得到了社会各界的认同。2005年9月23日，桂林中学将迎来百年华诞。这是桂林中学发展史上的重要里程碑，是全校师生和广大校友的盛事。百年砥砺，百载辉煌。百年春秋，薪火相传。一个世纪以来，桂林中学以求实、创新的校风，形成了"以人为本，办学民主，事业至上，追求卓越"的校园文化。桂林中学的今天凝聚了每一位师生校友的汗水和智慧，丰厚的文化底蕴和博大的人文精神，已成为桂林中学未来发展的精神源泉和前进动力。现正以跻身全国千强为目标，付诸努力。

2005年9月23日，是桂林中学建校一百周年的日子。这是桂林中学发展史上的一个新的里程碑，是桂林教育系统的一件盛事，也是全校师生和广大校友的一件大喜事。为了承传统、展业绩、叙情谊、聚力量、促发展、铸辉煌，学校将藉百年大庆之机，举行一系列庆祝活动。邀请历届校友、在桂林中学工作过的历任校领导、教职工莅临母校，欢聚一堂，追昔抚今，讴歌前贤，激励后昆，共祝母校百年华诞，同绘母校美好蓝图。

二、活动目的

搞好百年校庆活动，既是广大师生员工的强烈愿望，也是历届广大校友的热切期盼。希望通过百年校庆，使桂林中学得到乘势发展，实现里程碑式的跨越，为学校走向广西、走向全国，扩大影响，提高知名度，实现辉煌振兴奠定坚实基础。通过盛大的典礼和精彩的文艺演出，在所有外界人士、领导、嘉宾、历届校友面前，集中展现"桂中"的悠久的历史和辉煌的现在。

三、主题

同一身份，同一盛事

桂林中学百年华诞庆祝盛典

主题说明：

无论你来自何方，无论你去向何方，无论你现在的身份与地位，但是现在或是曾经我们都在这里学习过，成长着，工作过，共同拥有一个身份——桂林中学的一分子。

在"桂中"百年华诞之际，我们将以最高昂的热情，用最热烈、最隆重的方式，共同迎接、共同庆祝我们大家的节日——桂林中学百年华诞。

四、活动地点/时间

1. 地点：桂中校园内（主会场设在体育场）

2. 时间：2005年9月23日

五、参与人员

自治区领导

市领导、市主管部门领导

兄弟单位、相关企事业单位的嘉宾

国内杰出校友代表

历届广大校友（包括专程从海外归来的校友）

学校全体师生

共计：5000人左右

六、活动项目

（一）建校一百周年庆祝盛典

包括：百年华诞庆祝盛典仪式，大型文艺演出。

（二）"桂中百年·星光大道"

将桂林中学的杰出校友、国家中科院4位院士的形象制作成雕像，树立在学校内的林荫小道上，成为一道亮丽的风景线，也作为激励全体师生的榜样。

（三）成果展示

1. 展示内容

（1）桂林中学百年校史展

（2）桂林中学教育成果展

2. 展示地点

（1）奎光楼

（2）体育馆

（四）系列论坛、讲座活动

为了充分体现"桂中"在桂林及广西教育界的实力与地位，我们将借助系列论坛及讲座活动来提升"桂中"的教育品牌影响力，其也是借"桂中百年"这个平台，推广宣传"桂中"先进的教学方法，与同行做深入的交流与探讨。活动主要包括：

（1）兄弟学校论坛，主要是针对当前的教育问题、学生思想等问题来开展。分成集中论坛和分组讨论。

（2）杰出校友报告会。

（五）其他评选活动

征集桂林中学校标、校训、校歌、校庆纪念章，发动全校师生员工参与校庆。

七、场地布置

（一）总体原则

要充分体现"桂中"的深厚文化底蕴，展现"桂中"如今在桂林的教育界，甚至广西教育的地位与实力。氛围隆重、大气，而不失创意。

（二）具体布置方案

1. 校门口

（1）学校大门入口处设置双龙气拱门、飘空球。

（2）庆贺单位花篮。

（3）庆祝横幅、竖幅。

（4）铺设红地毯，来宾们由此进入校园内，表示对各位来宾的重视。

（5）在校门口用鲜花及绿色植物搭建"桂中百年"庆徽。

2. 校区主干道

将整个主干道通过各项布置，装点成一条迎宾大道，具体如下：

（1）整个校区活动现场上空悬挂飘空红灯笼氢气球。

（2）在校园的主干道设置嘉宾、校友签到处。

（3）以庆徽为主元素，印制小挂旗，悬挂于校园的主干道（青石板路）。

（4）道路两边插庆徽 LOGO 刀旗。

3. 仪式会场

（1）会场周边插庆徽 LOGO 刀旗，上空悬挂飘空球。

（2）仪式现场分成舞台区、嘉宾席、学校师生观礼区。

（3）坐西朝东用 TRUSS 搭建舞台，且在舞台上搭设主题背景、主题对联，台上铺设红地毯，周边用绿色植物装点。在 TRUSS 上安装专业舞台灯光，供"第二时间段：大型文艺演出部分"使用。

（4）舞台正前方为嘉宾区，铺设红色地毯，一、二排设桌椅，其余摆放椅子。

（5）学校师生观礼区摆放椅子。

（6）舞台两旁竖立花柱，摆放室外专业音响设备。

（7）正对舞台的体育馆悬挂喷绘横幅，体育馆大门旁边各设置一个双龙气拱门。

（8）班旗指示参加学生方队。

（9）舞台上正中摆放大发言台，供发言嘉宾讲话。在舞台左侧摆放一个小的发言台，供主持人主持时使用，两个发言台上均用台花装饰。

八、活动程序

时间	内容	氛围、礼仪设计	地点
9 月 22 日			
16:00 前	会场布置全部完成		
16:00～18:00	彩排、验收		
9 月 23 日			
7:30 以前	校区装饰全部完成 现场工作人员全部到位	音乐响起，播放轻音乐《好日子》《喜洋洋》《步步高》等	
8:00～9:00	迎宾	10 名礼仪小姐佩戴"欢迎光临"的绶带迎宾，喜庆乐队奏迎宾曲，瑞狮队表演舞龙舞狮	校门口
	领导、嘉宾、校友开始入场、签到 领导、贵宾：签名题词（准备文房四宝） 嘉宾、校友：签到	（1）礼仪小姐分成三部分： 10 名为嘉宾佩戴胸花，发放纪念品服务 2 名为领导、贵宾签名题词服务 10 名引领领导、嘉宾在休息处等候 （2）校友签到：由学校老师带领学生负责	在校园内的主干道（青石板路）
9:00～9:03	司仪开场，请出庆典的主持人（桂中知名校友）		主会场（体育场）
9:04～9:07	主持人介绍领导、嘉宾、参加单位、到会人数，并对他们的光临表示欢迎		
9:08～9:12	主持人请全场起立，奏国歌	乐队奏国歌，升国旗	
	请桂林中学校长致辞	礼仪小姐引领校长走上舞台 鼓点配合	
9:13～9:19	校长致辞		主会场（体育场）
9:19～9:20	请桂林市市委书记莫永清讲话	礼仪小姐引领市领导走上舞台 鼓点配合	
9:25～9:30	请市教委主任讲话	礼仪小姐引领市教委领导走上舞台 鼓点配合	
9:30～9:35	请区教委主任讲话	礼仪小姐引领区教委领导走上舞台 鼓点配合	
9:36～9:41	请杰出校友代表：中科院院士雷啸霖讲话	礼仪小姐引领杰出校友代表走上舞台 鼓点配合	

续表

时间	内容	氛围、礼仪设计	地点
9:42~9:52	不同年代的校友代表走上舞台,为母校的百年华诞共同鸣放彩花,突出"同一身份,同一盛事"的主题(背景音乐响起"钟声")		
9:53~10:05	(1)主持人读贺信 (2)节目表演		
10:06~10:15	请市局领导颁发奖学金等	礼仪小姐在场上做颁奖服务 奏颁奖的背景音乐	
10:15~10:21	节目表演		
10:21~10:31	请校友代表颁发学生奖学金(董家桂等)	礼仪小姐在场上做颁奖服务 奏颁奖的背景音乐	
10:32~10:42	(1)主持人读贺信 (2)节目表演		主会场(体育场)
10:42~10:52	颁发校庆庆徽奖	礼仪小姐在场上做颁奖服务 奏颁奖的背景音乐	
10:53~10:58	教师代表致辞	礼仪小姐引领教师走上舞台 鼓点配合	
10:59~11:09	(1)主持人读贺信 (2)节目表演		
11:10~11:13	节目表演(2个)	说明:建议在最后安排全校师生合唱"桂中校歌"	
11:26	主持人宣布庆典仪式结束,对来宾们的光临再次表示感谢(另外宣布学校为来宾们安排的招待午宴)	升空彩花再次鸣放 奏欢快的背景音乐	
9月23日			
19:30~21:30	全体师生、校友的大型文艺演出(流程略)		

九、经费预算(略)

十、传播途径

活动前、后通过区级和桂林市的主流媒体(如《广西日报》、广西卫视新闻报道、《桂林日报》、《桂林晚报》、桂林电视台新闻报道)进行宣传,内容包括桂林中学情况介绍、桂林中学成果展示等。

活动前后邀请各媒体的代表、记者,对现场进行采访。同时在次日进行新闻报道——软文、电视新闻。

制作百年庆典画册。

户外广告:在桂林的主要交通干道、闹市区发布户外广告,包括站台灯箱、广告牌等。

软文:利用桂林的大众媒体,开辟专栏。对"桂中"的历史、发展、成绩用软文的形式进行详尽的宣传。

十一、效果预测与评估

1. 活动现场参加人数不少于 30 000 人次。

2. 媒介有关活动报道不少于 10 篇(次)。

3. 活动信息覆盖率：本地区人口的 1/4。

4. 活动现场执行情况不发生任何明显失误。

5. 活动经费使用情况严格控制在预算之内。

6. 活动后桂林中学知名度提升 20%。

7. 活动后桂林中学美誉度提升 20%。

十二、应变方案

(一)雨天备用计划

(在活动前两天查看天气情况，确定是否实施雨天备用计划。)

1. 小雨伞(领导下车后进入到主会场时使用)：100 把×10 元/把＝1000 元

2. 一次性雨衣(迎宾队伍使用)：200 件×3 元/件＝600 元

(二)停电备用方案

为保证活动正常进行，活动时应向电力供应部门寻求电力供应支持；同时活动现场建议配备发电机。

(三)现场秩序备用方案

为保障活动现场秩序，活动需向公安部门备案，寻求警力支援，由公安部门制定保卫计划及突发事件处理办法。

(四)现场消防、卫生急救保障方案

由桂林市消防支队及桂林市 120 急救中心制定消防、卫生急救保障方案。

策划：桂林市大地公关营销有限公司

2005 年 8 月 2 日

【简析】本策划方案主题明确、活动程序以及活动时间和地点具体，语言质朴明了。

(二)项目实操

根据"项目描述"背景，写一份公共关系活动策划方案。

实训提示：

1. 按部就班

一份策划文案的产生，往往需要经过调查研究—集体讨论—执笔写作—审定修改等几个阶段，我们一般应当遵守程序，按部就班进行写作。

2. 可行性

文案中的实施计划、方案必须从实际出发，一定要考虑其可行性，包括在经济上、环境上和技术上的可行性。

3. 突出主题

找准项目本身的实际和市场的情况，突出最动人心弦、最值得推广的一个主题。主题只能是一个，不要以为越多越好。

4. 严密表达

策划文案的表达要简明扼要，主旨清晰，逻辑严密，让阅读者浏览一遍就能了解整个策划的主要精神。即策划文案的行文必须言简意赅，最忌枝枝蔓蔓、芜杂繁乱。

四、课后互动平台

（一）撰写实训报告
内容包括完成该实训项目的过程、存在的问题，以及你从此项实训任务中收获了什么。

（二）网上学习
北京写乐美术艺术品有限公司网站：http://www.xiele.com.cn/。

新浪网：动漫首页＞业界新闻，http://comic.book.sina.com.cn/2005-06-14/015557501.shtml。

项目二　开幕词

一、项目描述

学院第十五届田径运动于 10 月 17 日～18 日在大操场举行。届时，学院院长张林将出席开幕式，并致开幕词。请为他拟一份开幕词文稿。

二、必备知识

（一）概念
开幕词是党政机关、社会团体、企事业单位的领导人，在会议开幕时所作的讲话，旨在阐明会议的指导思想、宗旨、重要意义，向与会者提出开好会议的中心任务和要求。

（二）开幕词的特点
开幕词是党政机关、社会团体、企事业单位的领导人或者会议主持人在会议开幕时所作的讲话。因而，它具有以下三个特点：

（1）宣告性。致开幕词之后，才陆续展开会议的各项议程。开幕词是会议的序曲、标志。

（2）导引性。开幕词的导引性，体现在阐明会议的宗旨、任务、目的、意义等。

（3）鼓动性。开幕词的鼓动性表现在：

对期望开好会议的良好祝愿，介绍会议的议程和宗旨，以激励与会者的参与意识，调动大家开会的积极性。

（三）开幕词的分类
开幕词按内容可以分为侧重性开幕词和一般性开幕词。侧重性开幕词往往对会议召开的历史背景、重大意义或会议中心议题等重点阐述，其他问题一带而过。一般性开幕词则只对会议的目的、议程、基本精神、来宾等作简要概述。

（四）开幕词的写作
开幕词通常由首部、正文和结束语三部分组成。

1. 首部

首部包括标题、时间、称谓三项。

（1）标题：由发文机关、事由和文种组成。

（2）时间。时间位于标题下方正中位置，用括号注明会议开幕的年、月、日。

（3）称谓。称谓多根据会议的性质及与会者的身份确定，如"同志们"、"各位代表"、"各位来宾"、"老师们"等。如果是国际会议，要按照国际惯例来排列顺序，较常见的是："各位嘉宾、女士们、先生们"。多重身份者可以并称，但并称时要注意孰先孰后的问题，一般的做法是正式的与会者以及身份、地位高者居前。

称谓要顶格写，后加冒号。

2. 正文

正文包括开头、主题和结尾三部分。

（1）开头。开头的内容包括以下几项：

宣布大会开幕。最简单的说法是"××大会现在开幕！"也可以有些变通的说法或灵活的处理，如"今天，××会议在这里隆重开幕，大家聚集一堂，共商××××，具有十分重要的意义。"

交代会议筹备工作的情况，或对大会的规模和与会者的身份等进行介绍。有些开幕词可以有这项内容，大致说是："参加这次大会的代表有×××人，他们分别来自……"

对大会表示祝贺，对来宾表示欢迎。说明出席会议的领导和来宾的单位、姓名，并向他们表示热烈的欢迎。大致说法是："我代表×××对大会表示衷心的祝贺！对与会的各位代表和来宾表示热烈的欢迎！"

需要说明的是，开头部分即使只有一句话，也要单独列为一个自然段，将其与主体部分分开。

（2）主体。这是开幕词的核心部分。通常包括以下三项内容：

① 阐明会议的意义。通过对以往工作情况的概括总结和对当前形势的分析，说明会议是在什么形势下，为了解决什么问题和达到什么目的召开的，借以帮助与会人员理解会议的重要意义，提高认识，引起重视。此处常常要阐明政治经济形势、社会背景等，也可概括回顾以往的主要工作、成绩、经验和教训。这是为开好会议和搞好活动奠定基础。

② 阐明会议的指导思想，提出大会任务，说明会议主要议程和安排。这能够使出席者心中有数，做好思想准备，把握会议或活动的进程。这是开幕词的重要部分，要重点突出。

③ 为保证会议顺利进行，向与会者提出会议的要求，提出今后的奋斗目标，统一大家的认识和步调，促进会议健康发展，达到会议或活动的预期目的，取得圆满成功。

有时，主体也可以分为两层写。第一层是总结一下以往的成绩、经验和教训。要高度概括，用简明扼要的语言把前一段的工作总结出来，使与会人员有所了解和掌握，以便于为完成这次会议的任务奠定基础。第二层是提出会议任务和要求，这是开幕词的主要部分，必须把重点突出出来，以使与会人员准确无误地掌握遵循。

为了表述的明确，富有条理性，主体部分可以分项写出，用序数表明。

（3）结尾。结尾部分提出会议任务、要求和希望等。

3. 结束语

结束语要简短、有力，并要有号召性和鼓动性。写法上常以呼告语另起一段，用祝颂语结束全文，如"预祝大会圆满成功！"、"最后，祝大会取得圆满成功。祝各位工作愉快。谢谢！"等。

写作任务中的田径运动会开幕词，可以遵照上述写法来完成。但文无定法，又要根据实际情况灵活变通，不拘泥于形式，要体现出运动会青春向上、充满朝气的特点，以及本届田径运动会甚至讲话者本人的特点。具体选用哪种标题方式，可根据实际需要而定。标题可以有多种选择，可以用《学院第十五届田径运动会开幕词》，也可以用《张林院长在学院第十五届田径运动会上的开幕词》，也可以直接用《开幕词》。比较常用的标题是《学院第十五届田径运动会开幕词》。

4. 写作注意事项

（1）掌握会议或活动的精神，了解会议或活动的全面情况，明确会议或活动要达到的目的，这对写好开幕词至关重要。

（2）要主旨集中，突出会议或活动的中心内容，把握会议或活动的主要特点，只对会议或活动的主题和重要问题作必要说明，其他一概而过，简而言之，不必面面俱到。

（3）态度要热情洋溢，具有号召性和鼓动性。文字要简练，条理要清晰，篇幅适当，不能喧宾夺主。

三、项目演练

（一）例文评析

例文❶

学院第十五届田径运动会开幕词
（二〇〇九年十月十七日）

各位老师、同学们：

在这秋高气爽、丹桂飘香的季节，我们迎来了我院第十五届田径运动会。在此，我谨代表学院党政领导，对本届运动会的召开表示热烈的祝贺！

学校作为培养社会主义事业接班人的场所，必须全面贯彻党的教育方针，培养德、智、体、美、劳全面发展的人才。而学校体育是全面发展教育的重要组成部分，发展学校体育运动，有利于增强学生体质，促进学生身心健康发展。健康是人生的第一财富，是我们每个人学习科学文化知识和进行社会实践的保证，是青年人顺利完成学习任务的首要条件，没有健康的身体素质就根本无从适应时代的要求。因此，一个合格的大学生必然是一个全面发展、能自我完善的人，是一个无论在学习上，还是在运动场上都能勇攀高峰的人。我们举办运动会的目的，就是为了进一步推动和促进学校群众性体育活动的发展，丰富校园体育文化生活，激励师生积极锻炼身体，增强体质，把学生体育工作推上一个新的台阶，从而更好地保证党的教育方针的全面贯彻实施。

近年来，随着体育工作的深入开展，我院在各级各类比赛中取得了许多优异的成绩。男子篮球队在历年的比赛中一直保持着良好的成绩，2008年取得了省高校篮球联赛第一名的好成绩，在今年的预选赛中获得男子普通组第一名；女子篮球也有较大突破，在今年的预选赛中获得女子普通组第二名。在省第十六届运动会高校田径比赛中，电气工程系的王林同学在男子100米决赛中，不畏强手，勇于拼搏，夺取第六名。我院在健美操、排球、乒乓球、羽毛球等项目比赛中均取得优异成绩。借此机会，我代表广大师生向为学院学生运动会作出贡献的教练员、工作人员表示衷心感谢！

本届运动会将充分展现我院素质教育和体育的新风采、新成果，成为我院体育运动水平的一次大检阅。体坛赛意浓，师生激情涌。全院 13 个系均组队参赛，700 余名运动员将进行 26 个项目的角逐，从而形成了全院师生广泛参与、全民健身的可喜局面。

在此，我代表学院领导，希望全体参赛运动员，本着"友谊第一、比赛第二"的精神，服从大会安排，尊重裁判，尊重其他选手，发扬顽强拼搏精神，赛出水平，赛出风格。希望全体裁判员，本着"客观、公正、准确"的态度，严守规程，公正裁决，确保比赛工作顺利进行。希望全体工作人员忠于职守，热情服务，保障安全。希望全体观众文明守纪。我相信，在全院师生的共同努力下，我院第十五届田径运动会一定是一次文明、团结、胜利的运动会。

最后，预祝全体运动员取得优异的成绩！预祝本届运动会取得圆满成功！谢谢大家！

【评析】这篇例文的开头采用文学色彩较强的语言，渲染了一种美好的气氛。主体部分首先强调了举行运动会的重要意义，回顾了学院近几年来体育工作取得的可喜成绩，简要指出了本届运动会的整体情况，并对运动会相关人员提出要求和希望，最后是预祝运动会圆满成功。全文写得比较全面、流畅，具有一定的鼓舞性。

例文❷ 【病文析改】

下面是一篇病文，试指出其在结构和写法上存在的毛病，并写出修改稿。

巨臣股份有限公司股东大会开幕词

总经理 杨 过

各位先生、各位女士、各位朋友：

欢迎前来参加这个盛大的聚会。今年是 20 世纪最后一年，也是本公司快速成长的一年，在此，请允许我代表董事会向为此付出了辛勤劳动的全体员工表示感谢。正是由于全体员工的不懈努力，本公司在过去五年中克服了亚洲金融危机等因素带来的困境，业绩增长了 40 倍，股票价格上涨了 800%。

在过去的几年中，本公司为迎接中国加入 WTO 作出了不懈努力，在技术积累和人力资源储备开发方面取得了长足进步，为公司的下一步发展奠定了坚实基础。我相信，在全体员工的不懈努力之下和各位股东的鼎力支持下，本公司在不远的将来一定能实现跻身世界同行 500 强的目标。各位股东也将获得丰厚的回报。

但是还应看到，机遇与风险并存。IT 产业属于高成长、高风险的行业，技术创新投入巨大，市场环境瞬息万变，本公司的发展也将面临众多的困难和挑战。董事会有信心领导企业，迎接挑战，开拓前进，取得新业绩。

各位先生、各位女士，最近传闻本公司出现了财务问题，这是毫无根据的。谣言是不攻自破的，我们这次股东大会的召开，就是要向各位股东澄清这一点。现在，我宣布巨臣股份有限公司股东大会开幕。

【病文诊治】

(1) 在结构和写法方面存在的主要毛病。

① 在称谓之后，没有用简短、有鼓劲性的语言宣布大会开幕，而错误地在结尾处"宣

布巨臣股份有限公司股东大会开幕"。

② 文中漏写会议的规模、出席会议的人员情况，以及对会议的召开及与会人员表示祝贺等。这些内容本应在开头介绍。

③ 主体没有说明与会议有关的形势、会议的目的或任务。

④ "最近传闻本公司出现了财务问题"，"我们这次股东大会的召开，就是要向各位股东澄清这一点"本是本次会议的目的，本来应放在主体写，却错误地放在结尾写了，结构内容倒置。

⑤ 结语没有说"预祝大会圆满成功"的鼓动性的话语。

⑥ 漏写会议日期。

（2）在语言方面存在的主要毛病。

① 语言没有表现出与开幕词会议场景气氛和谐融洽的热情，如，即便是"欢迎前来参加这个盛大的聚会"一句，也显得热情不够。

② 存在与开幕词无关的话。如："谣言是不攻自破的"等等。

修改稿：

巨臣股份有限公司股东大会开幕词

（××××年×月×日）
董事长　杨　过

各位先生、各位女士、各位朋友：

值此本公司股东大会开幕之际，我谨代表巨臣股份有限公司向来自全国各地的各位股东，表示最热烈的欢迎和最良好的问候！

今年是20世纪的最后一年，也是本公司快速成长的一年。正是由于各位股东的关心和全体员工的不懈努力，本公司克服了亚洲金融危机等因素带来的困境，五年来，本公司的业绩增长了40倍，股票价格上涨了800%。

在过去的几年中，本公司在技术积累和人力资源开发和储备等方面也取得了长足进步，为公司的下一步发展奠定了坚实基础。我相信，在各位股东的鼎力支持下和全体员工的不懈努力之下，本公司在不远的将来一定能实现跻身世界同行500强的目标，并为各位股东带来丰厚的回报。

这次股东大会，将解决两个问题：一是向各位股东汇报今年的工作情况；二是最近传闻本公司出现了财务问题，这是毫无根据的。本次股东大会，就是要向各位股东澄清这一点。

各位先生、各位女士、各位朋友：我们从事的IT产业属于高成长、高风险的行业，市场环境瞬息万变，技术创新投入巨大，本公司的发展将面临众多的困难和挑战，然而，机遇与风险并存。公司董事会有信心领导企业，迎接挑战，开拓前进，取得更好的业绩！

最后，预祝巨臣股份有限公司股东大会圆满成功！

（二）项目实操

（1）请搜索你认为高水平的开幕词一篇，仔细分析其结构与写法。

（2）根据"项目描述"背景，拟写一份开幕词文稿。

四、课后互动平台

(一) 撰写实训报告

内容包括完成该实训项目的过程、存在的问题，以及你从此项实训任务中收获了什么。

(二) 网上学习

学习网站：http://www.qingkan.net/eloquence/draft/kaibimuci/18562.html。

项目三　闭　幕　词

一、项目描述

学院第十五届田径运动会于 10 月 17 日～18 日在大操场举行。届时，学院副院长李君将出席闭幕式，并致闭幕词。请为他拟一份闭幕词文稿。

二、必备知识

(一) 概念

闭幕词不同于一般的会议讲话，它带有会议总结的性质，要对大会予以高度的概括和评价。是一些大型会议结束时由有关领导人或德高望重者向会议所作的讲话。具有总结性、评估性和号召性。

闭幕词的主要作用是总结会议精神，宣告会议圆满结束、胜利闭幕，号召人们贯彻会议精神，推动工作进步。

(二) 特点

1. 总结性

闭幕词是会议最后一项重要议程，大会主席或重要领导人代表会议组织者要对会议内容、会议精神和进程进行简要的总结，并作出恰当评价，肯定会议的重要成果，强调会议的主要意义和深远影响。

2. 概括性

闭幕词应对会议进展情况、完成的议题、取得的成果、提出的会议精神及会议意义等进行高度的语言概括。其中，会议精神是会议的精髓，闭幕词要对会议精神准确提炼，这对于胜利完成会议提出的工作任务，达到预期目标，有十分重要的意义和作用。因此，闭幕词的篇幅一般都短小精悍，语言简洁明快。

3. 号召性

为激励参加会议的全体成员为实现会议提出的各项任务而奋斗，增强与会人员贯彻会议精神的决心和信心，行文要充满感情，语言要坚定有力，富有一定的鼓动性和号召性。

4. 口语化

闭幕词要适合口头表达，写作时语言要求通俗易懂、生动活泼。

（三）写作格式

闭幕词的写作格式和开幕词一样，通常由首部、正文、结束语三部分组成。

1. 首部

首部包括标题、时间、称谓三项。

（1）标题可以由事由和文种构成，也可以由致词人、事由和文种构成，还可以是复试标题，由正标题和副标题构成。也可以直接书写闭幕词。

（2）时间位于标题下方正中位置，用括号注明会议闭幕的年、月、日。

（3）称谓可根据会议的性质及与会者的身份确定。称谓要顶格写，后加冒号。

2. 正文

闭幕词正文部分也可以分为开头、主体和结尾三部分。

（1）开头。

开头部分一般写三项内容：一是说明会议已完成预定任务，即将胜利闭幕；二是简述会议议程的进行情况，恰当的对会议的各项成绩、收获、意义和影响做出概括性评价；三是对会议的筹备、组织等工作人员的辛勤努力予以肯定和感谢。

（2）主体。

主体部分通常分为两个层次：第一个层次总结会议讨论通过的主要事项和基本精神，要突出重点，强调重点，进一步深化会议的基本精神，对会议进程中出现的新情况、新问题、新意见、新建议予以补充和归纳，结合会议进行情况做出小结和评论；第二个层次向与会人员提出贯彻会议决议的要求和措施，从思想认识方面，讲清其意义，指出行动方向，激励大家坚定信心，努力奋斗，完成会议所提出的各项任务等。

（3）结尾。

结尾部分多用号召性的语句，号召为实现大会所提出的各项任务而奋斗，用简短有力的坚定语气发出号召，提出希望，表示祝愿。

3. 结束语

闭幕词的结束语，内容、形式比较固定，多另起一行，用"现在，我宣布，大会胜利闭幕！"一句话作结束语。

（四）写作须知

（1）跟踪会议进程，掌握全面情况。

（2）注意和开幕词前后呼应。

（3）补充会议内容，适当深化和发挥。

（4）高度综合概括，富有鼓动性和号召力。

（五）写作注意事项

撰写闭幕词，要注意以下三点：

1. 内容要高度概括

撰写闭幕词，要选择会议最重要的部分，用准确精练的语言，进行高度概括，突出重点，以便与会者把握。闭幕词所讲问题，不必展开，点到为止。语言要简练，篇幅要短小精悍。

2. 要注意区分闭幕词与会议总结报告

一些会议列有会议总结报告的议程。会议总结报告要总结和评价会议内容，论述会议的基本精神，提出阐述会议的决议、决定、任务、要求等，其性质和作用与闭幕词有某些相近之处。二者的区别在于：会议总结报告内容比较详细，而闭幕词内容则需高度概括；会议总结报告结尾不能宣布会议闭幕，报告人总结之后，应由会议主持人宣布会议闭幕，而闭幕词则是以宣布会议闭幕作结尾，致完闭幕词，会议即行结束。在同一会议上，会议总结报告与闭幕词，二者只能取其一，否则，会议议程就会繁琐重复。

　　3. 要注意闭幕词的替代形式

　　过去的大型会议，开幕词与闭幕词作为会议的两项重要内容，出现在会议议程的开始和结束，互相对应。但是，近年来，为使会议议程安排更加严密紧凑，也将开幕词的一些内容在预备会议上完成，致闭幕词也由最后一位领导人的重要讲话代替。

三、任务演练

（一）例文评析

例文❶

闭 幕 词
（二〇〇八年十月十八日）

各位领导、老师们、同学们：

　　经过两天紧张激烈的角逐，我院第十五届田径运动会在全院师生的共同努力下，圆满完成预定的各项赛程，就要落下帷幕了。在此，我代表学院党政领导和运动会组委会，向在本届运动会中取得优异成绩的代表队和运动员表示热烈的祝贺！向为本届运动会付出辛勤劳动的组委会全体成员和积极参加本届运动会的全体运动员、教练员、裁判员以及所有为本届运动会付出努力的老师们、同学们表示衷心的感谢！

　　本届运动会是一次非常成功的体育盛会，是对我院体育工作和全院师生综合素质的检阅。无论是精彩壮观的开幕式，还是运动员的激烈角逐，都充分体现了我院师生团结奋进、精诚协作、勇于创新、勇攀高峰的精神风貌。两天来，各赛场高潮迭起，竞争激烈，大家顽强拼搏，取得了优异的成绩，其中，有 8 人次刷新了学院记录；各位裁判员坚守岗位，公正评判，尽职尽责；广大师生加油助威，争做文明观众；各教学系部以及国际教育学院认真做好组织工作，系学工办和辅导员、班主任尽职尽责，带领本系同学安全、准时到场，同学们把讲文明、讲礼貌放在首位，有 3 个系荣获体育道德风尚奖；后勤部门辛勤劳动，精心服务，为运动会提供了有力的物资和生活保障；数以百计的青年志愿者，为保持运动会和全场卫生积极工作；宣传报道组的同学们，用自己的热情和才智为运动会呐喊助威，宣传好人好事，展示比赛成果。可以说，这次体育盛会充分展示了我院良好的运动水平和高尚的体育道德，同时也增强了学院的凝聚力、向心力，展示了集体的力量、团结的力量、拼搏的力量！

　　老师们，同学们！本届运动会就要圆满结束了，让我们以本届运动会为契机，继续贯彻执行《国家体育锻炼标准》，积极探索体育教学改革新方法、新途径，广泛深入开展"阳光体育运动"，进一步掀起大学生参加体育锻炼热潮，不断开创我院体育工作的新局面。我相信，本届运动会上运动健儿表现出的顽强拼搏，勇攀高峰、催人奋进的精神将对全院的各项改革和发展起到积极的推动作用！希望全体师生在今后的工作中，继续保持和发扬不畏困难、团结协作、敢于拼搏、勇攀高峰的精神，在各自的学习中取得更加丰硕的成果，为学院又好又快发展作出更大贡献！

现在，我宣布，学院第十五届田径运动会胜利闭幕！

【评析】这篇例文首先是表达祝贺之情，随后对运动会中运动员、裁判员等的表现和工作进行了肯定，对运动会的意义进行了阐述，也对今后的工作提出了希望，写得比较全面，切合运动会的实际，在布局结构和层次上也比较分明。

例文❷

××公司×届×次员工代表大会闭幕词

各位员工代表：

××公司×届×次员工代表大会，经过全体代表的共同努力，已圆满完成了大会的各项议程，现在就要闭幕了。

本次大会期间，代表们认真听取并审议了××总经理的工作报告，审议了各职能部门2009年度的工作方案，听取了各分公司负责人的述职报告、绩效考核办法和部分员工职务晋升及工资晋升方案，表彰了2008年度优秀员工及先进集体，上述报告和方案通过了大会决议。这次大会让各部门员工明确了2009年度工作任务，统一了认识，增强了信心，振奋了精神，必将对我公司今后的发展产生积极而深远的影响。

这次大会，得到了各位员工的大力支持，广大员工为大会的顺利进行付出了辛勤的劳动。在这里，我代表大会主席团向各级领导，向全体代表，向大会全体工作人员，表示衷心的感谢！

这次大会自始自终充满了团结、民主的气氛。代表们在讨论中，充分肯定了2008年度工作，同时也提出了许多建设性的意见，对2009年度工作提出了希望和要求。

这次大会上，总经理提出了公司今后的奋斗目标，并对2009年度的工作进行部署，我们的奋斗目标是鼓舞人心的，我们所面临的工作任务是十分艰巨的。大会结束以后，全体员工要积极行动起来，认真学习和贯彻本次大会精神，结合各分公司、各部门的具体情况，全面落实本次大会提出的各项任务；开展向优秀员工、先进集体学习的活动，用自己的模范行动，团结和带领全体员工，为公司再上新台阶作出应有的贡献。

祝愿大家：新年快乐，万事如意！

现在，我宣布，××公司×届×次员工代表大会闭幕！

【评析】这篇例文首先简要回顾了会议的主要议题和内容，并指出会议的意义，最后提出要求和希望。在内容上比较全面，在措辞上比较得体。

(二) 项目实操

(1) 请搜索你认为高水平的闭幕词一篇，仔细分析其结构与写法。

(2) 根据"项目描述"背景，拟写一份闭幕词文稿。

四、课后互动平台

(一)撰写实训报告

内容包括完成该实训项目的过程、存在的问题，以及你从此项实训任务中收获了什么。

(二) 网上学习

学习网站：http://www.fanwen.chazidian.com/fanwen298683/。

模块五 宣传文书

新闻定义：

新闻是指报纸、电台、电视台经常适用于记录社会、传播信息、反映时代的一种文体。××××年8月中宣布在京召开全国××大城市的报纸工作座谈会，其会议纪要对新闻定义作了新的诠释。

"新闻反映新发生的、重要的、有意义的、能引起广泛兴趣的事实，具有迅速、明了、简短的特点，是一种最有效的宣传形式。"也就是说，新闻就是对最近发生或发现的社会意义能引起广泛兴趣的事实的传播。

明确了新闻定义，我们再来区别广义的新闻与狭义的新闻。广义的新闻包括消息、通讯、特写、调查报告、新闻评论等，是报纸、广播、电视等媒体中常见的报道体裁。狭义的新闻专指消息。

项目一 消息实训项目

一、项目描述

学校运动会于10月17日至18日顺利举行。请你结合自己学院的实际写一则消息，报道运动会圆满闭幕的情况。

二、必备知识

（一）概念

消息是新闻的一种。新闻有广义和狭义之分，广义的新闻包括消息、通讯、新闻评论和报告文学。狭义的新闻特指消息，故消息又叫"新闻消息"、"新闻"。报纸的大部分版面、电台、电视台的"新闻联播"、"新闻30分"、"今日要闻"等多是消息。

消息是在新闻类中最为常见、在各新闻媒体上使用频率最高的新闻形式。消息以明确的思想、叙述的方式、简洁的语言，迅速及时地反映国内外新近发生的、有社会意义的、群众最关心的、能够引起广大读者阅读兴趣的事实。

随着广播、报纸、电视、网络等媒介的日益发展，社会信息的交流和传播速度也日益加快。上至政府机关，下至普通百姓，对新闻消息越来越关注。因而，消息的写作成了秘书人员必备的重要职业能力之一。

（二）消息的特点

消息具有新闻的要素：五个"w"和一个"H"，即：何时（When）、何地（Where）、何人

（Who）、何事（What）、为何（Why）、如何（How）。同时，与其他的新闻类型相比，消息又具有自身显著的特点，主要表现在以下几个方面：

1. 真实性

真实性是消息的灵魂和生命，是消息写作的基本原则。消息中反映的事实、引用的资料等都要求具体真实、准确无误。

2. 时效性

时效性也就是要报道新情况、新经验、新消息，内容要有新意，能使人受到教育和启发。对国内发生的重大事件，对当前工作中出现的新形势、新动向、新问题，对于改革中出现的新人、新事、新风尚，必须敏锐发现，尽快把握，迅速反应，否则就失去了新闻的价值。

3. 简短性

短小精悍是消息的另一个特点。消息总是用最简短的语言摆出事实、讲明道理。

（三）消息的种类

消息有不同的类型和分类标准，根据内容可分为动态消息、综合消息、典型消息和述评消息。

1. 动态消息

这种消息迅速、及时地报道国内外的重大事件，报道各行各业建设中的新人新事、新气象、新成就、新经验。动态消息中有不少的简讯（短讯、简明新闻），内容更加单一，文字更加精简，常常一事一讯，几行文字。动态消息较易写作，在新闻中所占比重最大，在各新闻媒体中最为常见。

2. 综合消息

综合消息是围绕一个主题思想，从不同侧面概括反映某个事件、问题的全局性情况，或综合报道不同地区、单位具有同类性质又各有特点的多件新闻事实的一种消息形式。它的报道面比较宽，既有面上的形式、规模、趋向，又有典型事例的说明和分析。事实典型和新鲜决定综合消息新闻价值的主要因素。

3. 典型消息

典型消息是通过反映贯彻执行党的方针政策的某一方面的典型经验，来指导相关工作的一种新闻报道。它往往偏重于交代情况，介绍做法和反映变化与效果，由事实引出经验来，一般显得比较完整，提供背景也比较多，篇幅也比较长一些。典型消息具有很强的政策性、针对性和指导性。

4. 述评消息

述评消息又称新闻述评或记者述评，是新闻记者感到单纯的报道客观事实（即消息）不能满足读者需要或不能达到自己的目的时，对某种形式、事实、问题发表自己的意见和看法，进行分析与评述的一种特殊的报道形式。评述消息以报道事实为主，但又以评述事实为最终目的，评重于述。

（四）写作格式

1. 消息的结构形式

和其他应用文体例相比，消息有其独特的结构形式，常见的有以下两种：

（1）倒金字塔式结构

这是消息写作时最常用的结构形式。要求头重脚轻地去搭配和排列材料，即按照新闻内容重要性依次递减的顺序安排结构，重要的放在前面，次要的靠后，最次要的放在最后。它的好处是能够体现新闻性，对受众来说便于阅读和收听，以引起其"新闻欲"，能在最短的时间里了解到新闻的内容；对编辑来说便于选择和删除稿件；对记者来说，迫使自己首先必须分清楚材料的主次，稿子出手快，写得短。其缺点是容易出现标题、导语、主体"三重复"现象。

（2）金字塔式结构

金字塔式结构是按照事情发生、发展的自然顺序安排材料的一种消息结构形式，也是普通记叙类文体写作常用的结构，适用于时间跨度较小、有完整的情节的新闻事件。这一结构的好处是，能够把事情的来龙去脉、前因后果说得比较清楚，适合一般大众的阅读习惯，写起来比较自然，便于掌握；其不足之处是可能篇幅较长，容易造成平铺直叙，缺乏新鲜感。

2. 消息的写作

消息一般由以下几个部分组成：

（1）标题。消息的标题有三种类型：主题（正题）、引题（眉题）、副题（次题）三种。主题概括与说明主要事实和思想内容；引题揭示消息的思想意义或交代背景，说明原因，烘托气氛；副题提示报道的事实结果，或作内容提要。

根据这三种标题类型，在制作的时候可组成三种标题形式：单行标题、双行标题、多行标题。

① 单行标题。只有一行标题，它能简洁明了地反映消息内容的中心思想，要求鲜明、醒目、易记。如2009年9月16日《河南日报》一版的消息《首批战斗机女飞行员将亮相国庆阅兵》的标题就是单行标题：

首批战斗机女飞行员将亮相国庆阅兵

② 双行标题。引题正题兼用，或是正题和副题并用。如《中国教育报》2009年9月14日一版头条文章的标题采用的是引题＋正题的形式：

师生同唱红色经典　激昂旋律响遍神州
全国教育系统唱响"祖国万岁"

如《大河日报》2009年4月10日一版头条文章的标题采用的是正题＋副题的形式：

邮传万家　花和天下
中国2009世界集邮展览暨河南省第27届洛阳牡丹花会开幕式隆重举行

③ 多行标题。正题、引题、副题齐全。例如：

百年奥运梦　今夜终成真
第二十九届奥林匹克运动会在北京隆重开幕
江泽民、吴邦国、温家宝、贾庆林、李长春、习近平、李克强、贺国强、周永康、国际奥委会主席罗格、来自世界各地的领导人和贵宾等出席

标题的制作要根据新闻的内容和报道的需要来决定。标题要求确切、醒目、简介、生动，能概括消息的内容。在信息量极大的当今社会，特别是读题时代的到来，要求标题的制作更加新颖、生动。

（2）导语。导语是新闻的第一段或第一句，它是新闻的重要组成部分。美国新闻学者杰克海顿曾形象地这样评价道："导语是促使读者读下去的诱饵。如果导语索然无味，读者看到导语就不再往下读了。"有人说："看新闻一看标题二看导语，下面内容看不看都无关紧要。"此言虽不无偏颇，但从一个侧面说明了导语的重要性。当今时代，媒体密集、信息爆炸，任何人都不可能有时间将所有新闻从头到尾读下来，由此看来，写新闻不能忽略导语，必须结合新闻事实巧妙设计导语。导语要求用简洁的语言概括全文的要点或结论，揭示主题。

导语有以下写法：

① 概述式。即用摘录和综合的方法，把消息中最新鲜、最主要的事实简明扼要地写出来，是新闻事件的高度概括，可以让读者首先对所报道的事实有一个总体的了解。这是最常见的导语。

② 描写式。是对消息的主要事实或某一有意义的侧面先做一番简洁的描写刻画，使之形象地展现于读者面前，造成气氛，引人入胜。

③ 评议式。这种导语从对所报道是事实发表一番评论入手，以导入主题的阐述。

④ 提问式。先提出问题，再做简明回答，引起读者的关注和思考。这种导语是在读者的疑问和公众的关注点成为报道的中心时最适合使用。

⑤ 对比式。即通过彼此对比，来突出所要报道的成果和事实。

⑥ 结论式。即消息的开头首先摆出事实的结果和结论。多用于科研生产方面的报道。

除此之外，还有引语式、号召式等。一篇新闻要不要导语，采用何种导语，都应根据内容需要而定。短小新闻，不一定都要导语。要闻简讯，本身就是导语。

（3）主体。写主体，要注意材料详实，言之有物，从而有助于人们更充分、更完整地了解所报道的事实。叙述应平实概括，而不要拖泥带水，尤其是应避免与导语文字重复，只有这样，才能维持读者阅读的兴趣和新鲜感。

主体是消息的躯干，它紧接导语之后，是消息的重要组成部分。主体的作用和功能有两个：一是对导语进行解释、深化和具体化，即对导语中涉及的内容，进一步提供有关细节和背景资料，使其更清楚、明确、具体；二是补充新的事实，即导语中有未提及而又能表现新闻主题的事实和其他要素，便由主体补充出来。

主题部分的写作要注意紧扣消息主题取材，重视材料的取舍。叙事宜具体、内容充实。叙述宜求生动，行文善兴波澜。消息主体写作应尽量避免平铺直叙，可运用生动形象的描述、灵活多变的手法和自由灵活的层次、段落安排。

（4）背景材料。背景材料是指消息报道的事实的历史条件和环境条件及周围事物的联系等。写新闻时要交代背景，目的在于帮助读者深刻理解新闻的内容和价值，起到衬托、深化主题的作用，也就是回答五个"w"中的"Why"（为什么）。背景材料运用得好可以使整篇消息丰富饱满；可以烘托和深化主题；可以代替作者的议论而使报道显得客观；可以补充情况、介绍知识、增添情趣。

背景不一定是消息的一个组成部分，在消息中没有固定的位置，短则一句两句，长则独立成段，往往穿梭于消息各部分之中。背景材料一定要为主题服务，不是为写而写。写法要灵活，详略要得当，只在关键处简洁地交代，不可喧宾夺主。把背景与新闻事件、人物结合起来写，可以使得消息内容生动丰富，起伏跌宕。

（5）结尾。结尾也是消息的有机组成部分。消息的结尾是新闻事件叙述的自然收束，好的结尾，无疑对表现事物的完整性和逻辑的严密性，对突出和深化主题，有重要作用。

常见的结尾的方式有小结式、展望式、补充式、号召式等。消息的结尾与一般记叙文结尾的写作并无大的不同。在消息写作中，标题、导语、主体是必须有的，结尾根据需要也可以不写。

（五）写作注意事项

1. 内容要有新意

作者要有敏锐的目光，在消息材料选择时注意发现那些能给群众以教育、启发并引起深思的信息，有些在时间上已经不再新鲜的事件，也同样能以新角度挖掘出新意，用消息报道出来。

2. 材料要典型准确

真实性是新闻的生命，写消息一定要弄清事实，并加以核实，消息所用的材料，要经过认真分析、筛选，选用最能够说明问题的典型材料。

3. 语言要清晰简洁

消息以语言简洁为上乘，要珍惜每个字，反复锤炼语言，推敲每句话，力求用简洁的文字承载更多的信息，用少而精的语言表达作者的思想，同时要写得通俗、生动、形象，增强可读性。

三、任务演练

（一）例文评析

例文①

我院成功召开运动会

10月17日至18日，在凉爽的秋风中，我院运动会在田径场上隆重的召开。本次运动会除设田径运动项目外，还增设了以阳光体育为主题的群众性运动项目，如跳绳、毽球等。

10月17日早晨，运动场上彩旗飘飘，鼓声阵阵，各受检方队身着整齐而富有专业特色的服装，和着运动员进行曲，迈着矫健的步伐，喊着响亮的口号依次走过主席台，走进运动场，接受学院领导及全体职工的检阅。

学院副院长杨××主持开幕式，院长刘××宣布大会开幕，副书记王××致开幕词。在开幕式上，运动员代表李××和裁判员代表孙××分别宣誓。

经过两天紧张有序的比赛，运动会于18日下午结束。学院副院长兼体育运动委员会主任张××致闭幕词。张副院长希望全院师生员工，把运动场上的团结拼搏精神，带到今后的学习和工作中，应用化工系、质量与安全系、商学院分别获得本届运动会女子团体一至三名，化工机械系、应用化工系、自动化系分别获得男子团体一至三名，获得阳光体育运动竞赛前三名的是应用化工系、自动化系和商学院代表队。

【评析】这篇消息比较全面地写出了运动会自开幕以来的情况，特别选取了开幕式和闭幕式两个环节进行了介绍，同时也重点介绍了比赛成绩。全文重点比较突出，条理清楚。

（二）项目实操

（1）课堂讨论：请问以下新闻中最吸引你的信息是什么？

新闻一：

塑化剂殃及台湾烘焙糕饼业

最新调查发现，"毒源"之一的昱伸香料公司曾将掺有塑化剂的香料销往台北市、台中市供烘焙业者制作面包。台中市有关机构到其下游公司调查发现，昱伸向其供货已至少5年，下游厂商多达120多家且遍及全台。目前调查人员正加紧将疑遭掺塑的16种水果香精与果酱送验，并逐一核对厂商名册理清问题产品流向。

据悉，昱伸公司老板赖俊杰在应讯时，供称有一个"业界都知道的商业秘密"，即不仅饮料和保健食品，面包、蛋糕等烘焙食品中也普遍掺入起云剂。此言一出，顿时让舆论大哗，岛内消费者信心遭到重创。记者在台北信义区一些烘焙店发现，往日热卖的果酱面包已鲜见踪影。

新闻二：

湖南湘西凤凰古城部分街道被淹

6月3日和4日，湘西凤凰古城遭遇近10个小时的暴雨。而来自凤凰县气象部门的消息表明：连续两日的暴雨，不仅让外界来凤凰的公路出现中断，而且很快导致沱江水位上涨超过3米，同时由于沱江的水来势猛而大，水流不畅，致使凤凰县城部分沿江街道被淹。

由于持续的特大暴雨在短时间里对沱江沿岸的侵袭，汹涌的洪水曾淹没了凤凰古城部分江边游道和跳岩，特别是在县城北门口的沱江泛舟景点，更是由于水势较急，近日已经停止对外开放。

（2）根据"项目描述"背景，拟写一则消息。

四、课后互动平台

（一）撰写实训报告

内容包括完成该实训项目的过程、存在的问题，以及你从此项实训任务中收获了什么。

（二）网上学习

学习网站：http://www.cqwjhl.com/article/25/1971.html。

项目二　通　讯

一、项目描述

采访一位先进人物，写一篇人物通讯。

二、必备知识

（一）通讯的概念

通讯是一种综合运用多种表达方式，详细深入而又生动形象地报道新近发生或出现的典型人物、事件、问题或各种有意义的客观事实的新闻体裁。有人称它为"展开了的消息"或"充分表现新闻事实的延展性报道。"

通讯与消息同属新闻文体，但有几点区别：从容量上看，通讯容量大、事实详细，一般篇幅长，而消息容量相对小些，事实概括，一般篇幅较短；从报道对象看，通讯选材相对较严，消息选材范围宽；从结构上看，通讯灵活多变，而消息相对稳定；从表达上看，通讯以叙述描写为主，表达比较灵活，而消息以叙述为主；从报道时效看，通讯不如消息快。

（二）通讯的特点

（1）容量大。较之消息，通讯可以反映更多、更具体的情况，把事件的来龙去脉交代得更详尽，篇幅可以稍长。

（2）样式多。通讯的种类很多，有人物通讯、事件通讯、专访等。在具体写作过程中，可以根据需要来选择合适的样式。

（3）写法活。写法活具体表现为结构的灵活多变，表达方式较消息更自由，语言更形象生动。

（三）通讯的分类

常见的有以下四种：

（1）人物通讯。人物通讯是以报道各方面的先进人物为主的通讯，以表现人物为中心，从不同角度反应人物的事迹和思想，有写一个人的一生，为人物全面立传的；有写一个人的一个或几个侧面的，集中反映人物的某一思想品质；也有写群像的。

（2）事件通讯。事件通讯是以记写事件为中心，重点描绘社会生活中倾向性和典型性的生动事件及具普遍教育作用的新闻事件。它的特点是以记事为主，交代清楚时间的原委，从而表达某种思想。

（3）工作通讯。工作通讯又称经验通讯，是以报道先进工作经验或某项工作的成就和存在的问题为主要内容的通讯。写工作通讯要有针对性，抓住当前带有普遍性的，又需要解决的问题。介绍经验要科学、有理论根据。经验要写得具体，使人看得见、摸得着、学得到。

（4）概貌通讯。概貌通讯也叫风貌通讯、主题通讯、综合通讯。它是反映社会生活、风土人情、自然风光和现实中建设为主的报道。这类通讯取材广泛，气势大，笔墨重，给人以完整深刻的印象。

（四）写作格式

1. 通讯的结构形式

通讯的写作没有固定不变的格式，通讯的结构方式有三种：纵式结构、横式结构和纵横结合式结构。

（1）纵式结构。纵式结构即按单纯的时间发展顺序、事物发展的顺序（包括递进、因果等）、作者对所报道事物认识发展的顺序、采访过程的先后顺序来安排层次。

（2）横式结构。横式结构即按空间变换或事物性质的不同方面来安排层次。常见的有空间并列式和性质并列式两种。

（3）纵横结合式结构。纵横结合式结构即将纵式和横式结合起来。此结构多用于事件复杂而时间跨度大、空间跨度广的通讯，此结构有纵横交叉和蒙太奇式两种。

2. 通讯的写作

通讯的写作结构灵活多样，不拘一格。可根据不同的内容需要灵活安排，即便是同样的内容，也可以运用不同的布局安排。

（1）标题。通讯的标题多数为单行式，有的有副标题，也只是交代报道的对象和新闻的来源。

（2）开头。通讯的开头多姿多彩，不拘一格。主要方式为直起式和侧起式。

① 直起式。开门见山直述其人其事，直接抒发感情或直接发表见解。

② 侧起式。利用铺垫的方法，源源说起，娓娓道来，然后再进入正题。

（3）通讯的中心。这是通讯的主体，这部分关键在于要把调查采访来的纷纭材料理出一个头绪，然后酌情怎样合理地安排使用这些材料。材料的安排布局，可以依照事物发展的前后过程为主线，也可以用纵横兼备的线索安排布局材料，一篇通讯中有的部分是按"横式结构"组织材料的。在这两种线索中以一种为主，这就是"纵横式结构"。

（4）通讯的结尾。通讯的结尾比较灵活自由。有的是提出召唤，引起读者共鸣；有的意犹未尽，给读者留有回味的余地；有的用精辟议论结尾，揭示和深化主题，等等。

（五）通讯写作注意事项

（1）主题要明确。有了明确的主题，取舍材料才有标准，起笔、过渡、高潮、结尾才有依据。

（2）材料要精当。要按照主题思想的要求选取材料，把最能反映事物本质的、具有典型意义和最有吸引力的材料写进去。

（3）选好典型。写人离不开事，写事为了写人。写人物通讯固然要写人，就是写事件通讯、概貌通讯、工作通讯，也不能忘记写人。离开事例、细节、情节去写人，势必写得空空洞洞。

（4）安排好结构，角度要新颖。写作方法要灵活多样，除叙述外，可以描写、议论，也可以穿插人物对话、自叙和作者的体会、感受，既可以用第三人称的报道形式，也可以写成第一人称的访问记、印象记或书信体、日记体等。通讯所报道的新闻事实，可以从各个不同的角度去观察，去反映。诸如正面、反面、侧面、鸟瞰、平视、仰望、远眺、近看、俯首、细察等，角度不同，印象各异。若能精心选取最佳角度去写，往往能使稿件增添新意，写得别具一格，引人入胜。

三、项目演练

（一）例文赏析

例文❶

（第二十一届中国新闻奖报纸通讯类一等奖作品）

在历史灾难中实现历史进步
——2010 年中国自然灾害警示录

一只白色的圆形钟表静静地躺在泥淖中，时针停在了 23 时 40 分。

8月7日深夜，甘肃舟曲。一场特大山洪泥石流横冲而下，顷刻间，1000多个鲜活的生命永远逝去。

这一刻，距青海玉树大地震115天。

2010年的中国，经受了历史罕见自然灾害的挑战：西南大部旱魃逞凶、多条江河洪浪翻滚、东南沿海台风肆虐、西北高原震情又起、山区峡谷泥石流穿村毁城……

灾难考验中国。在党和政府的领导下，全国人民紧急应战，风雨同舟，以惊人的勇气和力量，夺取了一次次救灾斗争的重大胜利。

灾难警醒中国。自然灾害过去是、现在是、将来仍会是中华民族的心腹大患，我们需要有比世界上任何一个民族更多的忧患意识。

正如胡锦涛总书记2008年在全国抗震救灾表彰大会上所说："一个善于从自然灾害中总结和汲取经验教训的民族，必定是日益坚强和不可战胜的！"我们在灾难中失去的一切，一定要在历史的进步中得到补偿。

灾情反映国情——中华民族五千年文明史，也是一部与自然灾害抗争史。发生在2010年的一系列特大自然灾害警示我们，忧患意识必须贯穿始终。

这是一份今年以来发生在中国的重大自然灾害清单：

干旱：全国有25个省份遭受重旱。

洪涝：全国七大流域暴雨洪水都创下本世纪以来的极值。地质灾害是去年同期的近10倍。

地震：11个省份遭受地震灾害。

台风：5场台风先后在我国登陆。

……

一连串沉重的数字刺激着人们的神经，一个个难解的困惑挥之不去：灾害为何这样与中国如影随形？

中国人民大学教授郑功成介绍：自古以来，中国是一个多灾之邦。从公元前206年到公元1949年的2155年间，中国发生的大水灾有1092次，较大的旱灾有1056次，几乎年年成灾。

"中国地处东亚季风区的特殊地理位置，旱涝已成常事；地势从海拔8000多米到海平面有着三大台阶的跨越，地质灾害易发，地震多发。"中国科学院清华大学国情研究中心主任胡鞍钢说。

今年的自然灾害，有其特殊原因。极端气候事件突发多发导致水灾严重，旱涝急转、震后山体破碎造成泥石流并发。但专家们也捕捉到一个新苗头——"我国面临的自然灾害的风险正在上升，可能正在进入一个自然灾害频发的时期。"国家减灾委专家委员会副主任史培军说。

自然灾害用频率发出警告：快速发展与资源环境承载力、人与自然的矛盾日益凸显。

而不少人尚不清醒：抢占河道，挤占行洪道，随意填埋河湖水面扩大城市规模，无序开山凿石挖矿修路……

灾情，折射我们的国情。不思考中国的灾情，就无法全面把握中国的国情。不重视中国的灾情，我们就会为发展付出更加高昂的代价。

【评析】地震、泥石流、极端天气……2010年可谓灾难多发年。

灾害缘何多发？多灾是否一定多难？多难如何兴邦？……面对公众困惑，新华社推出了中国自然灾害警示录这篇重磅力作，运用历史和自然辩证法，从"灾情与国情""防灾与抗灾""人与自然"等关系透视、认知现实，反思历史，引导人们理性、科学、辩证认识人与自然，应对自然灾害，具有极强的新闻性和思辨性。

中央媒体评价其"填补了国内诸多媒体对自然灾害深入思考报道的空白，是一篇全面展现、阐述人与自然关系的'教科书'"。

（二）项目实操

（1）好新闻、好通讯是怎样得来的？

（2）根据"项目描述"背景，拟写一篇人物通讯。

四、课后互动平台

（一）撰写实训报告

内容包括完成该实训项目的过程、存在的问题，以及你从此项实训任务中收获了什么。

（二）网上学习

学习网站 http://www.docin.com/p-24157588.html。

项目三　解　说　词

一、项目描述

学院即将召开田径运动会，请为运动会的开幕式拟写一份解说词。

二、必备知识

（一）解说词的概念

解说词，即口头解释说明的词。是对人物、画面、展品或旅游景观进行讲解、说明、介绍的一种应用性文体，采用口头或书面解释的形式，或介绍人物的经历、身份、所做出的贡献（成绩）、社会对他（她）的评价等，或就事物的性质、特征、形状、成因、关系、功用等进行说明。

（二）解说词的作用

解说词主要有以下两个作用：

一是发挥对视觉的补充作用，让观众在观看实物和形象的同时，从听觉上得到形象的描述和解释，从而受到感染和教育。

二是发挥对听觉的补充作用，即通过形象化的描述，使听众感知故事里的环境，犹如身临其境，从而达到情感上的共鸣。现代社会，各种政治、经济、文化活动空前繁荣，解说词有了更为广阔的用武之地，像新闻图片、产品展销、书画展览、文物展出、标本说明、影视解说、园林介绍、景点导游等都要运用到这一文体。

（三）解说词的特点

1. 语言通俗平易

解说词是配合实物或图画的文字说明，它既要便于讲解，又要便于观众一目了然。这就必须用较少的文字把实物介绍给观众，使观众在观看实物或图画时，借助于简明的文字介绍，对实物或图画获得更深刻的认识。

2. 紧扣实物和形象进行解说

实物和形象是解说词写作的依据，忠实于实物和形象是解说词写作的基本原则。围绕实物、形象这一中心点，安排结构，组织段落，决不能游离于具体的解说对象。解说词是按照实物陈列的顺序或画面推移的顺序编写的。陈列的各实物或各画面有相对的独立性，反应在解说词里，应该节段分明，每一件实物或一个画面有一节或一段文字说明。在书面形式上，或用标题标明，或用空行表示。

3. 注重文艺性

解说词不是空洞的说教，必须通过形象的语言对实物进行描绘，就像报告文学是报告事实和文艺创作一样，解说词是说明和描写的结合，具有文学表现手法的一些特点。

解说词的行文方式灵活多样，通常在第一行居中的位置写具体的解说题目或者写"解说词"字样，另起行逐段根据所要解说的不同内容逐一解说、描述。

（四）解说词的分类

解说词根据被解释的对象可分为文学性解说词和平实性解说词两种。

文学性解说词，是用于参观浏览的导游解说词，用于电影电视风光片的解说词，多用文学、散文手法，既抒情，又有解释说明，语言绚丽多彩，情感真挚浓郁。

平实性解说词，是用于生产成就的参观展览的解说词，科普影片、新闻纪念片的解说词，多采用平实性解说词，语言朴实真挚，注重语言的明了和介绍的真实。

（五）解说词的写作

解说词的行文方式是灵活多样的。它是解说客观事物的，而客观事物又是复杂的，只有仔细地观察、深刻地研究，才能把它如实地反映出来，介绍给读者。因此，要写好解说词就要做到以下几点：

（1）认真观察、研究。要认真研究被解说的事物，在物与物之间，有并列关系，有先后关系，有总分关系，有主次关系等。这些关系，有分有合，分则相对独立，合则相互联系，在一定的范围组成一个有机的统一体。只有准确把握它们之间的关系和特点，才能解说准确、贴切。

（2）解说形式多样。解说方法要灵活，语言要准确，可用平实的语言，也可用文学的语言；可用散文式的解说，也可用韵文形式的解说。

（3）认真采访、选题。注意文字与画面的关系，精选之后出现在画面上的信息、文字绝不能重复。

（4）表现得体。最新消息的开头、结尾、过渡常常是独白式的，对于人名、数据、结果等要素必须处理得体，文字精练，表达清楚，文图一致。

（5）讲求技巧。撰写电视新闻记录片的解说词，一定要有结构提纲，其中包括中心观点、主要论据及次要论据、组织结构方式等。要阐明画面含义，丰富画面内容，承上启下，交代思想，烘托气氛，文字要简练、深刻，富有文采。

(6) 注重创新。要挖掘新的角度，既要写得快，又要写得好，要避免那些陈词滥调。写出来的东西，要悦耳动听。

（六）写作解说词，需要注意

(1) 不要重复画面内容。解说不是画面的简单说明和解释，对画面充分展示的内容，没有必要做重复的解释，避免看图说话式的撰写解说，解说应该交代画面之外更多的信息。

(2) 不要追求形式完美。不要追求解说自身文字形式的完美，一些现场直播式的解说在语言上、逻辑上往往具有缺陷，这是它的特点所决定的。

(3) 减少描写。所有的解说尽量避免对画面形象的直接描写，尽可能少用描述性语言和过多的形容词汇。

三、项目演练

（一）例文赏析

例文❶

××彩印有限公司宣传片解说词

1. 片头

盛世昌隆，生生不息

动力——源于传承卓越

品质——在于历久弥新

隆生彩印，开创精彩生活，印制美好梦想！

2. 总述

常州，一座延续了 2500 年历史的绚丽古城，素以礼仪之邦而闻名全国，自改革开放以来，常州的彩印业不断创新发展，目前已成为中国最大的彩印设备研发、生产、批发基地。上世纪八十年代，常州隆生彩印有限公司以其独特的视角，以创建国际现代型印刷企业，打造印刷行业新世界为目标，走上艰辛的创业之路。二十多年来在中国印刷包装行业积累了丰富经验，在市场经济竞争愈involved愈激烈的形势下，勇于拼搏，茁壮成长。常州隆生彩印有限公司工业园占地面积 30 多亩，拥有现代化的办公环境、先进的生产设备以及一批高素质科研技术人员、高级管理人才。公司主要立足于各类软包装产品的开发、生产和印刷，经过全体员工多年的不懈努力，目前已确立了公司在国内印刷行业的领先地位。今天的隆生公司，已是中国包装技术中心会员单位、全国定点印制商标单位，2000 年被列为江苏省政府窗口企业。

3. 产品

"以质量求生存，以创新求发展"，隆生公司以此概念，为客户提供电脑设计，广告策划、印刷各类包装彩印袋、可吸果冻袋、果冻封盖膜、直立拉链袋、高温蒸煮袋、真空袋、医药包装、拉链袋、热缩膜、日化洗涤用品包装等。先进的技术、严格的管理、高品质的产品，使隆生公司在市场上树立了良好的口碑，赢得广大客户的认可和信赖，产品遍布全国及世界各地，与世界著名品牌"新奇士"，国内知名品牌"金丝猴"、"盼盼"、"汇源"、"雅客"、"蜡笔小新"等有着长期良好的合作关系。一直以来，隆生公司遵循"诚信，共好，合作，双赢"的发展理念，坚持"质量、信誉第一"的经营宗旨，致力于为客户提供一流的产品和服务，与客户共享资讯和资源，共创双赢，全力为客户创造更高的价值。

4. 设备

隆生公司一向注重产品的质量和生产设备的更新，率先在行业内引进具有国际先进水平的印刷设备及自动化生产配套设备，引领彩印市场新潮流。目前，公司拥有意大利和日本技术的全电脑十二色无轴装版和八色，七色高速凹版印刷设备，并于2003年斥巨资购置中国第一台意大利型高速防伪全电脑十三色纵横套色凹版印刷机等设备，为隆生彩印扩大市场份额，实现产品高品质，高需求奠定了坚实的基础。隆生公司对每一个生产环节，从原料采购到成品出库，均执行严格的品质控制，并建立了完善的实验室，配备先进的各类仪器设备，依据ISO9001:2000质量管理体系检测程序，对各类产品的物理性能和化学性能进行测试，对各生产部门所生产的成品，半成品进行抽样或全面检验，从而及时消除不合格产品，既确保产品质量符合客户的要求，又为公司的持续发展研究提供了大量有效的数据。

5. 企业管理

隆生公司自创立以来，秉承"科技创新产品，服务编织未来，诚信铸就品牌"的企业理念，将企业价值观与经营理念潜移默化的传递给员工，从而塑造出一支具有高度凝聚力和忠诚度的员工队伍。隆生公司意识到唯有在良好的人际交流，沟通的工作氛围中，员工才能全身心投入于工作，因此，公司努力为员工创造高质量的工作，学习和生活环境。如今，公司拥有大批技术精湛的资深技术人才与经验丰富的管理人才，为企业登上国际竞争舞台打下了坚实的基础。

6. 展望

"传承卓越，共创未来"，隆生公司将继续以客户需求为关注点，不断研究创新，把世界上最先进的包装技术和设计理念带给客户，为客户提供全新的防伪精美包装。为创建国际现代型印刷企业，实现实业兴邦，振兴民族工业而再创辉煌明天。

【评析】这篇解说词目的明确：塑造和宣传公司形象，扩大公司影响，从而招揽更多客户。因而，在写作时，比较全面地介绍了公司的各方面情况：公司的地区优势，发展历史和基本情况，经营范围，优势和企业管理理念。内容丰富而不烦乱，条理清楚，对公司的介绍比较详实。

(二) 项目实操：请根据以下材料拟写解说词

（1）陆松芳，一位卖煤饼的78岁老人，为四川地震灾区捐款1.1万元。这些钱，他要卖掉大约50万斤煤饼才能挣到。

（2）根据"项目描述"背景，拟写一份解说词。

四、课后互动平台

(一) 撰写实训报告

内容包括完成该实训项目的过程、存在的问题，以及你从此项实训任务中收获了什么。

(二) 网上学习

学习网站：http://www.docin.com/p-378841782.html。

项目四 海 报

一、项目描述

为繁荣学院的学术氛围，特邀校友黄明博士来我院作学术报告，请为此学术报告拟写一份海报。

二、必备知识

（一）概念

海报又名招贴、宣传画，属于户外广告，分布在街道、影剧院、展览会、商业闹市、车站、码头、公园、校园等公共场所，多用于电影、戏剧、比赛、文艺演出等活动。海报中通常要写清楚活动的性质、活动的主办单位、时间、地点等内容。海报的语言要求简明扼要，形式要做到新颖美观。

（二）海报的特点

1. 广告宣传性

海报希望社会各界的参与，它是广告的一种。有的海报加以美术的设计，以吸引更多的人加入到活动中。海报可以在媒体上刊登、播放，但大部分是张贴于人们易见到的地方，其广告性色彩及其浓厚。

2. 商业性

海报多是为某项活动制作的前期广告和宣传，其目的是让人们参与其中，演出类海报占海报中的大部分，而演出类广告又往往着眼于商业性目的。当然，学术报告类的海报一般是不具有商业性的。

（三）海报的分类

一般来讲，从内容分，海报有演出海报、讲演海报、比赛海报、展览海报等；从形式分，海报有文字海报和美术海报两种。

常见的海报有以下几种：

1. 电影海报

这是影剧院公布电影的名称、时间、地点及内容介绍的一种海报。这类海报有的还会配上简单的宣传画，将电影中的主要人物画面形象地绘出来，以扩大宣传的力度。

2. 文艺晚会、杂技、体育比赛等海报

这类海报同电影海报大同小异，它的内容是观众可以身临其境进行娱乐观赏的一种演出活动，这类海报一般有较强的参与性。海报的设计往往要新颖别致，引人入胜。

3. 学术报告类海报

这是一种为一些学术性活动而发布的海报，一般张贴在学校或相关的单位。学术报告类海报具有较强的针对性。

（四）海报的写作格式

海报一般由标题、正文和结尾三部分组成。

1. 标题

海报的标题写法较多，大体可以有以下形式：其一，单独由文种名构成，即在第一行中间写上"海报"字样；其二，直接由活动的内容作为题目，如"舞讯"、"影讯"、"球讯"等；其三，可以是一些描述性的文字，如"××再显风采"等。

2. 正文

海报的正文要求写清楚以下一些内容：活动的目的和意义；活动的主要项目、时间、地点等；参加的具体方法及一些必要的注意事项等。

正文在结构上，可以有一段式、项目排列式、附加标语式等多种形式。

一段式。内容简单的通常只用三言两语，一段成文。例如"×月×日下午×时，我校和××学院足球队在本校大操场进行友谊比赛，欢迎踊跃观赛"。

项目排列式。内容稍多的可分项目，分项排列成文。

附加标语式。有的海报在正文首或正文末加上排列整齐的标语，起画龙点睛作用。配上这类标语之后，起渲染吸引作用，但要遵守真实的原则，不能哗众取宠，招摇撞骗。

3. 结尾

结尾的内容有主办单位、海报制作时间等。正文已把有关内容写清楚了，可以不设结尾。有的结尾还加上一些吸引人的口号。如"售完即止！勿失良机"之类。写作任务中的海报，在格式上应该遵照上述的写法来完成。但是，也可根据所写内容灵活加以调整，以体现不同形式的海报宣传的个性特点。在结构上，即可以采用一段式，也可以采用项目排列式。

（五）拟写海报，要注意：

（1）海报一定要具体真实地写明活动的地点、时间及主要内容，文中可以用些鼓动性的词语，但不可夸大事实；

（2）海报文字要求简洁明了，篇幅要短小精悍；

（3）海报的版式可以做些艺术性的处理，以吸引观众。

三、项目演练

（一）例文赏析

例文❶

学术报告会海报

为丰富校园文化生活，特邀××大学教授、校友黄明博士来到我院作学术报告。

题目：知识经济时代的学习和工作

时间：6 月 20 日 15 时～17 时

地点：学院礼堂

欢迎全校师生踊跃参加！

学院学生会
二〇〇九年五月十九日

【评析】这则学术报告类海报采用了项目排列式结构，表述内容清楚，格式规范，言简意赅，信息全面，是一则较好的学术报告。

例文❷

现诚邀校友黄岩博士来我院做学术报告。

主讲：知识经济时代的学习和工作

时间：5月20日下午15时

地点：学院礼堂

入场办法：5月18日起在图书馆门口售票处售票，5元/张。

【评析】此则海报写得比较混乱，缺少应有的标题和落款等项目，内容表述有不当之处，比如"下午15时"的说法欠恰当。另外，此则海报的商业性目的太强，而校园内部的学术讲座往往是公益性的。

（二）项目实操

（1）请以学院学生会文艺部的名义拟写一则"校园歌手十强赛"的宣传海报。

（2）根据"项目描述"背景，拟写一则海报。

四、课后互动平台

（一）撰写实训报告

内容包括完成该实训项目的过程、存在的问题，以及你从此项实训任务中收获了什么。

（二）网上学习

学习网站：http://wenku.baidu.com/link? url＝fcj9jEqsFDSqpccA7TN6_LRTq
1i0tb2l7hjDyDNK_wuraeanVdFutd2c65nO9TUsglOSZd－JemfG12cywsF2X1PNjF6Gjem
WvQY_0JYwlRy.

项目五　启　事

一、项目描述

××学院要招聘一批教师，请为其拟写一份教师招聘启事。

二、必备知识

（一）概念

启事是指将自己的要求，向公众说明事实或希望协办的一种短文，属于应用写作研究的范畴。通常张贴在公共场所或者刊登在报纸、刊物上。机关、团体、企事业单位和个人都可以使用。

启事面向观众告知事宜，是通过让更多人知晓，希望得到回音、参与和帮助。但启事没有强制性和约束力，启事的受文者可以参加也可以不参加启事要求的事项。同时，启事通过张贴和媒体传播无形中提高了知名度，达到了类似于广告的宣传效果。

（二）特点

具有公开性、广泛性、实用性、随意性的特点。

（三）启事的分类

启事的分类方法不一，但大体可以分为三大类：一是征召类启事，包括招生、招聘、招标、招领、征稿、征婚、换房等内容的启事；二是声明类启事，包括遗失、作废、解聘、辨伪、迁徙、更名、更期、开业、停业、竞赛、讲事等内容启事；三是寻找类启事，包括寻人、寻物启事等。

（四）启事的写作格式

启事通常由标题、正文和落款三部分组成。

1. 标题

标题的拟写有多种方法：一是以文种作标题，如"启事"、"紧急启事"等；二是以事由作标题，如"招聘"、"招工"等；三是由启事单位和文种作标题，如"××公司启事"等；四是以事由和文种作标题，如"寻物启事"等；五是由启事单位、事由、文种共同构成标题，如"××商城开业启事"等。

2. 正文

正文是启事的主体，具体说明启事的内容，必须将有关事项一一交代清楚。

正文一般包括启事的原因、目的、具体事项、要求等方面的内容。如果内容较多，可分条例项，逐一交代明白。

正文部分是体现各种启事不同性质和特点的关键部分，应根据不同启事的不同内容和要求，分别处置，注意突出不同启事的相关事项，不可强求一律。

（1）招聘启事。一般应包括招聘单位的基本情况（招聘单位的性质、所在城市、地理位置、企业的基本情况等）、招聘对象（招聘的岗位等）、应聘条件（应聘者的性别、年龄、学历、专业、工作经历等）、招聘待遇（应聘者的工作待遇、优惠条件等）、招聘方法（招聘单位的名称、地址、联系人、电话、网址）等内容。

（2）寻物启事。应着重交代丢失物品的名称、特征、时间、地点以及失主姓名、住址或单位名称、地址，还要写上交还的办法和报酬方式等。

（3）开业启事。应写明开业单位的名称、概况、性质、地点、经营项目和开业时间、开业期间为消费者提供哪些优惠让利活动等内容。

（4）征文启事。侧重于交代清楚征文的目的、主题、范围、要求、起止的时间、评选的办法、设立的奖项和奖金标准及欢迎应征的礼貌用语等内容。

3. 落款

应写明启事单位的名称或个人的姓名和启事日期。有的启事还应写明单位的地址、时间、电话、电子邮箱、联系人等。凡以机关、团体、单位的名义发布的启事应加盖公章以示负责。

（五）启事与启示

报纸上的"启示"应该是"启事"。"启事"，是为了公开声明某事而登在报刊上或墙上的文字。这里的"启"是"说明"的意思，"事"就是指被说明的事情。而"启示"的"启"，则是"开导"的意思，"示"是把事物摆出来或指出来让人知道。"启示"是指启发指示，开导思考，使人有所领悟。可见"启事"和"启示"的含义截然不同，二者不能通用。无论是"征文启事"，还是"招聘启事"，都只能用"事"字，而不能用"示"字。"征文启事"写成"征文启示"是错误的。

三、项目演练

（一）例文赏析

富尔马纤姿娇瘦身美容中心开业启事

女士们、小姐们：

富尔马纤姿娇瘦身美容中心定于 3 月 8 日开业，你知道吗？富尔马纤姿娇瘦身美容中心在本市首家推出全电脑减肥、丰胸。风靡日本、欧洲的减肥、丰胸方法，给肥胖者带来难求的福音。此减肥、丰胸方法，不吃药、不打针，无任何副作用，并可局部减肥。

当日包卡有礼品赠送，并免费洗面、减肥、丰胸。

地址：××市××路××号

电话：58678388

富尔马纤姿娇瘦身美容中心

2009 年 3 月 5 日

【评析】

1. 写明开业的具体时间、具体地点、具体的联系方式等。

2. 开业的具体经营范围、服务项目、设备状况、环境气氛、发展前途等有关内容。

（二）项目实操

（1）请为学院第二十五届田径运动会拟写一份征集会徽的启事。

（2）根据"项目描述"背景，拟写一份教师招聘启事。

四、课后互动平台

（一）撰写实训报告

内容包括完成该实训项目的过程、存在的问题，以及你从此项实训任务中收获了什么。

（二）网上学习

学习网站：http://www.zgxrqsw.com/。

项目六　标语和口号

一、项目描述

学院要开展"第九届大学生辩论赛"活动，请为该活动拟写几幅标语和口号。

二、必备知识

（一）概念

标语和口号是社会发展过程中奏出的最强音，它的广泛传播对社会的发展进程能够产生不可忽视的影响。尽管现在大众传媒高度发达，标语和口号仍是激励民众热情、指导工作、凝聚民心、阐述方针政策不可或缺的工具。政治标语和口号的传播在所有标语和口号中所产生的作用又是最为突出的。

（二）特点

秘书人员经常要跟标语和口号打交道，表面看来标语写作是"小儿科"，但要拟制一条高质量的标语其难度不亚于写一篇文章。把握好标语和口号的特点是至关重要的。

（1）宣传的特点。标语和口号与政治活动、专项活动、庆典活动、办会办节等相伴相生，宣传的特点是标语和口号的主要特点。

（2）时代精神。标语和口号写作要紧跟形势、紧扣时代主题。标语和口号写作一定要把握时代脉搏，富于时代精神，紧跟时代步伐，高奏时代强音。

（3）法制宣传的特点。在法治意识不断加强的今天，作为一名文秘人员，要十分审慎地撰写标语和口号，不能出现与法治精神相违背的情况。

（4）人文精神的特点。优秀的标语和口号应该体现人文精神，融入人文关怀，展现人文品质。

（5）美学因素的特点。一条让人过目不忘的标语，肯定闪耀着美学光泽，往往具有新颖独特、简洁明了、朗朗上口、易诵易记的特点。好的标语总是含意隽永、言有尽而意无穷、气象万千、多姿多彩，或讲究修辞，或诗情画意。

（6）开放的特点。目前，国际交往日益增多，因而标语和口号应体现开放性，有世界视野、开放胸怀，特别是一些旅游城市的标语和口号，更要充分考虑语言、民族、种族和宗教的包容性，具有世界意识。

（三）拟写标语和口号，要注意以下几点

1. 要有明确的目标性

通过标语和口号要实现什么样的目的，是宣传大政方针，还是塑造企业形象等，这是首先要明确的问题。确定目的性是写好标语和口号成功的关键。

2. 准确表达自身的特点和优势

学校、企业、机关团体等是不同性质的单位，因而在标语和口号的拟写上应该总结和体现出自己的优势、特点所在。

3. 简短易记，朗朗上口

记住了标语和口号并迅速进行传播，也就体现出了宣传所要达到的目的和效果。

4. 简洁而不简单，回味悠长

好的标语和口号不仅要吸引人的眼球，还要打动人心，产生感情上的共鸣，让人回味良久。这要求创作者具有很强的语言功底，同时能够准确把握人们深层次的心理需求。

三、项目演练

（一）例文赏析

例文❶

践行社会主义荣辱观，树立校园文明新风尚

【评析】这则标语强调了以社会主义荣辱观为中心的校园新风尚的内容，表达铿锵有力，富有强烈的感染力。

例文❷

有好的员工，才有好的公司

【评析】这则口号在内容上强调了员工素质的重要性，对于员工不断提高自身业务素质有积极的促进作用。

（二）项目实操

（1）请你根据下列材料为动物园管理处拟写一条标语或口号，奉劝游客爱护动物。（要求：语言要简明、得体）。

据报道，某动物园里有些动物，因长期吞食游客扔给的包装食品及杂物，腹中长了结石。这严重影响了动物的健康，管理人员不得不给它们施行手术。

（2）根据"项目描述"背景，拟写几幅标语和口号。

四、课后互动平台

（一）撰写实训报告

内容包括完成该实训项目的过程、存在的问题，以及你从此项实训任务中收获了什么。

（二）网上学习

学习网站：http://www.chddh.com/yanjianggao/html/5463.html。

模块六 协约文书

项目一 合同

一、项目描述

阳光集团下属电子有限公司与沈阳市北方 IT 有限公司经协商决定，阳光集团下属子公司采购沈阳市北方 IT 有限公司部分产品，双方准备起草、签订一份产品销售合同。张华参与了整个谈判过程，并负责草拟与沈阳市北方 IT 有限公司合作的合同。作为一种常用商务文书，经济合同有何作用，有何特点，经济合同的拟写应符合哪些要求，这是张华首先要考虑的问题。请代张华拟写这份合同。

二、必备知识

（一）合同的基本概念

《中华人民共和国经济合同法》（以下简称《经济合同法》）第二条指出："经济合同是法人之间或个体工商户、农村承包户之间为实现一定的经济目的，明确相互的权利和义务关系而签订的协议。"

合同是由平等主体的法人、其他经济组织、个体工商户、农村承包经营户之间为了实现各自的目的，按照法律规定，在平等互利、协商一致的原则下，明确各自的权利和义务而共同订立并遵守的具有经济关系的协约。

（二）合同的特点

（1）政策性。撰写和签订合同，必须符合国家的路线、方针、政策和法规，任何单位和个人都不得采用合同进行违法活动，扰乱经济秩序，损害国家利益和社会公益。

（2）协商互利性。签订合同的基本原则是双方当事人在平等协商的基础上达成协议，要坚持平等互利，不可以一方强加于另一方，合同中的条款是双方协商一致的结果，任何一方单独提出异议，都不能成立。

（3）准确性。合同的语言不能含糊其辞，模棱两可，更不能产生歧义，而应该十分明确、精练、准确无误，不能拖沓繁杂。语言的表述要认真推敲，反复斟酌。

（4）强制性。当事人必须按照合同约定，正确地行使权利，履行义务，任何一方不得擅自变更和解除合同。合同的变更必须经合同双方协商同意，违背合同中规定的条款应该依法追究责任。

（三）合同的种类

根据《合同法》，以权利和义务关系的类型作为划分标准，合同可分为下述类型：买卖合同，供用电、水、气、热力合同，赠与合同，借款合同，租赁合同，融资租赁合同，承揽合同，建设工程合同，运输合同，技术合同，保管合同，仓储合同，委托合同，行纪合同，居间合同。

此外，常用的还有劳动合同。

（四）合同与同类文书的区别

在当事人协商的不同阶段，一般会产生三种文书，即意向书、协议书与合同。这三种文书具有某种相似性，同时也有很大差异。

1. 合同与意向书的区别

意向书是社会组织之间表达和记录某种意向的文书。意向书并不涉及双方具体的权利义务，所以并不完全具有合同上的法律效力。意向书成为合同，必须具备合法的要约与承诺方式。《合同法》第十四条规定："要约是希望和他人订立合同的意思表示，该意思表示应当符合下列规定：① 内容具体确定；② 表明经受要约人承诺，要约人即受该意思表示约束，即双方的权利与义务"。因此，如果意向书中约定了双方具体的权利和义务，双方或其中一方已经开始实际履行，则合同成立并发生法律效力。

2. 合同与协议的区别

合同是协议的一种类型，但合同也不完全等同于协议。协议书产生在合同之前，协商尚未完全成熟。协议书应用范围广，内容原则性强，内容笼统，而合同的内容细致明确。某些协议书通过公证部门公证之后才有强制的法律效力，而合同无需公证即具有法律效力。如果同一事务既签订了合同也签订了协议书，二者抵触时，以合同为准。

（五）合同的写作格式

1. 标题

一般的合同标题由合同性质及文种组成，例如"房屋租赁合同"、"购销合同"、"借款合同"、"订货合同"、"加工承揽合同"等。有的合同标题还写明合同当事人的名称，例如"某某市某某公司建筑安装工程承包合同"。还可在合同首页左上角标上合同编号。

2. 双方当事人名称

要写明签订合同的双方单位的名称和合同代表人的姓名，同时表明"甲方"、"乙方"，例如：海南经贸职业技术学院（甲方）、海南第三建筑公司（乙方）。

一般来说，以付款单位为甲方，以收款单位为乙方。有的还在订立合同的双方单位之前写明经济合同的性质，可以写成"供方"、"需方"，也可以写成"买方"、"卖方"。

确定甲、乙方的目的是为了行文更方便，将甲、乙分别代表订立合同的两个单位，中间可以省略不少文字。双方单位的名称应该写在标题之下。

3. 正文

正文由开头、主体、结尾三部分组成。

（1）开头。开头一般写双方订立合同的缘由和依据。一般格式是"为了什么目的，经双方协商，签订本合同，共同遵照执行"。简单的写法是"甲乙双方经协议，订立合同如下"。

（2）主体。主体写主要条款，包括标的、数量和质量、价款或酬金、履行的期限、地点和方式、违约责任及双方商定的其他条款。

① 标的，即当事人权利和义务共同指向的对象，也就是合同要达到的目的。合同的种类不同，其标的也不同。借款合同以资金为标的，建筑工程合同以工程项目为标的，购销

合同以货物为标的，工商企业和农业的各种经营合同以企业、经营项目或主要生产原料为标的。没有标的或者标的不明确，合同就难以成立，也无法履行。

② 数量和质量，即标的的数量和质量要求。合同的标的，无论是财产还是行为，都要表现为一定的数量和质量，它们决定着双方当事人权利和义务的标准。标的数量是某些条件的量化指标，计量单位和计量方法要明确，数字也要准确（对允许出现的误差和必然出现的误差要做出具体的规定）。标的的质量包括标的物的名称、种类、规格、型号和等级等事宜。工业产品的质量标准，尤其要有确定的说法，例如标准的级别（国家标准、部颁标准、地方标准、企业标准或双方商定的其他标准）和颁布时间、编号等。

③ 价款或酬金，即取得标的的一方当事人付给对方的实物或劳动代价，以标的物为标的的合同，其代价称为价款；以劳务为标的的合同，其代价称为酬金，它们都以货币数量表示，并以人民币计算和支付，其计算标准、结算方式，结算日期及程序必须在经济合同中明确规定。

④ 履行的期限、地点和方式。期限就是经济合同履行的时间范围，包括合同签订日期、有效期限和履行期限，它是判断合同是否兑现的标准。履行的地点和方式，即交送货和付款的地点和方式。例如交货地点定在甲方单位，还是乙方单位，或是某火车站、仓库等；是送货，还是自提；是分期付货、付款，还是一次性付货、付款；是交付现金，还是银行转账等，这些都要在合同中有明确的规定。

⑤ 违约责任，即不履行合同规定应负的责任。违约责任的规定一般由违约条件和违约处置两个部分构成。就是说，违规达到什么程度，应有什么样的处罚。例如有的违约条件规定为交货推迟一天罚款多少等。如果有不可抗力发生，影响合同的履行，可以免负责任。

⑥ 其他条款，即除了以上条款之外，当事人双方认为应该明确规定的一些条款。例如合同的份数、执存、生效时间、附件等，也应该在合同中写明。

（3）结尾。结尾写明本合同份数和保存情况，一般写作："本合同一式两份，××方、××方各执一份。"有担保单位和鉴证机关或公证机关的，还应为他们提供副本，一般写作："合同副本×份，送××××备案。"

4. 落款

正文中的落款，应注明订立合同双方的单位名称，代表人签字（由代理人签订的合同要写明代理人姓名），加盖公、私印章，有的还注明开户银行、账号、单位地址、电话等。

最后写上订立合同的年、月、日。

（六）注意事项

（1）内容必须合法。合同所涉及的内容必须符合国家的有关法律、法规和有关职能部门或行业的管理规定，这样，合同的内容才可能建立在合法的基础上。同时，合同的内容应是当事人意愿的共同体现。

（2）格式必须规范。撰写合同一定要按规定的文本格式和要求进行。合同的撰写要严肃认真，不得随意涂改。合同如有错误或遇到特殊情况需修改时，应将双方同意的意见作为附件附上。如在原件上修改，应加盖双方印章。

（3）条款必须完备。必须按《合同法》规定条款来撰写。

（4）语言必须准确。不允许出现含糊不清或模棱两可的句子或语言，以避免在合同的履行中出现不必要的争执和纠纷。合同中使用的概念，当事人应该有一致的理解，忌用模糊概念，以防歧义产生。合同的语义应该准确，应避免使用"希望"、"尽可能"、"争取"等模糊性用语，不说空话、套话。合同的数字应核对无误，金额应大写。同时还要注意正确使用标点符号，防止句号、逗号用错或点错而造成不必要的纷争或造成损失。

三、项目演练

（一）例文赏析

例文❶

铁矿石购销合同

甲方：××炼钢厂

乙方：×××矿务局××铁矿

甲乙双方本着平等、协商、互利的原则，签订本合同，共同遵照执行。

一、甲方向乙方购进铁矿石8000吨。规定矿石的含铁量在20％以上，单价为每吨105元人民币。

二、乙方保证质量，如期交货。规定在2010年上半年内交货4000吨，2010年下半年内交货4000吨。

三、乙方负责将铁矿石运到××炼钢厂，经该厂验收后，凭收货单结算货款。

四、甲方应在收货3天内将货款汇至中国工商银行×××支行×××矿务局××铁矿347×××××8023454号账户上。

五、双方如有特殊情况需要变更本合同，应提前10天通知对方，并经双方协商同意，才能修改。否则，所造成的一切损失由违约方负责赔偿，违约罚款为合同总金额的15％。

六、本合同一式四份，双方各执一份，双方的主管部门备存一份。合同经双方和鉴证单位签字盖章后生效。

本合同未尽事宜，双方另行协商解决。

甲方：××炼钢厂(公章)　　　　　　乙方：×××矿务局××铁矿(公章)

法人代表：×××(签字)　　　　　　法人代表：×××(签字)

鉴证：×××市工商行政管理局(公章)

2012年12月16日

【评析】这是一份文字式经济合同书，合同内容包括了标题、当事人信息、正文、落款四个部分，结构完整。标题由合同性质及文种组成，标明了合同的性质，明确是产品购销方面的合同；标题之下写明了订立合同的双方单位的全称，开门见山，直截明了。正文包括导语和主题两个部分。导语部分概括说明订立合同的目的和原则，同时起到了承启衔接主体的作用。主体部分详细陈述经双方协议确定下来的具体条款，将"标的、数量、质量、价款、履行的期限、付款方式、地点、违约责任"等全部列出。结语有"本合同未尽事宜，双方另行协商解决"。落款处有订立者盖章、签名、签约日期和鉴证机关等内容。此合同格式规范，篇幅不长，但条款基本完备。

例文❷

产品购销合同(协议)书

甲方：长白山旺盛电子有限公司

法人代表：宋×× 身份证号：

地址：长春×××区东风街××号

乙方：沈阳市北方 IT 有限公司

法人代表：李× 身份证号：

地址：沈阳市××区兰州路欧锦大厦 B 座××

甲乙双方本着平等互利、协商一致的原则，经商定，就甲方采购乙方产品签订本合同。

一、甲方购买乙方如下产品

产品名称	型号	单价	数量	小计	备注
合计金额					

二、汇款方式

甲方一次性将以上款项支付乙方。

开户银行：招商银行沈阳市华兴支行

户名：沈阳市北方 IT 有限公司

账号：681×××××××××××1912

三、发货方式

乙方收到甲方汇款单传真件后应于 15 天内将订购产品寄给甲方(以寄出邮戳时间为准)。

四、产品质量

以上产品若有侵权、涉黄等违反国家规定的情况，由乙方承担全部责任，与甲方无关。甲方自购买本合同产品 6 个月内，可享受免费升级。

五、服务方式

乙方一贯采取"先试用、无条件退货"的退货政策。若甲方在购买产品 3 个月内发现产品有设计缺陷，在产品存储介质完好无损、包装完整的情况下可以退货，退货一切费用由甲方负责；否则，乙方有权拒绝甲方退货。

六、违约责任

乙方若收到甲方汇款单传真件 15 天内不能如期发货，每逾期 1 天(24 小时)乙方需向甲方支付违约金 2000 元，超出 30 天需支付总货款 10%的违约金(以寄出邮戳时间为准)。若甲方伪造付款传真件，无条件以货款的 50%作为违约金交乙方。

七、本合同有效期为签约日期起 30 天内。

八、本合同一式两份，甲乙双方各执一份，签字或盖章后立即生效(传真件有效)。

本合同未尽事宜，由甲乙双方协商解决。

甲方：长白山旺盛电子有限公司（盖章）

代表人（签字）：宋××

签约日期：2012 年 12 月 3 日

乙方：沈阳市北方 IT 有限公司（盖章）

代表人（签字）：李×

签约日期：2012 年 12 月 3 日

【评析】这是一份结构完整、条款齐全、格式规范的产品购销合同，内容包括了标题、当事人信息、正文、落款四个部分。标题由合同性质及文种组成；正文部分由开头、主体、结尾三部分组成。主体部分阐述了合同的主要条款，例如标的、数量和质量、价款或酬金、履行的期限、地点和方式、违约责任等。特别值得一提的有两点：① 在当事人信息部分，除写明了甲乙双方的单位名称外，还写明了甲乙双方的法人代表、法人代表的身份证号、单位地址，显得合同更正式，甲乙双方当事人态度更认真；② 甲方所购买产品的名称、型号、数量、价格等信息以表格的形式列出，清楚明了。

例文❸

广告塔制作施工合同

甲方：北京中发实业集团　　　　　（以下简称为甲方）

乙方：北京时尚广告有限公司　　　（以下简称为乙方）

根据《中华人民共和国合同法》，为明确甲乙双方各自的权利及义务关系，结合广告产品的具体情况，经双方协商一致，签订如下条款，共同遵守。

一、工程名称和地点

1. 工程名称：广告塔一座。

2. 工程地点：北京海淀区××路。

二、工程内容

广告塔总高 18 米，广告牌面为 18 米×6 米。

三、承包方式和总价

包工包料。一座钢结构广告塔总价为××万元整。

四、工程期限

工程期限为 35 天，自 2013 年 5 月 25 日起至 2013 年 6 月 30 日止。

五、工程质量

1. 保质期为六年。

2. 保修期为一年（一年后的养护乙方只收取成本费）。

六、工程款支付及结算方式

甲乙双方签订合同后，甲方首付给乙方工程总造价的 50%，即××万元整，作为工程的启动资金。待基础完工后甲方再付给乙方工程总造价的 20%，即××万元整。乙方整体钢结构半成品运到现场，在不卸车的情况下，甲方根据乙方提供的材质单及材料样品对照验收,合格后付工程进度款(总造价的 20%),即××万元整。整体完工后甲方一日内对广告塔整体组织验收(如不验收,视为验收合格),无质量问题后,付剩余款项(总造价的10%),即××万元整。

七、双方责任

1. 甲方责任

(1) 甲方负责广告塔施工前期的审批工作,乙方在施工期间遇到有关部门的干涉时,甲方负责协调至乙方正常施工为止。

(2) 开工前甲方为乙方提供施工电源(电费由乙方支付),选好材料堆放场地及处理周边关系。

(以下略)

2. 乙方责任

(1) 乙方负责按质量完成合同所约定的工程项目内容,并按工程用料表施工。

(2) 乙方要认真做好施工的安全工作,施工中出现的人员伤亡事故由乙方负责。

(以下略)

八、违约责任

如有一方违约给对方造成损失,据实赔偿。

附则:

1. 合同未尽事宜,由双方协商解决,补充协议作为本合同附件共同遵守。

2.《材料说明书》《预算书》《施工图纸》《验收单》作为合同附件具有同等法律效力。

3. 合同履行过程中发生意见分歧,应及时协商解决。

4. 本合同一式两份,具有同等效力,甲乙双方各执一份。

5. 本合同自双方签字之日起生效。

甲方盖章(签字)   乙方盖章(签字)

代表人: 代表人:

   年 月日   年 月日

【评析】本施工合同条款齐全,内容完备,结构完整,典型规范,既符合《合同法》的要求,又符合合同的书写格式。

例文❹(病文分析)

房屋租赁合同书

甲方:×××(房屋所有人)

身份证号:(略)

地址:××××××

乙方:××(租住人)

身份证号:(略)

地址:××××××

根据《中华人民共和国合同法》,甲乙双方经平等协商,自愿签订本合同,共同遵守。

一、租赁合同期限

第一条　本合同为短期合同，生效日期为××××年6月1日，于××××年5月30日终止。

二、甲方应提供的房屋条件及设备

第二条　甲方将位于×××路自建的砖混结构平房一间(60平方米)租赁给乙方居住。

第三条　甲方负责的房屋内的水、电、暖等必备设施应齐全、完好。

第四条　由甲方负责提供室内卧具(床)一张，桌子一张，凳子四把。

第五条　由甲方负责房屋的维修，并定期进行检修。

三、乙方必须遵守的内容

第六条　未经甲方同意，乙方不得将房屋转租或转让给他人使用。

第七条　如需对房屋进行结构改动，需经甲乙双方协商。改动所需费用由乙方支付。

第八条　其他生活设备由乙方自行负责。

四、违约责任

第九条　双方必须严格遵守本合同各款规定，如出现违约情况，由违约方负责因违约造成的一切违约责任。

第十条　如甲方违反约定，乙方可以拒绝支付所有租赁费。

第十一条　如乙方违约，乙方必须恢复原状并多支付总租赁费100%的违约金。

五、其他约定

第十二条　如因不可控因素或其他客观因素导致合同无法履行，双方另行协商。

第十三条　合同期满，合同自动废除。

第十四条　本合同一式两份，甲乙双方各执一份。

甲方：×××(盖章)　　　　　　　乙方：××(盖章)

2013年5月30日

【评析】这是一篇文字式合同书。有四处错误：合同中缺少租款费用；合同内容条款序号繁复；没有"本合同未尽事宜，由甲乙双方协商解决"结语，给今后双方埋下纠纷隐患；落款处双方盖章无效，应为手写签字。

(二) 项目实操

根据"项目描述"背景，写一份合同。

实操提示：

要拟写出一篇合格的合同，就要了解合同的作用和特点，掌握合同在写作格式方面的具体要求，例如合同分为哪些种类，合同的基本结构，合同的正文一般包括几个部分，各部分着重阐述什么问题、起什么作用。此外合同作为明确合作双方相互的权利和义务关系而签订的协议，在语言、表达方式及其他方面有什么要求，应注意哪些问题，也是特别值得注意的。

四、课后互动平台

(一) 撰写实训报告

内容包括完成该实训项目的过程、存在的问题，以及你从此项实训任务中收获了什么。

（二）网上学习

（1）第一范文网：文秘基础知识、合同范文等。网址：http://www.diyifanwen.com。

（2）教育资源网：合同、意向书。网址：http://www.chinesejy.com/。

项目二 意 向 书

一、项目描述

假定海南智能科技有限公司和《海口晚报》广告部的负责人经过协商就刊登广告一事达成了初步意向，公司同意以广告部提出的价格刊登广告，请代王小明撰写一份意向书。

二、必备知识

（一）概念

意向书是双方或多方当事人之间就经济活动的某个问题，在正式签订条约、达成协议之前，通过初步协商，就各自的意愿达成一致认识，表示合作意向的书面文件，是双方进行实质性谈判的依据，是签订协议（或合同）的前奏。

（二）意向书的特点

1. 以协商一致为基础

意向书撰写之前必须以交易各方的协商为基础，如果协商未能取得一致意见，合作意愿没有得到充分表达，则无法签订意向书。

2. 条款内容适当灵活

意向书的条款内容比较灵活，在协商过程中，当事各方均可按各自的意图和目的提出意见。在正式签订协议或合同时，可对意向书的条款进行变更或补充。

3. 文字表达简略

意向书仅需表达各方合作意向，不涉及具体的交易细节，因此文字表达往往比较简略。

（三）意向书的种类

意向书通常有三种形式。

（1）单签式：只由出具意向书的一方签署，但文件一式两份，由合作的另一方在副本上签字盖章，交付对方。

（2）联签式：由当事人双方签署的意向书。

（3）换文式：以交换信件的形式表达合作的意向。

（四）意向书的写作格式

意向书的结构一般由标题、首部、正文、尾部四部分组成。

1. 标题

意向书的标题主要有四种类型：

（1）事由＋文种，例如《关于兴建××娱乐城的意向书》。

（2）项目名称＋文种，例如《承办中成药出口意向书》。

（3）合作单位＋项目名称＋文种，例如《海口市××公司、新加坡××公司合作经营塑料制品的意向书》。

（4）只写文种即可，例如《意向书》。

第（2）、（3）两种类型结构完整，清楚明了，故经常被使用。

2. 首部

写明当事各方的全称、法人代表、委托代表、联系方法等基本信息。

3. 正文

意向书的正文内容没有固定的写法，有的比较详细，有的则比较简略，有的甚至只写各方对某一事项合作的意愿，不写如何合作的具体问题。

一般情况下，正文的结构是：前言＋主体＋结尾。

（1）前言。先写合作各方的全称，以及各方接触的简要情况，例如商谈的时间、地点、原则精神和磋商后达成的意向性意见等，然后用"本着互惠互利、合作共赢的原则，现达成如下意向"或"双方达成意向如下"或"现将有关意向归纳如下"等过渡句引出下文。

（2）主体。主体主要是将根据不同的合作事项所达成的意向性意见分条款逐项写明。条款的顺序可参照合同或协议的条款排列。主体部分通常包括以下几个方面的内容：

① 合作企业或项目的名称；

② 合作企业或项目的拟定地址；

③ 合作企业或项目的规模和经营范围；

④ 各方投资金额及分成比例，利润分配和亏损分担；

⑤ 合作事项实施步骤；

⑥ 合作企业领导体制；

⑦ 原料、设备、技术、企业用地等各由何方提供；

⑧ 合作期限。

最后写明"未尽事宜，在签订正式合同或协议书时再予补充"一语，以便留有余地。

（3）结尾。结尾一般书写有关事项的说明，例如意向书份数、生效日期等。

4. 尾部

（1）署名。写明签订意向书各方的名称并加盖公章、代表人姓名并加盖私章。

（2）日期。意向书的日期是指签订意向书的时间，要写全年月日，写在全文的右下角。各方的信息一般采用左右对称的排列方式，以示平等。

（五）注意事项

（1）要坚持原则，意向书不要有违反政策法规的内容，也不要承诺属于上级部门和其他部门才能解决的问题。

（2）行事要慎重，撰写意向书时对关键性问题不宜贸然做出实质性承诺，以免被动。态度要端正，不要以为意向书没有约束力就可随意签订，损害自己的形象。

（3）坚持平等互利的原则。不分国家大小、单位大小和资本多少，都应一视同仁，平等对待；既不能迁就对方，也不能把自己的要求无原则地强加给对方。

三、项目演练

（一）例文赏析

例文❶

校际合作意向书

甲方名称：   乙方名称：

法定代表人：   法定代表人：

地址：   地址：

电话：   电话：

甲乙双方本着平等互利的原则，在友好协商的基础上，一致同意就下列事宜达成合作意向：

一、校际交流：建立校级领导定期互访的机制，加强两校之间的交流与合作。

二、教师交流：根据各自需求，每年分别选派少量的教师赴对方学校进行短期的参观交流。学校自行负担往返国际旅费，接待学校互免食宿费用。

三、学生交流：甲乙双方在读学生赴对方学校进行短期的学习交流。学生自行负担往返国际旅费，接待学校互免学生学费。

四、学术交流：甲乙双方相互交换图书、音像资料、学术信息，开展教学及学术领域的交流。

五、合作办学：共同开展各种方式的合作办学，合作的专业及具体方式另行具体商定。

本意向书所涉及的各项合作项目的落实，均须经过另行协商，以合同形式约定具体细节。

甲方：   乙方：

授权人签字：   授权人签字：

　　年　月　日   　　年　月　日

【评析】以上例文，就双方合作事宜达成五条意向，格式相对随意，行文简明扼要，不像合同那样具体复杂，体现了意向书的特点。

例文❷

地产项目合作意向书

为使××××××项目（以下简称本项目）在沈北高新技术产业开发区实现产业化，根据国家及地方有关法律、法规，双方本着平等、自愿、有偿的原则，达成如下意向。

当事人	××××××公司（以下简称甲方）
	法人住所地：××××××
	××××××集团（以下简称乙方）
	法人住所地：××××××

续表

一、土地问题	1. 土地位置。甲方同意本项目进入沈阳出口加工区实现产业化。初步确定项目建设地点位于×，占地约××亩。其中独自使用面积××亩，代征道路面积××亩，土地面积待土地建设管理部门实测后确认。
	2. 出让方式。甲方将国有土地使用权以有偿出让方式提供给乙方。
	3. 土地价格。为体现对本项目的支持，甲方初步确定以××万元人民币/亩的优惠价格，将项目所需该宗土地的使用权出让给乙方，出让金额为××万元人民币。该宗土地征用成本与出让值差额计××万元，由高新区参照项目单位纳税中高新区财政收益部分给予相同额度的扶持。
	4. 付款方式。沈北高新技术产业开发区规划土地建设管理部门与乙方签订正式土地使用权出让合同。乙方在该合同签订后 15 日内，一次性向甲方付清土地使用权出让金。甲方收到全部土地使用权出让金后，按国家有关规定，尽快办妥国有土地使用证等有关手续。
二、工程建设	1. 开工条件。(1) 按照乙方建设规划要求，甲方承诺于××××年×月×日前，保证本期用地具备上水、污水、雨水、热力、宽带网、共用天线、通电、通信、通路和场平(即"九通一平")的基本建设条件，确保乙方顺利进场；否则承担由此给乙方造成的经济损失。(2) 甲方积极协助乙方办理有关建设手续，乙方则负责按规定时间、额度缴纳有关费用。
	2. 工程进度。乙方必须在××××年×月××日前进场开工建设，并严格按照施工进度计划投入资金进行建设，保证建设进度。
	3. 竣工时间。乙方必须在××××年×月×日前竣工，延期竣工时应于原定竣工日期前 30 日以上时间内，向甲方提出延期说明，取得甲方认可。
三、违约责任	1. 如果乙方未按《土地使用权出让合同》约定及时支付土地出让金等其他应付款项，从滞纳之日起，每日按应缴纳费用的 0.5% 缴纳滞纳金。逾期 90 日而未全部付清的，甲方有权解除协议，并可请求违约赔偿。
	2. 乙方取得土地使用权后未按协议规定建设的，应缴纳已付土地出让金 5% 的违约金；连续两年不投资建设的，甲方有权按照国家有关规定收回土地使用权。
	3. 如果由于甲方原因使乙方延期占用土地使用权，甲方应赔偿乙方已付土地出让金 5% 的违约金。
	4. 为避免国有资产流失，保证甲方对本项目的补贴在一定时间内得到补偿。自本项目正式投产起 5 年内，乙方向高新区税务机关缴纳的各种税金(退税或创汇奖励)，低于乙方已报送给甲方的项目报告书中所承诺的相应税种(退税或创汇奖励)金额的 50% 时(优惠政策除外)，乙方应赔偿给甲方其税金差额。即乙方在项目报告书中承诺的某一种具体金额×50%＝乙方当年该税种实际缴纳金额。

续表

四、其他	本意向书一式×份，甲、乙双方各执×份备查，作为备忘录；未尽事宜，在签订正式合同时再予以补充。
甲方：（章） 法定代表人（委托代理人）： 邮政编码： 电话号码：	乙方：（章） 法定代表人（委托代理人）： 邮政编码： 电话号码：

【评析】这份意向书具有两个特点，一是写作形式实用而且新颖；二是内容齐全完备。这是一篇文字加表格式意向书，导语部分以文字的形式说明了因为什么目的和依据什么达成相互意向性意见，正文部分以表格的形式呈现，层次清楚，一目了然。正文首先写清了甲乙双方名称及地址，然后进入主体，主体内容共写了三个方面的合作意向，最后结语处以"本意向书一式×份，甲、乙双方各执×份备查，作为备忘录；未尽事宜，在签订正式合同时再予以补充"给未来签订正式合同留有余地和定下了基调，条款齐备，清楚明了。

例文❸【病文评析】

合 作 意 向 书

立意向书人：×××××××（以下简称甲方）

立意向书人：×××××××（以下简称乙方）

兹就乙方加入××××店事宜，达成以下合作意向：

一、甲方派专员为乙方进行实地评估和市场调查，乙方愿遵守甲方合作约定，并预付甲方人民币××××元作为考察费用。

二、乙方选择店址为：××××省（市、自治区）××××市（县）××××区（乡镇）××路（街）××号。

三、本意向书签订××日内，甲方负责为乙方进行市场调查和评估。甲乙双方根据评估确定店面最终成立与否，甲方负责××日内通知乙方。

四、签订本意向书后，乙方派3名培训干部（1名出纳，2名店长，培训费每人每月×××元人民币）到甲方所在地培训。

五、若乙方选址适合××××店开设，则乙方交纳的预付款转为劳务技术辅导费；若乙方选址不合适××××店开设，则甲方为乙方进行市场评估的考察费用不予退还。

六、本意向书为草约，超过意向期，本意向书自动失效。

七、加入××××店成立，则双方另签正式合同书，一切以合作合同书为准。

八、本意向书所指考察费用包括甲方为乙方进行市场评估的出差费和人员培训费用以及加入××××店意向金。

九、本意向书一式两份，甲乙双方各执一份。若发生诉讼，应以××××法院为受理法院。

【评析】这是一份文字式意向书。本意向书有三处错误：

（1）导语处没有写清合作双方的合作目的及合作依据，缺少合作意向基础。

（2）第九条不适合意向书的条款，而适合正式合同书的条款，应改为"因本意向书引起的或与本意向书有关的任何争议，均提请××仲裁委员会，并按该会现行的仲裁规则仲裁。裁决是终局的，对双方均有约束力"。

（3）这份意向书缺少一个重要的组成部分——落款。意向书一定要有落款，落款包括：① 署名，写明签订意向书各方的名称，并加盖公章，代表人姓名，并加盖私章；② 日期，意向书的日期是指签订意向书的时间，它位于全文的右下角。

（二）项目实操

根据"项目描述"背景，写一份商务意向书。

实操提示：

（1）内容简略。商务意向书的内容是各方原则性的意向，并非具体目标和实施方法，其条款无须象协议、合同那样具体。意向书内容简略，因此篇幅不应太长。

（2）语言平和。与合同相比，意向书的语言比较平和。意向书的内容不具有强制性，而是带有明显的协商性质，因此行文中多用平和商量的语气，一般不使用"必须"、"应"、"否则"等词语。

（3）忠实协商。意向书是以协商为基础的，因此内容必须忠实反映当事各方协商的过程。

（4）态度严肃。意向书是对合作意愿的表达，而意愿受到多种因素的影响往往会不够坚定，因此可能会出现随意签订意向书的行为。虽然违反意向书并不一定会造成严重后果，但是容易给自己的信誉造成消极影响。因此，签订意向书时必须本着严谨、认真、慎重的原则。

四、课后互动平台

（一）撰写实训报告
内容包括完成该实训项目的过程、存在的问题，以及你从此项实训任务中收获了什么。

（二）网上学习
教育资源网：合同、意向书。网址：http://www.chinesejy.com/。

模块七 调研文书

项目一 市场调查报告

一、项目描述

阳光集团下属某移动公司,为了扩大市场容量,更多的占有客户资源,培养忠诚用户,维护自身的形象,开展了校园手机租赁业务,在大学生消费者中深入地打响了移动品牌渗透与客户培养的新一轮的营销战役。然而此项业务在××学院开展得并不顺利,究竟是什么原因呢?为此,公司管理者决定对这一特殊的群体做分析研究,请分小组完成调查,并撰写调查报告。

请根据项目描述中的内容对某学院开展调查,提示如下:

(1)界定研究目的及研究主题。经慎重研究,确定下列研究目标:某学院具有哪些通信消费特征?目前所采取的营销策略是否适合这一目标群体?这一消费群体偏好哪些促销方式?

(2)设计一份调研方案,此方案决定采用资料分析法、问卷调查法及群组座谈会三种研究方法,分层随机抽样获取所需信息。最主要的调查工具是调查表,调查表是用于收集一手资料的最普通的工具,需要使用多种调查技术,认真仔细地设计、调试才可以大规模使用,他的设计是否周全关系到能否获取到所需信息。

(3)进行调查。

(4)撰写调查报告。

二、必备知识

(一)市场调查报告的概念

市场调查报告是市场调查人员以书面形式,反映市场调查内容及工作过程,并提供调查结论和建议的报告。市场调查报告是市场调查研究成果的集中体现,其撰写的好坏将直接影响整个市场调查研究工作的成果质量。一份好的市场调查报告,能给企业的市场经营活动提供有效的导向作用,能为企业的决策提供客观依据。

(二)市场调查报告的特点

1. 材料的真实性、详细性

市场调查报告的目的决定了市场调查报告的材料必须真实、详细,调查报告中的事实材料相当于军事行动中的情报信息,可想而知,如果情报信息是不准确或者粗线条的,那么军事行动的结果该是什么样子呢?因此,市场调查报告的材料要求真实详细。

2. 提出问题、分析问题的逻辑性

市场情况错综复杂，市场形势瞬息万变。用于调查报告的材料和数据繁多，因此在对问题分析和说明的时候，要求严密系统，有逻辑性，观点和材料是统一的。不是为了观点找材料，而是通过材料来提出观点。

3. 语言表述的朴素性、客观性

调查报告的事实和事例，有的具有很强的故事性和情节性，在表现的时候要求客观朴实，不能加以夸张和渲染，不可以带有个人的情感因素和倾向性，以免影响观点的正确性。

4. 写作时机的时效性

市场时刻在变化。市场调查报告只有及时、迅速和准确地发现和反映市场的新情况、新问题，才能让经营决策者及时掌握情况，不失时机地做出相应的决策，调整经营方向，提高企业的应变能力和竞争能力，确保产销对路，避免和减少风险。过时的调查报告是没有任何价值的。

（三）市场调查报告的种类

市场调查包括市场需求情况调查、产品情况调查、消费者情况调查、销售情况调查、市场竞争情况调查等。

（1）市场需求情况调查。调查某种产品、旅游、文化娱乐等市场的现实需求量和潜在需求量。

（2）产品情况调查。通过对消费者的广泛调查，反映消费者对某一种产品的质量、价格、包装、商标、使用状况与技术服务、售后服务等方面的评价、建议和要求；或产品在市场上的情况，如市场占有率、覆盖率及其走向等。

（3）消费者情况调查。通过对消费者的广泛调查，反映某一商品或某一类商品的消费者数量及地区分布状况，消费者性别、年龄、职业、民族、文化程度、个人收入、家庭平均收入水平，以及购买力大小、购买商品数量、消费者购买欲望和动机、购买习惯、影响消费者购买的决策因素等。

（4）销售情况调查。调查商品在市场上供求比例、销售能力和影响销售的因素；销售渠道；中间商的销售额；潜在销售量、利润、经营能力；消费者对经销商的印象、销售服务方式的满意度；商品储存和运输情况；广告媒体的宣传效果等。

（5）市场竞争情况调查。调查竞争对手的数量、人力、财力和经营管理水平；竞争对手产品的质量、品种、花色、式样及其特色；竞争对手所采取的价格策略、销售渠道策略、广告宣传策略；竞争对手产品的市场占有率、覆盖率；竞争对手的企业发展战略及目标等。

此外，还有市场环境调查、技术发展调查、产品生命周期调查等。

（四）写作格式

从严格意义上说，市场调查报告没有固定不变的格式。不同的市场调查报告写作，主要依据调查的目的、内容、结果以及主要用途来决定。但一般来说，各种市场调查报告在结构上都包括标题、导语、主体和结尾几部分。

1. 标题

市场调查报告的标题一般有如下四种方式：

（1）公文式标题。直接标明调查对象或调查事由、文种等。如《2013 年海口市居民汽车消费状况调查》。

(2) 结论式标题。表明观点，概括情况。如《市场定位准确是取得经营成功的关键》。

(3) 提问式标题。如《昔日的先进为什么变成了落后？》。

(4) 复合式标题。一般采用主、副标题。主标题揭示调查报告中心思想，副标题标明调查对象和事项，如《靠高质量低成本开拓市场——华丰集团公司调查》。

2. 导语

长篇的市场调查报告都需有引言。引言可长可短，一般不外乎下列三个内容，或兼而有之，或单写一项。

(1) 简要介绍所调查产品的情况，这又分为两类：一是介绍性能、用途。例如一篇关于合成纤维的市场调查报告，开头就介绍了合成纤维具有涤纶、锦纶、腈纶、维纶等品种，并介绍了它们的物理、化学性能及在纺织、装饰、建筑行业的用途。

二是介绍该产品行业(在我国)的兴起、发展情况。例如调查洗碗机市场就可先说说洗碗机制造业在我国的发展历史及世界地位等。

(2) 简要叙述一下所调查的国家或地域的经济情况。例如在一篇调查南非工艺品市场的文章中，就先写了这么一段话："南非是一个发展中的发达国家，它拥有较强的经济实力和较高的消费水平，对来自外部的商品的需求逐年增加……"

(3) 交代调查的目的、方法及组织等情况。例如"……为了解决这一问题，中国统计信息咨询服务中心率先组织有关专家进行了首次大规模抽样调查，并应用工业工程、系统工程和市场学的理论和技术进行了深入的分析和研究。"

3. 主体

主体是市场调查报告中的主要内容，是表现调查报告主题的重要部分。这一部分的写作直接决定调查报告的质量高低和作用大小。为了层次清楚，通常可以用小标题分成几个层次来写。也有的一气呵成，不用小标题。但不管用什么结构方式，都要做到观点和材料的统一，要选用最典型的材料说明观点，要恰当地运用事实说明观点，善于运用不同的材料，从对比中说明问题，阐述观点。

主体部分从逻辑上讲，一般包括基本情况、对情况进行分析两方面。基本情况包括对调查所获取的客观情况、数据资料、背景资料的介绍说明；分析是在调查所获取的客观情况基础上，对这些信息的深入分析和探讨，包括原因分析、利弊分析、预测分析等。

4. 结尾

结尾部分要总结全文，得出结论，以便深化主题，给人以明确认识。结尾通常有如下几种写法：

(1) 归纳全文，提出结论性意见或总结主要观点。

(2) 对市场的发展作出展望，提出处理问题的建议。

(3) 提出尚存在的问题，启发人们进一步去思索。

(4) 展现市场前景，鼓舞人们。

有的市场调查报告还有附录。附录的内容一般是有关调查的统计图表、有关材料出处、参考文献等。

总之，结尾要根据实际需要，简洁、有力，给人留下启示或较深刻的印象，不可矫揉造作、画蛇添足。如果该说明的观点在报告中已全部说清楚了，那么，可以不另写结尾。

（五）注意事项

1. 市场调查报告的写作要求

（1）调查报告力求客观真实、实事求是。调查报告必须符合客观实际，引用的材料、数据必须是真实可靠的。要反对弄虚作假，或迎合上级的意图，挑他们喜欢的材料撰写。总之，要用事实来说话。

（2）调查报告要做到调查资料和观点相统一。市场调查报告是以调查资料为依据的，即调查报告中所有观点、结论都有大量的调查资料为根据。在撰写过程中，要善于用资料说明观点，用观点概括资料，二者相互统一。切忌调查资料与观点相分离。

（3）调查报告要突出市场调查的目的。撰写市场调查报告，必须目的明确，有的放矢，任何市场调查都是为了解决某一问题，或者为了说明某一问题。市场调查报告必须围绕市场调查的上述目的来进行论述。

（4）调查报告的语言要简明、准确、易懂。调查报告是给人看的，无论是厂长、经理，还是其他一般的读者，他们大多不喜欢冗长、乏味、呆板的语言，也不精通调查的专业术语。因此，撰写调查报告的语言要力求简单、准确、通俗易懂。

2. 市场调查报告写作的注意事项

（1）对于所列数据要有文字描述和说明。描述例如"呈下滑（上升）态势"、"进入低谷"、"升为波峰"、"低速增长"、"持续失控"、"跨上新台阶"等；说明主要是背景、原因说明，例如："自 2005 年以来，日本国内水产罐头产量以 10％的年递减率连续下降，到 2012 年为××吨。下降的主要原因有两个：一是日本经济滑坡，日本产品在国际市场竞争力骤降；二是产品基地向海外转移，取代了部分国内生产。"

（2）由于市场的概念很宽泛，调查范围可大可小，时间可长可短，既有全面和局部，又有综合和专项的不同，因而据调查写出的报告就有很大差异。写作时，可遵循本书所介绍的大体格局写，也可视具体的调查目的和手头所掌握的材料增减一些内容，没必要拘泥一种固定写法束缚住自己的手脚。

三、项目演练

（一）例文赏析

例文❶

关于华南六神药业股份有限公司的调查报告

一、公司概况

华南六神药业股份有限公司始创于 1828 年，历经百余年的发展，现已成为我国中成药生产企业 50 强之一，曾荣获"中华老字号""全国先进集体""省医药行业质量效益型先进企业"和"中国五星级企业"等荣誉称号以及华南银信评估咨询有限公司颁发的 AAA 级信用等级证书。

六神药业拥有先进的厂房设备，管理规范，获得国家药监局颁发的 GMP 证书。主要产品有"六神"系列、保济丸、保济口服液、小儿七星茶、清热暗疮片、克感利咽口服液、痰咳净、藿胆丸等，其中六神清凉茶、保济丸、痰咳净等都被评为"中国中药名牌产品"。

六神药业一贯重视技术创新与技术进步，公司内各类专业技术人员约占员工总数的50％。公司承担的"二氧化碳超临界萃取仪技术在中草药中的应用研究与开发"项目获省科技进步二等奖、华南科技进步一等奖，公司首家建成全自动立体仓库，自行研制成功具有国内外先进水平的全自动保济丸包装机，生产效率为引进的日本包装机的四倍。

公司积极与科研单位及大专院校合作，运用中药现代化最新的"三超"技术研制保济片、克感利咽口服液等新产品。克感利咽口服液因在非典期间表现出对流感病毒和呼吸道常见致病菌的明显抑制作用，被列为"省抗 SARS 和流感的重点科研攻关项目"。公司还与斯德哥尔摩大学签署了（《克感利咽口服液抗病毒机理的研究》）专项科技合作项目，以科技输出的形式成为欧盟传统药品法生效后国内首家进入欧盟的企业。

二、公司规模

厂区占地面积为 86996 平方米，绿化面积为 39390 平方米，约占厂区面积的 45％；建筑面积为 47915 平方米，共有建筑物 38 栋，其中有现代化车间、新旧制剂大楼、立体仓库、中心检验室、丸剂车间、提炼车间等。

三、企业的用人之道

企业的用人之道是能者上弱者下、贤者上庸者下、智者上愚者下。公司实行竞争上岗、末位淘汰，力求每个职位由最合适的人担任、每个人都从事最合适的工作。

收益的增长得益于源源不断的品牌创新和产品创新，利润的增长则是通过生产率的提高实现，可见人才决定企业的命运。

四、员工评价

华南药业股份有限公司严格遵守《中华人民共和国劳动法》的有关规定，为全体员工购买医疗、人身安全等保险，能准时发放员工工资、福利费，节假日给予员工一定的休息。公司实行的竞争制度，在一定程度上提高了员工竞争的积极性，但在某些程度上也给予员工无形的压力。

公司福利虽然能按时发放，但是较其他企业少，并且对离休员工福利的落实欠佳。公司内部缺乏集体活动。公司经常出现加班加时现象，尤其是生产技术中心、营销中心。华南药业股份有限公司员工对该公司总体还算满意，但认为仍存在一些不足之处。

××公司总裁办

×年×月×日

【赏析】本文开头部分概括了华南六神药业股份有限公司的基本情况，即主要从公司概况、公司规模、以及企业的用人之道和员工评价的硬件、软件方面进行调查，调查中注重用具体的数据和事实说明情况，内容客观真实，可为上司提供决策上的参考。

例文❷

将减肥进行到底

——2012 年减肥产品市场调查报告

目前，越来越多的人开始步入瘦身大军，杂志中各种各样的减肥产品广告屡见不鲜。

面对繁荣的减肥市场，不少消费者感到困惑，人们不禁要问：究竟哪些产品才是真正适合自己的呢？生产厂家需要采取怎样的营销策略才能立于不败之地呢？

2012年5月，××有限公司就减肥产品的市场消费情况进行了一次调查。调查采用了多段等距抽样方式，入户访问了395名××市的普通消费者。

一、最希望减肥的人群

调查结果显示，在受访者中最希望减肥的是20～30岁的人群，占到了31.2％；其次是41～50岁的人群，占了26.8％；排在最后一位的是61～70岁的人群，仅为6.3％。在所有这些人中，平均期望体重为56.75 kg；减肥欲望人群为56.58 kg，其中女性中希望减肥的人明显多于男性。

从减肥者的身高来看，身高较低的有减肥欲望的人比例较高。另外，体重超额较多的人比较想减肥，其中减肥欲望人群平均期望减6.82 kg，总人群平均期望减5.13 kg。

从以上数据可以看出，一些年纪较小并且身高相对较矮小的女性是主要的减肥人群。

出于对美的追求，她们追求时尚，追赶潮流，她们成为了瘦身的追随者。

随着经济的迅速发展，人们的生活质量也在不断提高，人们对于吃的要求不再是仅仅满足于吃饱，而是要吃好。生活水准高了，自然对于吃的要求也高了，许多高脂肪、高热量的美食成了普通大众餐桌上的常客，因此许多人的体重也随之增长起来，既有碍于穿衣打扮，也不利于身体健康，于是就有很多人想到了减肥。

二、减肥动机源于保持优美的体型和良好的健康

调查数据显示，有46.0％的受访者希望减肥的原因是出于保持优美的体型考虑；其次有42.0％的受访者是出于有利身体健康的原因而想要减肥的；有6.0％的受访者想让自己能穿得下过去的衣服；希望自己活动起来更加灵活的有4.0％；出于其他原因的只有2.0％的受访者。

近年来，人们的健康意识不断提高，他们对于自身的保健也开始越来越重视起来，人们的审美观念也随之改变。已有越来越多的人加入到减肥的行列，为了能拥有健康的身体和良好的体型。现代医学研究发现，人的身体肥胖不但只是外观上的不美观，更会引起许多的疾病，如冠心病、脂肪肝等，而女性则会引起内分泌紊乱等疾病。越来越多的证据表明，超额的体重只会给人带来无尽的烦恼。如今已有越来越多的人意识到了这点，这无疑也是减肥者减肥的一大动机。

三、减肥产品中减肥茶最受欢迎

调查数据显示，减肥茶是目前减肥产品消费人群最普遍选用的减肥产品，约有82.4％的消费者选用了减肥茶。减肥食品的选用率为22.3％，减肥药品的选用率为17.1％，而选用了其他减肥产品的消费者共有36.9％。

减肥茶是一种各年龄段、各种体型、各种职业和各种背景的人都比较偏爱的减肥产品。减肥茶以其服用方便和副作用小、价格适中等因素受到了广大减肥者的喜爱，这也是其使用频率较高的主要原因。

减肥食品的选用与消费者的经济情况直接相关，减肥食品在口味上较之减肥药丸等形式更容易被消费者所接受，因此它成了继减肥茶后用得较多的另一种减肥品。

四、减肥产品的效果是选择产品的关键

调查数据显示，产品效果以83.5％的中选率居于消费者考虑因素首席；产品价格其

次，为 55.0%；使用方便性为 47.1%；副作用大小为 40.0%；品牌知名度为 13.8%；品牌信任感为 13.2%。

消费者在选择减肥产品时，考虑最多的是产品的效果，许多消费者认为减肥产品最终还是要看减肥后的效果如何。效果的好坏才是最最重要的考虑因素。事实上，这种考虑明显显示出消费者对于减肥产品的效果要求。

五、减肥产品的效果评价是缺憾

调查数据显示，有 44.0% 的正在减肥的消费者认为目前的减肥产品的效果一般；22.0% 的人认为比较明显；20.0% 的人认为没有什么效果；11.0% 的人认为效果不明显；只有 3.0% 的人认为效果很明显。

减肥产品消费人群对目前使用的减肥产品的效果总体来说比较不满，如果按照 5 分制来衡量的话，目前消费者正在使用的减肥产品的平均得分只有 2.78 分。选择减肥产品的人，多数对于减肥产品存在一种预期的目标，许多消费者对于各种减肥产品的减肥要求较高，而事实上许多减肥产品并没有达到他们预期的效果，当服用减肥产品后没有达到预期目标时，人们便会认为问题是出在减肥产品的功效上。因此，消费者对于目前市场上减肥产品的信任度相对较低。

六、无效退款和免费试用的促销方式更受青睐

为了了解消费者对于各种减肥产品的促销方式的接受程度，本次研究中请消费者使用 5 分制来对各种促销手段打分，最高分为 5 分。调查数据显示，对消费者而言，最有吸引力的促销手法为无效退款 3.95 分、免费试用 3.88 分、大型免费咨询活动 3.70 分和赠品 3.56 分。而打折 2.96 分和抽奖 2.56 分则被消费者认为是没有吸引力的。

在几种吸引力比较强的促销手法中，无效退款是最受消费者欢迎的。减肥产品是一种非独立作用的产品，其效果与使用者个人身体特质、使用方法、使用连续性、辅助手段都有很大的关系，所以在有效和无效的判定当中确定一个标准是十分困难的，使用这种促销手法会极大地消耗企业的人力、物力和财力资源。因此，消费者对于无效退款的接受程度比较高。

由于目前市场上许多商家在打折时采用先加价后打折的方法，在实际上形成明降暗升或明降暗不降的局面，使得消费者对打折这种促销手法已经失去了信任。因此，消费者对于打折的接受程度比较其他几项促销手法稍低些。

七、购买场所以药店为主

调查数据显示，有 85.0% 的消费者在药店购买减肥产品，超市紧随其后，其次为百货公司、食品店、杂货店及其他场所。

药店是购买药品的一个正规场所，很多人买药都会选择去药店。在消费者的心目中，药店有很高的信赖度，是值得信任的购买场所。出于对药店的信任，因此，多数的人在买减肥产品时也会选择去药店购买，他们认为在药店购买会更安全、更放心。

选择在超市购买减肥产品，这主要是因为超市比其他地方在价格上稍占优势。另外，在选购时较方便，可以自由选择。所以，超市也是人们所接受的一个购买减肥产品的场所。

八、对减肥产品厂家的建议

随着肥胖人群的增加，加入到减肥行列的人也越来越多，减肥产品一时间成了市场上的新亮点。由于其市场容量非常庞大，市场上各品牌之间也是明争暗斗，互不相让。生产厂家应当采取以下经营策略：

（一）牢牢抓住中青年市场。随着人们生活水平的提高，健康产业作为一个新兴产业正在初露端倪，人们的健康意识得到增强，对美的追求也表现得越来越强烈。减肥，已经不再是少男少女的专利，许多青年人出于对身体健康的关心和对美的追求也加入到减肥者的行列中来。他们是减肥产品市场的新的顾客群体，他们具有比较理性的消费心理和比较充分的实际消费能力。同时，越来越多的中年人也开始加入减肥大军，这类人群通常不采用激进的减肥方式，而愿意采用比较温和的方法如减肥茶或适当增加体育锻炼机会，而且他们对减肥的目标一般比较低，没有特别的界限，对减肥效果多以自我感觉来进行评估。中老年人特别是中年妇女，是减肥产品生产企业在未来一段时间内，销售额增长的重要来源。这些顾客，有很大一部分患有高血压或者糖尿病；对她们来说，如果能够在减肥以外再增加降压或者降糖的功能，满足她们特别的需求，会给产品增添旺盛的生命力。

（二）将减肥茶作为主打产品。一段时间内减肥茶仍占据主要市场，其优点在于单价不贵，使用方便，比较贴近日常生活，而缺点是需要长期连续的使用才能产生明显的效果。对减肥茶这样的产品，顾客可能是长期的用户，有不少减肥茶使用者已经形成了消费习惯，即使在体重上已经并不是很必要减肥，仍然会坚持饮用减肥茶。在产品形态结构方面，减肥药品属于药类，相对不会对减肥茶形成巨大的威胁。因此，在一段时间内，减肥茶仍将占据市场的主要地位。

（三）正确细分减肥市场，满足不同细分市场的要求。目前减肥产品市场处于成长期，正面临着新顾客源开发和市场细分化的挑战，如果减肥产品生产企业能够顺利地跨过这一门槛，减肥产品市场将进入一个快速拓展的新天地。

随着市场的发展、顾客源的拓宽，减肥产品消费人群的性别、年龄等个人素质指标将越来越多元化，各种性别、年龄、职业、收入、文化程度的人可能有着不同的减肥态度，有着不同的减肥目标和需求。如何为不同的减肥者提供不同的减肥产品，在各个不同的细分市场进行营销和竞争是未来减肥产品市场的趋势。生产企业必须不断了解用户的需求，开发出针对特定细分市场的产品，才能在竞争中获得一席之地。

（四）将药店和连锁店作为销售主渠道。从调查结果来看，消费者比较倾向于在药店购买减肥产品，大多是出于对药店的信任感。虽然医药零售行业就目前情况看来正在经历一个结构性调整的阶段，但是在一段时间内，这种消费倾向不会改变。就减肥产品的销售渠道而言，目前的结构是相对比较合理的。但是随着上海居住小区化的不断发展，连锁商业的比重正在不断增大，做好在连锁药店和超市的铺货工作对于销售渠道的畅通有着决定性的意义。

（五）宣传时应增加来自医生的观点。根据调查结果，消费者似乎更愿意将减肥看作是一个医疗活动，消费者相对而言相信医生的要比相信生产厂家宣传的成分要多。而且，减肥产品是一种在很大程度上以消费者之间口口相传为购买主要驱动力的产品。所以，广告、宣传、策划等工作总体上建议考虑采用人情味更浓的方案，以教育消费者、引导消费者、鼓励消费者、服务消费者等为突破方向，尽可能地淡化商业气氛，强调服务气氛，以笼络消费者的感情，培养消费者的品牌忠诚度。

××公司市场调研部

2012 年 6 月 9 日

【赏析】这是一篇关于减肥产品市场消费状况的市场调查报告。该文标题采用正副标题形式，正标题仿照一部电视剧的标题拟定，显得醒目而活泼，副标题采用常规标题形式，清晰准确地揭示全文主要内容。该文从多个方面深入阐述了调查的结论和观点，使用了较为详实的数据，并且对数据所反映的问题进行了适当剖析，同时还对厂家提出了建议，使文章具有较强的参考价值。

（二）项目实操

请根据项目描述中的内容对某学院开展调查，提示如下：

（1）界定研究目的及研究主题。经慎重研究，确定下列研究目标：某学院具有哪些通信消费特征？目前所采取的营销策略是否适合这一目标群体？这一消费群体偏好哪些促销方式？

（2）设计一份调研方案，此方案决定采用资料分析法、问卷调查法及群组座谈会三种研究方法，分层随机抽样获取所需信息。最主要的调查工具是调查表，调查表是用于收集一手资料的最普通的工具，需要使用多种调查技术，认真仔细地设计，调试才可以大规模使用，它的设计是否周全关系到能否获取到所需信息。

（3）进行调查。

（4）撰写调查报告。

四、课后互动平台

（一）撰写实训报告

内容包括完成该实训项目的过程、存在的问题，以及你从此项实训任务中收获了什么。

（二）网上学习

1. 湖南社会调查网：www.hndcs.com。

2. 中国社会调查网：www.gqdc.org。

3. 中国调查—文化—新浪网：http://cul.sina.com.cn/survey/index.shtml。

项目二 招标书和投标书

招 标 书

一、项目描述

阳光集团新建工程——大学城校际一号路延长线的路面施工，经高校区管委会批准，决定邀请大型水泥生产厂和专业施工队伍进行投标，择优选定施工队伍。张华作为集团公司行政部助理参与了此次招标工作的组织与服务工作，并成为工程招标书起草小组成员。请代张华拟写一份招标书。

二、必备知识

（一）招标书的基本概念

招标书是招标人在兴建工程、合作经营某项业务、进行大宗商品交易、确定科研项目承担人时，以建设单位、商品购买人或定作人、项目出资人为招标人，或由他们委托专门的招标代理机构，公布标准和条件，公开招人承包或者承办，然后依照有关规定从中选择价格和条件最优者为中标人的活动中形成的书面文件。

（二）特点

（1）公开性。招标书是一种告示性文书，它像广告一样，借助大众传播手段进行公开，从而利用和吸收全国各地乃至各国的优势于一家，以达到提高经济效益的目的。

（2）竞争性。招标书充分利用了竞争机制，它以竞标的方式吸引投标者加入，通过激烈的竞争实现优胜劣汰，从而实现业主优选的目的。

（3）时间性。招标书要求在短时间内获得结果，因此具有时间的紧迫性。

（三）种类

（1）按时间划分，有长期招标书和短期招标书。

（2）按内容划分，有企业承包招标书、工程招标书、大宗商品招标书。

（3）按招标的范围划分，有国际招标书和国内招标书等。

（四）结构与写法

招标书一般由标题、正文、结尾三部分组成。

1. 标题

招标书的标题应是"招标单位全称＋招标项目＋文种"的三段式标题，如《××企业修建项目实验楼的招标通告》。规范化的招标书，还应有招标编号等内容，以便归档和查对。

如：海南省农产品进出口总公司招标通告

编号：CNTIC—J2014055

此外，招标书的标题还可写成以下四种形式：

一是由招标单位名称、招标性质及内容、招标形式、文种四元素构成，如《海口市公安局金盾工程设备项目公开招标采购公告》；

二是由招标性质及内容、招标形式、文种三元素构成，如《海口市环境保护监测站招标公告》；

三是只写文种名称，即"招标书"；

四是广告性标题，例如"谁来承包×××学生食堂"。

2. 正文

招标书的正文一般由引言、主体两部分组成。

（1）引言部分。引言部分要求写清楚招标单位的招标依据、招标原因及招标项目的名称等。

（2）主体部分。主体部分要详实地交代招标方式（公开招标、内部招标、邀请招标）、招标范围、招标程序、招标内容的具体要求，同时还要说明双方签订合同的原则、招标过程中的权力和义务、组织领导、其他注意事项等内容。

主体部分可分为前言、招标项目与招标步骤三部分：

① 前言：应写明招标原因和依据、招标项目的资金来源、招标范围等。

② 招标项目：一般包括标的名称、型号、数量、规格、价格、质量、工期等，反映项目内容应该全面、准确。

③ 招标步骤：对招标工作做出具体安排，主要应写明招标文件的发售日期、地点和发

售方法，以及投标截止时间和投标地点、开标时间和开标地点。

3. 结尾

结尾要写明招标单位的地址、电话、传真、邮政编码及联系人，以便投标者参与。

（五）招标文书写作的注意事项

（1）招标书的写作要求周密严谨，不违反国家禁止性、限制性的规定。

招标书不但是一种"广告"，而且也是有一定的法律效应的文件。如果违反这些规定，将会产生招标文件和招标活动无效的法律后果。因此在从事这一文体写作时，内容要求具备较强的逻辑性；有条有理，有依有据；条款的罗列要明确具体；措辞要严谨周密；标点符号要准确。

（2）招标书的内容一般比较丰富，但在写作时，切忌长篇大论。只需把所要讲的内容扼要进行介绍、突出重点即可。

（3）必须熟悉招标程序。只有清楚地了解招标的全过程，才能写好招标文件。

三、项目演练

（一）例文赏析

例文❶

海南经贸职业技术学院学生食堂招标书

为深化后勤管理改革，引入竞争机制，切实提高服务质量，更好地满足学生生活需求，经学校研究决定，我校食堂继续实行社会化服务、企业化管理，通过面向社会公开招标确定食堂经营者。

一、食堂基本情况

学生食堂坐落于桂林洋高校区经贸学院学生生活区内，占地 12.62 亩，三层钢筋框架结构，建筑总面积 7361.39 平方米，2006 年竣工。其中食堂一楼建筑面积 2450.24 平方米；二楼建筑面积 2486.86 平方米；三楼建筑面积 2383.21 平方米。目前，学院已为厨房设备投资 1949672.25 元，其中：学生食堂一楼厨房设备 17444673.69 元，学生食堂二楼厨房设备 204998.56 元；餐桌位：2024 位，可满足学院 8000 多名学生用餐的需求。现决定对外公开招标确定食堂经营人。

二、招标项目

（一）学生食堂划分三个标段进行招投标，即：学生食堂一楼为第Ⅰ标段；学生食堂二楼为第Ⅱ标段；学生食堂三楼为第Ⅲ标段。每家企业或个人只限投一个标段，多投无效。

（二）项目经营期限

中标经营期：第Ⅰ标段为叁年，第Ⅱ、Ⅲ标段为五年。

（三）标段经营范围

（1）第Ⅰ标段经营范围只限大众菜系。

（2）第Ⅱ标段经营范围，设若干档口，只限经营各地方特色菜系。

（3）第Ⅲ标段经营范围只限西餐或其他(休闲音乐茶吧)。

（4）学生食堂一楼超市和二楼(楼梯间)饮料店，不列入本次招投标项目。

（四）学生食堂厨房配套设备基本情况

1. 第Ⅰ标段

(1) 校方提供厨房配套设备，合计约 174.47 万元；(2) 场地 2450.24 平方米(无须改造)；(3)"三通"即：通水、通电、通燃气；设施较齐全，具备即时供餐条件。

2. 第Ⅱ标段

(1) 校方提供厨房配套设备，合计约 20.50 万元；(2) 场地 2486.86 平方米(需改造成特色菜窗口)；(3)"三通"即：通水、通电、通燃气。部分厨房设施安装已到位，但厨房设备须按市卫生监督部门要求，追加部分厨房设备，以满足餐饮卫生要求。

3. 第Ⅲ标段

(1) 场地 2486.86 平方米；(2)"三通"到位，即通水、通电、通燃气；(3) 餐具和其他经营设备及装修由中标人自行负责。

三、信息公告、开标、中标时间与地点

(一) 公告时间和地点

(1) 公告时间：2010 年 01 月 25 日至 2010 年 01 月 31 日上午 12：00 时止(投标截止时间)。

(2) 地点：海南经贸职业技术学院(校园网最新公告栏)。

(二) 开标时间与地点

(1) 开标时间：2010 年 02 月 01 日上午 09：00 时。

(2) 开标地点：桂林洋高校区海南经贸职业技术学院行政楼第三会议室。

(三) 中标通知

本项目评标经海南经贸职业技术学院学生食堂招标投标领导小组评审，确定中标人，并在叁天内向中标人发出中标通知书。中标人应当自中标通知书发出之日起，七个工作日内与招标人订立书面合同。同时交纳风险保证金，逾期视为弃标。

四、投标人须知

(一) 投标人资格条件

(1) 身体健康，年龄在 20 周岁至 55 周岁(女性不超过 50 周岁)；

(2) 诚实守信、品行端正，无违法犯罪记录；

(3) 近两年从事学校食堂经营或近四年从事餐饮经营；

(4) 经营管理优势明显，实力强，有承担民事法律责任的能力。

(二) 制定食堂经营方案，方案内容主要包括以下几点：

(1) 人员配备比例、工资和福利；

(2) 规章制度、经营方案和措施(含应急措施)；

(3) 经营方略；

(4) 经营方式及品种(菜系)；

(5) 经营内容(包括原材料的采购、卫生保障、饭菜价位的定制等方面)。

(三) 保证金

(1) 第Ⅰ标段中标方在签订合同时应缴纳厨房设备保全金 50 万元，意外事故保证金 20 万元。

(2) 第Ⅱ标段厨房设备 20.50 万元由校方提供，厨房设备不足部分由中标方自主负责；制定设计改造特色窗口(档口)方案和编制改造项目预算并申报校方、市卫生监督部门同意

(签字)后，方可施工，施工费用由中标方自筹。同时，中标方在签订合同时应缴纳厨房设备保全金 5 万元，意外事故保证金 5 万元。

（3）第Ⅲ标段中标方在签订合同时应缴纳意外事故保证金 2 万元。

（四）食堂设施设备使用费及管理费

第Ⅰ标段：标底为 25 万元/年；第Ⅱ标段：标底为 15 万元/年，第Ⅲ标段：标底为 5 万元/年。缴费时间：分两期支付，即每年春(秋) 季开学前 10 个工作日内缴清当期设备费和管理费。

五、中标人的要求

（1）第一标段中标人必须承诺在 2010 年 2 月 28 日前完成开业准备工作，保证在 2010 年 3 月 1 日正式开业。

（2）第二、三标段中标人要尽快进场改造特色窗口、场所装修和设备购置、安装等相关的准备工作，经校方、市卫生监督部门验收合格后，方可营业。

（3）中标方必须服从学校管理，恪守经营项目，不得将食堂私自转让或委托他人经营，更不能利用校有资产搞不法经营。一经发现，招标方有权取消其承包资格，并给予经济处罚或追究法律责任。

（4）餐厅、操作间、室外楼梯均属于中标方管理范围。中标方保证承包区域内环境卫生、场所整洁、人员福利和生产安全。从业人员要遵守餐饮法规以及校纪、校规，要有良好的服务态度并监督实施，不能与师生发生争吵或冲突，如发现违规者，学校有权视情节提出处理意见。

（5）学校统一办理学生食堂卫生许可证，中标方自行发放所属工作人员的工资、福利、劳保用品、奖金等待遇，并负责对工作人员进行安全卫生教育，如发生意外伤残、伤亡事故，中标方承担全部责任，学校不承担任何相关责任。

（6）整个食堂的卫生防疫、就餐环境必须达到市卫生监督部门制定的合格标准。其行业规范、经营范围、饭菜价格、服务质量等方面，必须服从校方有效监督和定时检查。

（7）保证一日三餐正点、足量(每份学生饭菜数量)、优质(质量保证体系)、做到品种多样(列出菜肴品种)、饭菜价格优惠，能适应不同经济状况和口味的师生就餐。不准出售变质、变味以及剩饭菜，学校后勤处膳食科将定期或不定期在师生中调查饭菜质量、数量、价格以及服务情况并将有关信息通知中标方，中标方应虚心听取意见，采取措施及时解决不良现象。

（8）学校牵头由校方、中标方代表和学生代表组织成立膳食管理委员会，其主要职责是对食堂的经营状况、成本、利润、服务质量、饭菜价格进行有效监督检查，确保饭菜质量符合卫生要求，价格合理(不超过省内海府地区高职院校学生食堂同类产品终端价格，否则校方有权责成中标人下调菜价，中标方一年内有三次拒不履行其义务的，视为违约，校方有权收回其经营权)。

（9）学生食堂水、电、煤气收费标准依照海口市水、电、燃气部门核定的收费项目及标准执行，其费用由中标方负责。

（10）校方提供的厨房及餐厅设备，在每学年末对食堂中标方使用设备情况进行清点造册，食堂固定资产每学年清点一次。中标方须积极配合此项工作。

（11）中标方在承包期间不得变更房产结构，不得变换基本设施，若因经营服务需要，需要对经营场所进行装修的，必须以书面形式向校方报告，经校方同意后，方可实施，并负责所有的装修费用。

（12）中标方必须保护好食堂所有财产，对学校提供的厨具设备、设施应及时进行保养和维修，延长其使用年限。保养和维修的费用由中标方负责。承包经营期满后，保证房屋、设备、设施、墙面、地面的完好，若有损坏必须承担由此产生的相关费用。

（13）中标方在招聘从业人员时，必须优先接收在学生食堂从业的桂林洋农场职工，保证校方在回购学生食堂时与桂林洋农场签定的协议的执行。

六、投标书编制要求

1. 投标书的组成

按照以下顺序编制投标书，如属个人投标，尽可能多提供与之相关的材料

P1、企业概况

P2、法人代表或法人代表授权书

P3、餐饮企业营业执照复印件

P4、卫生许可证以及企业代码复印件

P5、阐述投标食堂经营方案

P6、经营优势和近两年的餐饮经营业绩及经营保证条件的说明

P7、经营风险承担、安全服务承诺书

P8、管理骨干人员一览表以及资质证明材料

2. 投标书要求

（1）投标书要求 A4 纸编制。投标书应打印，不得有加行、涂抹或修改。

（2）投标书要求一式两份，密封后在投标截止时间前送到学院后勤处侯老师（6573 2225 13876003504）、周老师（6571 0923 13078993306）。投标书送达后，不得撤回或修改。

七、本项目招标的解释权归海南经贸职业技术学院

【赏析】这是一篇生产经营性招标书。标题为"招标项目＋文种"，前言介绍了事由，主体部分陈述了招标项目的具体内容，如项目概况、招投标有关事项、当事人签订合同主要条款、招标单位联络方式等。本招标书事项全面具体，可操作性强，表达明确简洁。

例文❷

澄迈县老城工业开发区建设管理委员会路灯设备招标文件

第一部分 投标邀请函

海南省××招标投标中心受老城开发区建设管理委员会委托，经澄迈县老城镇政府采购管理办公室批准，拟对路灯设备进行招标。现将有关事项规定如下：

一、编号

二、项目

包一：路灯 88 套、不锈钢控制箱 2 套；

包二：电缆 2960 M、波纹管 2960 M。

三、投标人要求

（1）投标人应具有独立企业法人资格，参加政府采购活动前三年内，在经营活动中没

有重大违法记录。

(2) 投标人应具有良好的信誉和良好的财务状况，完全具有履行合同的能力。

四、投标人报名时应提供营业执照副本复印件、经办人身份证(复印件需加盖单位公章)。

五、招标费用

(1) 投标方应在开标前一天向海南省××招标投标中心缴纳投标保证金伍仟元整，投标保证金必须从投标企业法人营业执照注册所在地本单位账户(不含企业的分公司或办事处账户)转入招标人指定账户，不收现金。保证金以截止 2013 年 12 月 26 号到账为准，招标结束后投标保证金退还至原账户。投标保证金缴纳银行及账号为：

开户银行：海南省海口市中行海垦支行

开户名称：海南省××招标投标中心

账号：738835986578091001

(2) 中标人向海南省××招标投标中心交纳场地使用费每包 400 元/半天；本中心代收付专家评审费每包 100 元/人·半天。

(3) 标书每套售价为 200 元整(现金支付、售后不退)。

六、购买招标文件与递交投标文件地点

海南省××招标投标中心(明珠路富丽大厦三楼)。

七、标书发售时间

2013 年 12 月 20 日至 2013 年 12 月 26 日下午 18:30。

八、投标截止与开标时间

2013 年 12 月 27 日上午 9:00。

九、开标地点

海南省××招标投标中心(明珠路富丽大厦三楼中开标厅)。

十、项目联系人及联系电话

联系人：黄花兰；联系电话：0898-882187，6881937(传真)。

十一、网址

http://bmwz.laocheng.gov.cn/cgw/。

第二部分 招标项目要求

(1) 本次采购项目为老城工业开发区建设管理委员会路灯设备(详见附件二)。

(2) 采购合同由中标单位凭《中标通知书》与老城工业开发区建设管理委员会签订。

(3) 验收：交货时由采购单位验收签字(不包安装)。

(4) 交货时间：签订合同之日起 10 个工作日交货。

(5) 交货地点：老城工业开发区建设管理委员会。

(6) 付款方式：货到指定地点付款 70%，经采购人安装验收合格后付款 20%，余额 10%质保金无质量问题，满一年付清。

(7) 售后服务及要求：① 免费保修期为一年，如发生质量问题及其他故障，中标人应在接到采购人通知次日到达现场处理，如是产品质量问题，无条件更换。② 所有灯泡和镇流器加付 25％的数量作为维修材料，镇流器线圈必须是铜线。

（8）投标单位必须由法人代表或委托代理人（具有授权书）参加开标仪式，随时接受评委询问，并予以解答。

第三部分　投标方须知

一、说明

（一）适用范围

本招标文件仅适用于本次招标所叙述项目的采购。

（二）定义

（1）"招标方"系指组织本次招标的招标机构。

（2）"投标方"系指向招标方提交投标文件的制造商或供应商。

（三）投标费用

无论投标过程和结果如何，投标方自行承担所有参加投标有关的费用。

二、招标文件说明

（一）招标文件的构成

招标文件用以阐明所需设备及服务、招标投标程序和合同条款。招标文件由下述部分组成：

（1）招标通知。

（2）设备技术规格及要求。

（3）投标方须知。

（4）投标文件格式。

（二）招标文件的修改（如有的话）

招标文件的修改书将构成招标文件的一部分，对投标方有约束力。投标人如对招标文件有疑问，应当在开标前书面澄清；否则，视为认可招标文件。

三、投标文件的编写

（一）要求

投标人应当按照招标文件要求编制投标书并装订成册，投标书应有封面和目录，幅面为 A4 大小。投标方应仔细阅读招标文件的所有内容，按招标文件的要求提供投标文件，并保证所提供的全部资料的真实性，以使其投标对招标文件作出实质性响应；否则，其投标将被拒绝。

（二）投标文件的组成

投标文件应包括下列部分：

（1）投标书。

（2）投标报价表。

（3）设备技术参数偏差表。

（4）详细设备配置清单，产品的技术参数、功能特点说明。

（5）公司简介、联系方式及服务热线电话等。

（6）售后服务承诺书。须对免费保修期、维修相应时间、维修材料预备数量作出承诺。

（7）投标人近二年业绩一览表（列明采购单位、联系电话）。另提供同类业绩合同复印件。

（8）资格证明文件。投标人的营业执照副本、税务登记证副本、授权代表身份证、法人代表授权书原件、电缆产品质量证明书及3C认证等。（以上资格文件除注明原件的外，其他均需提供加盖公章的复印件）

（9）投标人认为需要说明的其他内容。

（三）投标报价

（1）投标报价应是招标文件所确定的招标范围内全部工作内容价格体现，应包括设备、劳务、管理、培训、利润、税金、售后服务等费用。投标价格采用人民币报价，只允许一个报价。

（2）投标方报价应详细列明项目名称、品牌、规格、数量、单价、小计、合计等。

（3）投标方按上述条款要求填写报价供招标方评标方便，但不限购买方以其他方式签订合同的权力。

（四）投标方资格的证明文件

投标方必须提交证明其有资格进行该项目投标和有能力履行合同的文件，作为投标方文件的一部分。

（五）投标方保证金

（1）投标方保证金为投标文件的组成部分之一。

（2）未按规定提交投标保证金的投标，或在开标之前投标保证金未到账，将被视为无效投标。

（3）未中标投标人的投标保证金，于开标后五个工作日内予以无息退还；中标人的投标保证金，在中标人与采购单位签订合同后五个工作日内予以无息退还（凭合同复印件）。

（4）发生以下情形之一的，投标保证金不予退还：① 中标后无正当理由不与采购人签订合同；② 将中标项目转让给他人，或者在投标文件中未说明，且未经采购招标机构同意，将中标项目分包给他人的；③ 拒绝履行合同义务的。

（六）投标文件的签署及规定

（1）投标文件正本和副本由投标方法人或其授权代表签字或盖章。

（2）投标文件中不允许对报价进行涂改。

（3）电报、电话、传真形式的投标概不接受。

四、投标文件的递交

（一）投标文件的密封和标记

（1）投标方应准备相同内容的正本和副本投标文件各一份，并密封装袋。在每一份投标文件封面及密封袋封面上要明确注明"正本"或"副本"字样及投标人（单位）名称、地址、电话、投标项目和投标编号等。一旦正本和副本有差异，以正本为准。

（2）每一密封信袋上要注明"于2013年12月27日上午9：00之前不准启封"的字样并加盖骑缝章。

（二）递交投标文件的截止时间

所有投标文件都必须按招标方规定的投标截止时间之前送至招标方（投标人在开标前

1小时内签到并交投标文件于招标方）；否则，视为自动弃权。

五、开标和评标

（一）开标

（1）招标方按招标公告中规定的时间和地点公开开标。

（2）开标时，投标方须由法人代表或委托代理人（具有授权书）参加，并签名报到，证明其出席；否则，视为自动弃权。

（3）开标时，检查投标文件密封情况，确认无误后拆封。

（4）招标方将根据采购项目的特点组建评标委员会，其成员由采购单位代表和有关专家组成，评标委员会对投标文件进行审查。

（二）对投标文件的审查和确定

（1）开标时，投标文件的大写金额和小写金额不一致的，以大写金额为准；总价金额与按单价汇总金额不一致的，以单价金额计算为准；单价金额小数点有明显错位的，应以总价为准，并修改单价。

（2）资格性检查。依据法律法规和招标文件的规定，对投标文件中的资格证明、投标保证金等进行审查，以确定投标人是否具备投标资格。

（3）符合性检查。依据招标文件的规定，从投标文件的有效性、完整性和对招标文件的响应程度进行审查，以确定是否对招标文件的实质性要求作出响应。

（4）招标方判断投标文件的响应性仅基于投标文件本身而不靠投标文件之外的任何证据。

（5）招标方将拒绝被确定为非实质性响应的投标方，投标方不能通过修正或撤销不符之处而使其投标成为实质性响应的投标。

（6）招标方允许修改投标中不构成重大偏离的微小的、非正规、不一致或不规则的地方。

（三）投标文件的澄清

为了有助于对投标文件进行审查、评估和比较，招标方有权向投标方质疑，请投标方澄清其投标内容。投标方有责任在评标时间内指派专人进行答疑和澄清。

（四）评标原则和方法

本次谈判采用百分制、综合评审法，主要考虑的因素为：① 产品的品牌、配置、性能；② 产品的价格；③ 投标人的信誉，包括注册资金、投标人销售业绩、资质证明等；④ 售后服务承诺，包括免费保修期、维修响应时间等。

出现下列情况之一的，应当按照无效投标处理：① 应交而未交投标保证金；② 未按照招标文件规定要求密封、签署、盖章；③ 不具备招标文件中规定的资格要求；④ 符合法律、法规和招标文件中规定的其他实质性要求的。

出现下列情形之一，应作废标处理：① 出现影响采购公正的违法、违规行为的；② 投标人的报价均超过了采购预算，采购人不能支付的；③ 因重大变故，采购任务取消的；④ 法律、法规的其他规定。

（五）其他注意事项

（1）在评标期间，投标人不得进行旨在影响评标结果的活动。

（2）评委小组不向落标方解释落标原因，不退还投标文件。

六、授予合同

（1）评标结束后，由招标方当场宣布预中标结果，中标结果将在网上公示三天。如无异议，三天后招标人向中标人发出书面《中标通知书》。

（2）中标方应按《中标通知书》指定的时间、地点与采购单位签订合同。

（3）签订合同时，中标人应缴纳履约保证金伍仟元于采购单位，该保证金在项目竣工验收合格后5个工作日内退还中标方。如果中标人未能履行其合同规定的任何义务，采购单位有权用履约保证金对买方予以补偿。

（4）招标文件、中标通知书、中标方的投标文件及招投标的澄清文件（如有的话）等，均为合同的依据。

第五部分 附 件

投标文件格式

附件一：

投 标 书

致：海南省××招标投标中心

根据编号为ZPX2013—051的老城开发区建设管理委员会路灯设备项目，签字法人代表_____（全名、职务）正式授权并代表投标方_____（投标方名称）提交投标文件文本正本一份和副本一份。

据此函，签字代表宣布同意如下：

一、投标总价为_____（人民币），_____（文字表述）。

二、投标方将按招标文件的规定履行合同责任和义务。

三、投标方已详细审查全部招标文件，包括修改文件以及全部参考资料和有关附件，我们完全理解并同意放弃对这方面有不明及误解的权利。

四、投标方同意提供按照贵方可能要求的与其投标有关的一切数据或资料。

电话：　　　　　　　传真：　　　　　　　　　邮编：

地址：

（公章）　　　　　　法人或授权代表人签字或盖章：

日期：　年　月　日

【赏析】上述招标书分投标邀请函、招标项目要求、投标方须知、投标书样本等内容，眉目清楚、内容具体。使投标人对招标项目、招标方式以及具体要求一目了然。

例文❸【病文评析】

招 标 通 知

××城市生活垃圾焚烧发电厂项目法人招标书

××市发展计划委员会经××市人民政府授权，委托××××招标有限责任公司作为招标代理机构，对××城市生活垃圾焚烧发电厂项目法人进行公开招标。现邀请有意向的投标人参加资格预审。

一、招标内容

通过公开招标选定中标人，由中标人出资组建的项目公司负责××市××城市生活垃圾焚烧发电厂项目的投资、建设和运营管理。招标人购买项目公司的垃圾处理服务。

二、投标申请人资格要求如下

（一）依法成立、有效存续的企业法人，其净资产不低于人民币 2 亿元；

（二）本次招标允许联合体投标，但联合体的组成单位不得超过 3 家（含 3 家）。联合体各方均应是依法成立、有效存续的企业法人且净资产之和不低于人民币 2 亿元；

（三）独立投标人或联合体中至少有一方，在国内外至少有一个投资、建设或运营管理类似项目的业绩；

（四）有良好的融资能力和商业信誉；

（五）拥有足以保证本项目得以正常投资、建设、运营管理需要的高级专业技术和管理人才、健全的组织管理机构和管理制度。

三、资格预审文件的领取

领取时间：××××年 12 月 2 日至××××年 12 月 17 日。

领取方式：投标人派代表到指定地点领取书面文件，在领取资格预审文件时需提供单位介绍信、领取人身份证、法定代表人授权委托书、营业执照和资质证书（验原件，留加盖公章的复印件）。

领取资格预审文件地点：（略）

联系人电话：（略）

四、资格预审申请文件递交时间和地点：（略）

五、招标人及联系方式

招标人：××市发展计划委员会

联系人：（略）

电话：（略）

××××招标有限责任公司

××××年十二月二日

（注：本文摘自重庆市勘察设计协会网 hnp：/www. cksx. org/gsgg/9574. htm，有改动。）

【评析】这是一篇生产经营性招标书，有三处错误：一是缺少对该项目基本情况的介绍；二是没有说明递交资格预审申请文件的时间和地点；三是没有说明招标代理机构的相关信息。

（二）项目实操

根据"项目描述"背景，写一份招标书。

实操提示：

要拟写出一篇合格的招标书，就要了解招标书的作用和种类，掌握招标书的基本结构、写作格式、各组成部分的写作内容和写作要求。同时，还要进一步掌握不同种类的招标书在表达内容、表达方式等方面的不同要求及应注意的问题。

四、课后互动平台

（一）撰写实训报告

内容包括完成该实训项目的过程、存在的问题，以及你从此项实训任务中收获了什么。

（二）网上学习

法律教育网：合同协议范本，http://www.chinalawedu.com/。

投 标 书

一、项目描述

阳光集团下属建筑工程有限公司接到××煤矿集团的招标邀请，邀请他们参加"××煤矿经纬大厦工程"的投标。阳光集团有限公司决定接受邀请参加投标，并迅速组织了工程投标书起草小组。张华作为公司行政助理，成为工程投标书起草小组成员。请代张华拟写一份投标书。

二、必备知识

（一）投标书的基本概念

投标书是投标人按照招标书的要求，向招标单位投送的表明自己的投标能力和条件，包括经济实力、管理经验、技术力量、设备装备力量等具体方案的文书。

（二）特点

（1）投标书的内容一定要真实可信。如果单纯为了中标而增加水分，就会适得其反，使招标者产生怀疑，以至对中标产生不利的影响。

（2）编写投标书既要针对招标者提出的条件和内容，又要针对企业或工程任务的现状，经过分析和论证，决定是否投标和投标的程度，因此具有很强的针对性。

（3）投标书既是一种表明自己实力、经营策略、管理手段等的书面材料，又是一种在招标答辩会上发表自己意见的演说稿。招标单位要通过投标书择优选择中标者，所以投标书具有很强的竞争性。

（三）投标书的种类

（1）按投标书的范围划分，可分为国际投标书、国内投标书等。

（2）按投标方人员的组成情况划分，可分为个人投标书、合伙投标书、法人投标书、集体投标书、联合投标书等。

（3）按性质和内容划分，可分为工程建设项目投标书、大宗商品投标书、企业承包投标书、招聘经营者投标书、企业租赁投标书、技术引进或转让投标书等。

（四）结构与写法

投标文书包括投标申请书、资格审查材料、投标书、演讲词、答辩词等。一般情况下投标申请书和投标书是最常用的投标文书。

1. 投标申请书

它是投标单位向招标单位或者上级主管部门报送的以备审查资格的书面文件。其构成相对简单。

（1）标题。一般标题为《投标申请书》。

（2）主送单位。正常情况下，要写明招标部门的全称。

（3）正文。需要写明投标单位的意愿，对相关的技术要求和条件作出保证。

（4）落款。写明单位和负责人，并盖公章，注明申请书发出的日期。

（5）附件。附件部分要对本单位的投标资格进行详细说明，附上相关证书、文件等。

2. 投标书

目前常见的投标书主要有条款式和表格式两种，一般情况下，投标书由标题、正文、落款、附件等部分组成。

（1）标题。一般由发文部门、项目、文种这些基本要素构成，例如《海南经贸职业技术学院校园网二期工程投标书》，这是部门和文种的组合；也有项目和文种的组合，例如《超市计算机管理信息系统项目投标书》；也有的投标书直接写《投标书》或者《标书》、《标函》。当然为了突出特色，也可以灵活拟写招标书的标题，尽量突出招标单位的特色，例如《视质量为生命——××建筑工程公司投标书》。

（2）正文。由主送单位、引言和主体构成。主送单位即招标单位或者投标单位的上级部门。引言部分要对投标企业或者个人的情况进行说明，例如单位的性质、经营活动的范围、所拥有的行业资质证书等级等。正文部分首先要对投标企业或者个人的现状进行分析，主要说明企业规模、资质、资产状况、技术力量和支持、设备情况、劳动力素质和服务意识、已有业绩等，突出自己的优势；还要详细说明投标项目的具体指标，明确投标方式和投标期限，根据不同情况，注明经济指标、技术指标、投标企业的履行能力及责任义务等。在充分说明各类需要达到的指标的基础上，说明完成任务的具体措施、方法等。

（3）落款和附件。落款主要写明投标单位名称，负责人（或委托人）签名，加盖印章，签署日期。附件有时需要附上担保单位的担保书和图纸、表格等。

（五）投标文书写作的注意事项

（1）重点突出。把投标项目、有利条件及项目分析写清楚即可，文字不宜过多，以免喧宾夺主。

（2）表达准确。特别是术语必须绝对准确。单位名称和地址不可简写，时间应具体写×年×月×日，不可写"今年""明年"之类。投标文书在加盖公章寄出以后，就对所在的单位起到了制约作用，一旦违反约定，需要承担一定的责任，所以措辞必须严密，不可含糊大意、模棱两可。

（3）内容简练。投标文书拟写必须简洁明了地说明问题，明确具体地说明各类要求和指标。

三、项目演练

（一）例文赏析

例文❶

投 标 书

×××××集团公司：

感谢×××××集团对我××××建筑工程有限公司的信任，邀请我们参加"×××××××大厦工程"（以下简称本工程）的投标，我们对本工程具有极大的兴趣，对于建设单位的合作充满诚挚的意愿。接到招标文件后，我公司专门成立了招标小组，认真研读了贵公司的招标文件，经过严密的分析与研究，根据工程要求和我公司的实际能力，编写了这份投标文件。我公司认为我们有实力在按期、保质、保量的前提下完成本工程的施工任务，我公司同意招标文件及合同条款的全部要求。

现将我公司投标书一式七份送达贵公司，正本 2 份，副本 5 份，诚请各评委审议，具体事项如下。

（1）根据已收到的×××××××集团公司××××大厦工程的招标文件，我单位经考察现场和研究贵方招标文件后，愿以人民币（大写）捌仟万元（8000 万元）的总价，承包该工程招标范围内的建筑施工。

（2）如果我方中标，我方将在规定时间内同建设单位签订承包协议。如果违约，贵方有权中止我方中标并选择其他中标单位。

（3）一旦我方中标，我方保证在收到建设单位发出的书面开工令后立即开工，在 300 天内竣工，质量达到合格工程标准，并移交整个工程。

（4）除另达成协议并生效外，你方的中标通知书和本投标文件均将构成约束我们双方的协议。

（5）我方所递交投标文件的投标有效期为投标截止日期的 30 个日历天，在此期间内如果我方中标，我方将受此约束。

（6）其他文件附后。

投标人：××××建筑工程有限公司

法定代表人：××

单位地址：×××××××

电话：×××××××

电子邮箱：abcde 123@126.com

【赏析】这是一篇生产经营性投标书，其具有两大优点。（1）态度诚恳。开头部分申明投标意愿，然后说明投标价格和投标方承诺，承诺部分除强调了工期外，还态度恳切地明确保证相关事宜，以取得招标方的信任。（2）条款完备，便于联系。落款部分详细具体地写明投标单位名称、地址、电话、电子邮箱等，便于联系。

例文 ❷

××××材料试验楼工程的技术投标书

××××所：

我们十分荣幸地被邀请参加××××材料试验楼工程技术的投标，在此我们表示诚挚的感谢！

一、我公司承建该工程的优势

（一）××××建筑工程总公司组建于××××年，是中国最大的建筑联合企业，也是中国最大的国际工程承包商。公司主要承担国内外内幕工程的勘察、设计、安装、房地产经营、咨询、装饰工程、雕塑壁画、实业贸易、对外经济援助、对外进出口业务，对外派遣各类工程、生产及服务行业的劳务人员。我公司下属 125 个有资质的施工单位，此外，在国外 51 个国家和地区拥有 57 个驻外分支机构，年完成工作量七百五十多亿元。先投标单位为总公司总承包部，总承包部年完成营业额为 25 亿元。××××建筑工程总公司以承建

"高、大、新、尖、特、重、外"工程著称于世，设计、承建了一大批享誉世界的代表工程，公司连续十三年进入世界225家国际最大承包商排行榜。

我公司技术力量强、人员素质高、机械装备精、管理手段严。若由我公司中标，将会按贵公司对工期的要求提前完成。

（二）我公司具备丰厚的工程承包施工经验，具备统一指挥土建、安装、装饰工程施工的能力，可大大减少贵单位在施工过程中的协调工作。

（三）我公司将把此工程作为本公司在海南省海口地区施工的样板工程，在投标后组建强有力的管理班子和施工队伍以确保该工程全面履约。

（四）我公司具备丰厚的施工经验，承建了无数栋住宅楼和厂区工程等。因此我们将在屋面、门窗、卫生间、地下室等容易出现质量问题的地方，运用我们多年来成功的施工工艺和近年来一些先进的施工技术，以确保优质高速地完成该工程。

（五）公司的施工队伍均已建立质量保证体系并经过第三方认证，符合GB/T19001《质量体系——生产、安装和服务的质量保证模式》的标准要求，具备通过质量保证体系的条件给予注册，具备完备的质量保证体系，质量管理资源也较为齐全，使每道工序、材料供应等始终处于受控状态，从而对贵单位所要求的工程质量、工期的承诺是强有力的保障。我们企业的质量方针是"过程精品，质量重于泰山；中国建筑，服务跨越五洲"。通过工序控制来达到过程精品，针对本工程特点在中标后将编制详细的项目质量保证计划以确保此工程的质量优良。

二、投标指标

（一）工程质量

我公司确保本工程达到国家现行建筑安装工程施工验收规范及标准中的优良等级。并对本工程施工质量实行终身负责制。

（二）工期

本工程投标工期为263天。计划开工日期：2012年7月1日，计划竣工日期：2013年3月20日。

（三）安全

确保创建省安全达标优良现场，杜绝重大人身伤亡事故，轻伤事故率在0.3%以下。

（四）文明施工

按部颁文明施工综合考评标准达到90分以上，创海南省文明施工工地。现场CI形象策划，严格按照我公司CI标准进行策划和管理。

（五）服务

按ISO—9000系列标准中的服务条款，做好施工中的服务和竣工验收以后的服务（按照分项工程要求保修时间进行质量保修）。

（六）工程报价及优惠条件

1. 工程报价

根据招投标的要求，我公司编制的施工预算造价为××××元，其中：土建×××××元，安装×××元。

2. 优惠条件

如我公司中标，我们将在充分考虑我公司具备条件后，从以下两个方面考虑一定的优惠。

我公司将全面按项目法施工，加强项目的成本控制与核算，深化改革，严格管理，向管理要效益，并将这种管理效益，体现在对贵单位的优惠中。

我公司所报工期低于贵单位要求的工期，可以在保证质量的前提下节约部分管理费用。

三、招标文件的承诺

我公司在认真阅读和分析研究招标文件及答疑后，完全接受招标文件中的项目条件和要求，并按招标文件要求做出承诺如下：

（一）若我公司中标，所有工程均由我公司自行施工，决不向其他单位转包本工程施工任务，如发现转包，贵单位可终止与我公司的承包合同，另行安排施工队伍。若有特殊专业工程确需分包，报请贵单位同意后，将特殊专业工程分包给技术力量强、资质等级符合建设工程要求的单位，再签订分包合同。我公司对贵单位负责，分包单位对我公司负责。

（二）若我公司中标，我公司保证在合同期内完成本工程，若合同工期每拖一天，扣除我公司××××元人民币。

（三）若我公司中标，我公司保证工程质量达到优良。若我公司所施工的工程质量达不到承诺条件，我公司愿接受合同总造价的 1.5% 的处罚并且返工，直到达到工程质量要求为止，并承担相应全部费用。

总之，我公司一定信守"过程精品，质量重于泰山；中国建筑，服务超越五洲"的质量方针，我们相信我公司完全有能力建好该工程，因为我们有一支高素质的施工管理人员及技术过硬的施工队伍，先进的施工技术和设备及丰富的施工经验，我们有信心为贵单位建成一流施工单位，也有决心创出一流的管理，一流的工地。

愿我们合作成功！

投标单位：×××××建筑工程总公司

法人代表：×××

2012 年 6 月 13 日

【赏析】这是一篇技术性投标书。投标单位就承建该工程的优势、技术指标以及对招标文件的承诺作出具体而明确的回答，有较强的竞争力，可以说是投标单位的正式报价单，足以成为评标决标的主要依据。

例文③【病文评析】

承包学生食堂的投标书

一、经营方针

以服务学生为核心，靠优质的服务，靠不断翻新的饭菜品种花样，赢××誉；以实惠、卫生、可口，薄利多销为基本原则；听从校方的管理，遵守各项法律、法规和规章制度，按《食品卫生法》，严格操作规程。保证让学校放心，让师生满意。

二、管理措施

（1）严把进货关。坚决杜绝来路不明的各种货源进入食堂。做到分工具体，责任明确，由专人负责进货，定点进货。杜绝质量不合格的菜、肉、鱼、油、佐料等。

（2）严把加工处理关。进入食堂的蔬菜，在细加工之前，一定要摘好洗净，在干净的水池中清洗3遍以上，然后，转入干净的清水中浸泡半个小时以上。在细加工之前，做到生熟食品分开、容器分开、工作区分开，杜绝交叉感染。保证煮熟、煮烂，严格按照食品卫生规定加工食品，保证让学生吃得放心，吃得舒心。

（3）全体工作人员应熟练掌握消防安全常规常识，严格执行消防安全标准，确保不出问题。做到人走灯灭，人走水停，注重节约。珍惜食堂和学校的一草一木。

（4）工作人员要讲究仪容仪表。上班期间必须穿戴工作服，并做到衣冠整齐、干净卫生。同时，必须保持个人卫生，勤洗手、勤剪指甲，女的不浓妆艳抹，不留过肩发。

（5）搞好室内卫生，不准有蚊、蝇。保证碗、筷餐前消毒，（煮沸和用特定消毒措施处理）做到无水垢、油垢现象。确保卫生安全。厨房要保持设备整齐划一。工作台；餐具、炊具、地面、墙面按时消毒，干净无异物。冰箱保持干净卫生，分档分类存放食物，如生熟分开，肉类、鱼类、海鲜类等分档分类保存。

（6）严格劳动纪律、不迟到、不早退，态度和蔼。上班期间严禁干私活，严禁接朋会友，严禁带小孩，严禁脱岗、串岗，严禁打闹、吃零食及其他不文明的语言和行为。严禁在公共场所乱扔杂物、烟头，严禁随地吐痰，聚众喝酒等，不得穿着工作服去厕所。

三、人员配备及要求

（1）面食人员：×～××人，厨师××人，蔬菜加工人员××人。

（2）对所有人员先进行体检，然后按有关规定，定期或不定期体检，如有特殊情况，像重感冒等都要暂停上班。

（3）保证按点、按时开饭，聘请的工作人员数量服从于校方的实际需要。

（4）对工作人员不断进行思想教育和安全教育，不断提高他们的素质和能力。

投标人：×××

××××年××月××日

【评析】这是一篇生产经营性投标书，主要有三处错误：一是开头缺少与"招标书"接应的词语；二是缺少经营食堂的资金保证；三是缺少经营食堂的技术保证。

（二）项目实操

根据"项目描述"背景，写一份投标书。

实操提示：

要拟写出一篇合格的投标书，就要了解投标书的作用、特点和种类，掌握招标书的基本结构、写作格式、各组成部分的写作内容和写作要求。同时，还要进一步掌握不同种类的招标书在表达内容、表达方式等方面的不同要求及应注意的问题。

四、课后互动平台

（一）撰写实训报告

内容包括完成该实训项目的过程、存在的问题，以及你从此实训任务中收获了什么。

（二）网上学习

法律教育网：合同协议范本，http://www.chinalawedu.com/。

模块八　商务函电文书

项目一　电子邮件

一、项目描述

　　飞腾汽车销售公司恰逢成立十周年，公司为酬谢多年来帮助关心公司的政府领导、社会各界、业务往来公司和客户等，决定将要进行的 2013 年热门车型打折优惠活动。总经理让业务经理王名以电子邮件的形式发送对方，告知对方活动的内容、时间，以及 2013 年 9 月份有哪些热门的车型，同时将热门车型的图片作为附件一起发送。请你替业务经理王名按照实际情况书写电子邮件并进行发送。

二、必备知识

（一）电子邮件概念

　　电子邮件（E-mail）是 Internet 应用最广的服务。通过网络的电子邮件系统，可以用非常低廉的价格（不管发送到哪里，都只需负担电话费或网费即可），以非常快速的方式（几秒钟之内可以发送到世界上任何你指定的目的地），与世界上任何一个角落的网络用户联系，这些电子邮件可以是文字、图像、声音等各种方式。同时，可以得到大量免费的新闻、专题邮件，并实现轻松的信息搜索。这是任何传统的方式都无法相比的。正是由于电子邮件的使用简易、投递迅速、收费低廉、易于保存、全球畅通无阻，使得电子邮件被广泛地应用，它使人们的交流方式得到了极大的改变。

（二）电子邮件的特点

　　（1）发送速度快。电子邮件通常在数秒钟内即可送达至全球任意位置的收件人信箱中，其速度比电话通信更为高效快捷。如果接收者在收到电子邮件后的短时间内作出回复，往往发送者仍在计算机旁工作的时候就可以收到回复的电子邮件，接收双方交换一系列简短的电子邮件就像一次次简短的会话。

　　（2）信息多样化。电子邮件发送的信件内容除普通文字内容外，还可以是软件、数据，甚至是录音、动画、电视或各类多媒体信息。

　　（3）收发方便。与电话通信或邮政信件发送不同，E-mail 采取的是异步工作方式，它在高速传输的同时允许收信人自由决定在什么时候、什么地点接收和回复，发送电子邮件时不会因"占线"或接收方不在而耽误时间，收件人无需固定守候在线路另一端，可以在用户方便的任意时间、任意地点，甚至是在旅途中收 E-mail，从而跨越了时间和空间的限制。

（4）成本低廉。E-mail 最大的优点还在于其低廉的通信价格，用户花费极少的市内电话费用即可将重要的信息发送到远在地球另一端的用户手中。

（5）更为广泛的交流对象。同一个信件可以通过网络极快地发送给网上指定的一个或多个成员，甚至召开网上会议进行互相讨论，这些成员可以分布在世界各地，但发送速度则与地域无关。与任何一种其他的 Internet 服务相比，使用电子邮件可以与更多的人进行通信。

（6）安全。E-mail 软件是高效可靠的，如果目的地的计算机正好关机或暂时从 Internet 断开，E-mail 软件会每隔一段时间自动重发；如果电子邮件在一段时间之内无法递交，电子邮件会自动通知发信人。作为一种高质量的服务，电子邮件是安全可靠的高速信件递送机制，Internet 用户一般只通过 E-mail 方式发送信件。

（三）电子邮件的格式

电子邮件地址具有以下统一的标准格式：用户名@服务器域名。用户名表示邮件信箱、注册名或信件接收者的用户标识，@符号后是你使用的邮件服务器的域名。@可以读成"at"，也就是"在"的意思。整个电子邮件地址可理解为网络中某台服务器上的某个用户的地址。

（1）用户名，可以自己选择。由字母 a～z(不区分大小写)、数字 0～9、点、减号或下划线组成；只能以数字或字母开头和结尾，例如：beijing.2008；用户名长度为 4～18 个字符。

（2）与你使用的网站有关，代表邮箱服务商。如网易：@163.com。

三、项目演练

（一）例文赏析

收件人：××@163.com

主题：会议邀请信

尊敬的杨先生：

您好！

省每年一届的企业人力资源交流会议定于 8 月 28 日上午 9：00 在××饭店举行，为期一天。您作为××公司多年的人力资源总监，是从事企业人力资源研究的专家，我们真诚地邀请您在会议上做 60 分钟的发言，建议发言内容为员工的年终考核工作。晚上 19：00～20：00，会议将安排酒会，便于各位专家交流。

衷心希望您能接受这项邀请，并尽快给我们回音。

会议联系人：×××

联系电话：020—35962587

恭祝

万安！

企业人力资源研究中心主任：×××
2013 年 6 月 14 日

【赏析】本电子邮件地址为用户名@服务器域名，标明邮件主题，邮件内容简短，语言凝练。

（二）项目实操

根据"项目描述"背景，写一份电子邮件并进行发送。

实训提示：

（1）电子邮件内容要注明活动的主题、时间和地点等。

（2）如有必要还应说明与对方相关的具体细节。

（3）最后通常为期待对方尽早答复或征求对方意见。

四、课后互动平台

（一）撰写实训报告

内容包括完成该实训项目的过程、存在的问题，以及你从此项实训任务中收获了什么。

（二）网上学习

1. 通达 OA 官方网站：Office Anywhere 2009 网络智能办公系统。http://www.tong-da2000.com/news/MYOA2009/playcenter/。

2. 通达 ERP 多维智能管理平台：（Office Anywhere 2008 多维智能管理平台）http://www.go2oa.com/。

项目二　传　真

一、项目描述

志诚集团今年恰逢成立五周年，公司决定筹办五周年庆典活动，并借此机会酬谢多年来帮助关心公司发展的社会各界人士。老总让办公室高主任以传真的方式正式邀请各位代表前来参加此次庆典活动。对方代表收到传真后也要进行回复。请你替高主任按照实际情况书写传真并进行发送和接收。

二、必备知识

（一）概念

传真，英文称作 fax。传真是近二十多年发展最快的非话电信业务。将文字、图表、相片等记录在纸面上的静止图像，通过扫描和光电变换，变成电信号，经各类信道传送到目的地，在接收端通过一系列逆变换过程，获得与发送原稿相似记录副本的通信方式，称为传真。传真通信是利用扫描和光电变换技术，从发端将文字、图像、照片等静态图像通过有线或无线信道传送到收端，并在收端以记录的形式重显原静止的图像的通信方式。

传真的主要技术有：扫描、记录、同步同相、传输。传真的通信过程包含扫描、光电变换、图像信号的传输、记录变换、收信扫描和同步同相。

传真是基于 PSTN 的电信信号通过设备中转传真信号，最近由于科技迅速发展，电子网络传真逐渐成为取代传真机的新一代通信工具。

（二）格式

标准的传真由以下三个部分组成：信头、信文和信尾。信头的格式是不太容易把握的，下面我们来详细介绍一下信头的书写格式。

在传真中，信头所占页面一般不超过三分之一。传真的信头包括发信人地址（连同传真号码），收信人地址（连同收信人传真号码），发信日期，页数，称呼和事由。

发信人地址：一般来说，传真的信笺上印有抬头，并采用固定的信头格式，发信人的地址位于传真纸页首固定的信头格式内。

收信人地址：收信人地址包括收信人的全名和职衔，以及公司的全称和地址。收信人的姓名一定要书写正确，收到一封信，最糟糕的莫过于人家把你的名字写错了。传真中收信人地址一般打在信头格式的空格内。

发信日期：写传真时，日期打印在信头相应的空格内。

称呼：称呼要使用得当，有礼貌性，使用职衔时也要谨慎得当。

（三）发传真的方法

（1）如果是对方要发传真给你，拿起话筒后按传真/复印/输入（一般是绿色的），然后放下电话，对方收到传真信号后就会传真给你了。

（2）如果是你要发传真给别人，你首先打电话叫对方给个传真信号，听到"哗哗"的信号声后，按自己传真机的传真/复印/输入这个按钮（也可以不挂上电话），就可以给对方发传真了。

（四）电子传真

发电子传真不需要使用传真机和纸，而是利用网络来收发传真。电子传真和传真机的主要区别是：电子传真不需要纸张，只要能上网有电脑就行，使用电子传真要比普通传真节约钱，最关键的是效率问题，节省人力、时间、耗材，而且还能移动办公；传真机接收和发送传真的时候必须要用纸张，还总占线、卡纸、没墨等等，且发送与接收传真必须要跑到传真机那里去。另外要考虑耗材、通讯费，以及环保、节能问题。

电子传真最大的好处就是方便，因为电子传真能实现移动，无论在哪里，只要能上网就能及时收发传真，也可以随时查询以前的信息，就和电子邮件一样。但是电子传真又不同于网络传真，网络传真通常只能够发送，往往是用来群发传真，量大容易发生堵塞现象。没有真实的号码，有的也只是一个虚拟的10位以上的号码，这对于企业或商务人士来说，会影响到形象和正常使用；还有的是要安装传真软件、硬件才能实现，而电子传真不需要安装任何的软件硬件，能收能发，有短信提醒、邮件转发。

（五）注意事项

（1）发送传真比写信传递有更紧急的含义，相当于无信封的信件，相当于电报。从遥远地方发送传真尤其带有重要性和紧急性，不能欺骗或延迟，仿佛发传真的人就在现场。传真的机密性比较差，除非确定接收人就在传真机边上等着，否则不要发送重要或保密的信息。传真的信息要绝对准确，并且电话通知对方有传真。

（2）使用传真封面或信头可以保持你的职业形象，即使你当时不在场。在你外出旅行时可以随身携带几份传真信头。在公司内部可以使用卡通传真信头，但是不要用于传真负面信息或用于给外部的传真。

（3）建立和其他部门良好关系的一个常用的方法是，用传真发送笑话或幽默语言。可以用传真发送热情的赞扬和认同的信息。但感谢信和吊唁信不要用传真。

（六）如何正确的使用传真机

（1）不要频繁地开机。这是因为每次开关机都会使机内的电子元器件发生冷热变化，而频繁的冷热变化容易导致机内元器件提前老化，每次开机的冲击电流也会缩短传真机的使用寿命。经常通电其实是传真机最好的保养方法。

（2）雷雨天气注意防止雷击。近年来，雷击已成为电器损坏的一大元凶，尤其是网络上的电器，比如并入有线网的电视机、上网的电脑及传真机等。传真机最好的预防雷击方法是：雷雨天气如不使用传真机，除关掉电源外，应将电话线插头拔掉。这是因为雷击主要是从电话线进来的。

（3）不要随意更换电源线。传真机原机所带电源线的插头都是3针式插头，中间1针起保护接地作用。若将其拔掉或改用两针插头，则对安全不利。

（4）不宜在高温、强磁、强腐蚀性气体的环境中使用。高温、强腐蚀性气体不但会影响传真机记录纸的印字质量，而且会对电子线路造成不良影响或毁坏。强磁场不仅会干扰通话，还会使传送的图像失真。

（5）不要使用非标准的传真纸。劣质的传真纸光洁度不够，使用时会对感热记录头和输纸辊造成磨损。记录纸上的化学染料配方不合理，会造成印字质量不佳，保存时间变短。

（6）合纸舱盖的动作不宜过猛。传真机的感热记录头大多装在纸舱盖的下面，合上纸舱盖时动作过猛，轻则会使纸舱盖变形，重则会造成感热记录头的破裂和损坏。

（7）有装订针、大头针之类硬物的图文资料，以及墨迹或胶水未干的稿件不宜发送。

这是因为上述硬物容易划伤扫描玻璃或其他装置，引起传真机故障。而稿件上的墨迹或胶水未干则易弄脏扫描玻璃，造成传真机发送质量下降。

（8）不要把传真机当作复印机来使用，重要资料要用静电复印机复印后保存。有人用传真机的复印功能来复印资料。传真机完成复印功能的主要部件是感热记录头，它是传真机最重要的部件之一，靠自身发热工作，因此应尽量减少其工作时间，以延长传真机的使用寿命。另外传真纸记录的文件不宜长期保存。这是因为传真纸上的化学染料不稳定，时间长了或受阳光照射后，传真纸上的字会逐渐退色。因此，对于重要的、需要长期保存的文件，一定要用静电复印机复印一份长期保存。

最后，需要提醒大家的是传真机一旦有故障不宜自己修理，应送专业维修部处理。这是因为现代的传真机无论电路还是机械结构，都比较复杂和精密，出现故障后自己瞎弄或随便找人修理，容易扩大故障，并越搞越坏，最终造成不必要的损失。

三、项目演练

（一）例文赏析

例文❶

××先生/女士：

您好！（祝福语）

我公司是×××（情况介绍：公司类型、规模、提供的商品或服务种类、特点、竞争优势等等）。

对对方公司的期望，如合作要求或建立客户关系等等。

中间也可以写一些贵公司对市场的看法、预期等等。

盼复/商祺(结尾祝福语)

发件人名称/职位

传真格式如下：

FROM：贵公司名称(如果用抬头纸就不用再写贵公司的名称了)

地址：

电话：

传真：

日期：

TO：对方公司名称

地址：

电话：

传真：

正文内容。

例文❷

致：同贸易公司	日期：2013 年 12 月 2 日
收件人：王军先生	传真编号：CE29
发件人：安妮·布朗	传真号：2098568
电话号码：3980888	电话号码：2098566
传真号：3980898	传真页数：1

主题：关于 CN18790 货物的运输您 2013 年 11 月 30 日的传真已收到。

我们尚未收到 CN18790 货物的提货单原本。由于这批货物的估计到岸日期是 2013 年 12 月 18 日，所以我们必须在 12 月 15 日前收到提货单。

　　　谨此致意。

李明

例文❸

致：B.G.E 工程公司北京分公司	收件人：Jill Smith
发件人：香港办事处	日期：2013 年 10 月 15 日
传真号：123456	档案号：0044 207 236 0080
页数：1	

主题：接待 Jacob Wang

亲爱的吉尔·史密斯先生：

上午好！请通知销售部门，Jacob Wang 将于 10 月 26 日星期二 19：30 分坐 BA316 航班到达北京。请他们为 Jacob Wang 安排好住宿，并发传真确保一切安排好了。

此致

Linda Sun
经理助理

【赏析】传真的格式因各个公司的不同而有很大差别，它取决于使用者的惯常的做法，一般我们需要清楚地填妥传真头，起拟传真内容，准确、快捷地将有关内容传达给对方。

此两则传真格式相对固定规范,语言简洁明了,内容准确无误且、翔实,表明期望,结尾有客套话及签名加印。

(二)项目实操

根据"项目描述"背景,写一份传真并进行发送。

实训提示

(1)传真内容要明确对方参加的活动是什么,在什么地方、什么时间举行。

(2)如有必要还应说明与对方相关的具体细节,例如,需要对方发言等。

(3)最后通常为期待对方尽早答复或征求对方对此邀请的意见。

四、课后互动平台

(一)撰写实训报告

内容包括完成该实训项目的过程、存在的问题,以及你从此项实训任务中收获了什么。

(二)网上学习

南京高德办公设备有限公司:3G—fex 数码传真机 http://www.good—oa.com/fax/faxmain/。

项目三 商务信函

一、项目描述

海口智能科技有限公司近年的业务发展势头非常迅猛,生产的新产品投放市场后受到热烈欢迎。公司领导层为了培育新的增长点,准备在儋州区域开拓市场。对于该市的消费者来说,智能的产品还是一个新的品牌。为了扩大在当地的知名度,公司准备和当地的知名媒体儋州电视台联系,希望能够在上面播放广告。俞琴全程参与了双方的此项业务联系,根据公司领导的要求和工作需要,办公室主任俞琴需要撰写商务信函向儋州电视台索要广告报价表,请你替办公室主任俞琴撰写此商务信函,可参照以下这则《关于建立业务关系的函》。

关于建立业务关系的函

××物流公司:

自××网站获知贵公司名称和联系方式,特此修函,希望能与贵公司发展业务关系。多年来,本公司在华北地区经营玩具生产与销售业务,现欲将业务范围扩展到华南地区。盼能惠赐货物运输项目目录和报价表。如价格合理,本公司必将与贵公司建立长期合作业务。

烦请早日赐复。

××玩具有限公司

2013 年 5 月 15 日

思考:这则公文为什么要采用"函"来行文?这种函与行政公文的函有什么区别?企业之间使用的这种函有什么作用和特点?

二、必备知识

（一）概念

商务信函简称"商函"，是各种生产企业、贸易企业、服务企业之间用来就某项商务活动进行协商、交涉的信函，可以采用纸质书面方式或电子文件方式。

（二）种类

商务信函的分类有多种标准，可以按使用的国家地域分为内贸商函和外贸商函，也可以根据发函目的和内容分为交易磋商函和争议索赔函。

1. 交易磋商函

这类商务信函的主要内容包括建立合作关系的意愿、介绍交易条款、推销产品、商洽价格、商洽合同修改、寄送购货合同、催货与催提货等。

2. 争议索赔函

在交易双方的合作过程中，难免发生交易纠纷和争议。争议发生后，受损方会向违约方提出索赔要求，而违约方则需要就受损方的索赔要求作出答复或满足其索赔要求。在这一过程中，使用的函即争议索赔函。争议索赔函主要包括交涉货品、要求支付货款、拒付、索赔、拒绝赔偿、理赔等内容。

3. 询盘、发盘、还盘与接受

在进出口交易磋商中，商函的另一个名称为"盘"。交易磋商的过程可分成询盘、发盘、还盘和接受四个环节，其中发盘和接受是必不可少的，是达成交易所必须的法律步骤。

询盘（Inquiry）是交易的一方向对方探询交易条件，表示交易愿望的一种行为。询盘多由买方作出，也可由卖方作出，内容可详可略。如买方询盘："有兴趣东北大豆，请发盘"，或者"有兴趣东北大豆，11月装运，请报价"。询盘对交易双方无约束力。

发盘（Offer）也叫发价，指交易的一方（发盘人）向另一方（受盘人）提出各项交易条件，并愿意按这些条件达成交易的一种表示。发盘在法律上称为要约，在发盘的有效期内，一经受盘人无条件接受，合同即告成立，发盘人承担按发盘条件履行合同义务的法律责任。

发盘多由卖方提出（Selling Offer）。也可由买方提出（Buying Offer），也称递盘（Bid）。实务中，常见由买方询盘后，卖方发盘，但也可以不经过询盘，一方径直发盘。

还盘。受盘人不同意发盘中的交易条件而提出修改或变更的意见，称为还盘（Counter Offer）。在法律上叫反要约。还盘实际上是受盘人以发盘人的地位发出的一个新盘。原发盘人成为新盘的受盘人。还盘又是受盘人对发盘的拒绝，发盘因对方还盘而失效，原发盘人不再受其约束。还盘可以在双方之间反复进行，还盘的内容通常仅陈述需变更或增添的条件，对双方同意的交易条件毋需重复。

接受（Acceptance）。受盘人在发盘的有效期内，无条件地同意发盘中提出的各项交易条件，愿意按这些条件和对方达成交易的一种表示。接受在法律上称为"承诺"，接受一经送达发盘人，合同即告成立。双方均应履行合同所规定的义务并拥有相应的权利。如交易条件简单，接受中无需复述全部条件；如双方多次互相还盘，条件变化较大，还盘中仅涉及需变更的交易条件，则在接受时宜复述全部条件，以免疏漏和误解。

（三）写作格式

商函一般包括信头、标题、称谓、正文、附件、生效标识等几部分。

1. 信头

撰写商函可采用本企业特制的信笺，上方预先印好信头。信头主要包括本企业的名称、地址、邮政编码、电话号码、电报挂号等，有的还有商函编号。信头部分罗列结束后常用一条横线与其他部分隔开。信头的内容也可以放在信笺的最下方并用横线与上部隔开。

2. 标题

商函的标题一般用"关于××的函"这一结构模式，其中需要点明函件的主题。可以以介词结构"关于……的"连接各项内容，如《关于调整天象牌菜刀价格的函》，外贸商函的标题一般用能够表达主旨的词语或短语点明事由即可，如，"事由：建立贸易关系"；"事由：索赔"。

3. 称谓

商函的称谓是对收函方的称呼，一般是对方单位的名称，也可写负责人姓名和职务。

4. 正文

商函正文一般由开头、主体、结尾三部分组成。

（1）开头部分，为发函背景。商函的开始部分应当写明发函的背景缘由。初次去函可先介绍本企业的业务范围或产品的情况；有较长期合作关系的，可简述合作情况；双方频繁来往的，可直截说明发函目的。复函的开头应先引叙对方来函。

（2）主体部分，为发函事项。这是商函的主体内容。可以介绍具体情况和告知有关事项，也可以说明己方具体意见或提出解决问题的办法，还可以针对来函作出答复。如果事项内容较多，应当分列条款。

（3）结尾。商函结束处简要提出希望或要求。语气应恳切，争议索赔函语气要求庄严正式。有的商函直接用惯用语结束，如"特此函商，盼予函复""特此函达"等。

5. 附件

商函的附件指正文所附材料。主要有商品目录、价格表、订货单、发货单等几种类型。附件应在正文之后、生效标识之前注明附件顺序、名称以及数量。

6. 生效标识

生效标识指发文单位印章或签署以及发文日期，位于正文之下或附件说明以下右侧位置。签署是指由发函企业的领导人的签字或盖章，以证实商函的效用。发文日期直接关系到商函的时效，年、月、日应齐全。

（四）注意事项

1. 主题突出，观点明确

商业信函是为开展某项商业业务而写的，具有明显的目标。信文内容应紧紧围绕这一目标展开，不要涉及无关紧要的事情；也不必像私人的一般信函那样，写入问候、寒暄一类词语。向对方提出的问题要明确，回答对方的询问也要有针对性，不能答非所问，或故意绕弯子，回避要害。鉴于商业信函往来涉及经济责任，所谈事项必须观点明确，交待清楚。

2. 尊重对方，注重礼仪

商函的宗旨是协商、合作，因此正文用语应当礼貌、谦虚，体现尊重与合作的态度。即便是投诉函、索赔函也需要使用必要的礼貌用语。为促进双方经销往来，信函应在互惠互利的前提下尽可能考虑对方的需求和接受能力等。信文内容应实事求是，不要夸夸其谈、弄虚作假，更不能蓄意欺骗对方或设下圈套诱使对方上钩，以谋求不正当利益。同时收到对方来函，应尽快给以答复，拖延回信的做法是不礼貌的。即使对方提出的要求不能接受，也应用委婉的语气加以解释，以求保持良好关系，不致损害以后的买卖往来。

3. 语气平和，用词准确

为了达到买卖往来的目的，注意写信的口吻与语气是很重要的。商业信函的语气要平和，要平等相待，不得用命令或变相威胁的语气，要做到不卑不亢。用词要准确，不要用一些晦涩的或易于引起歧义的词语。用词不当或不准确，常常会使对方引起误解，甚至被人利用而导致一方经济损失。

三、项目演练

（一）例文赏析

例文❶

关于运输服务项目及价格的复函

童颖玩具有限公司：

本月15日收到贵公司来函，不胜欣喜。谨遵要求随函奉上我公司最新服务项目目录和报价单。如欲合作，欢迎电话或传真联系。

顺颂商祺

达成物流公司

2013年1月16日

附件1：达成物流公司运输项目目录与报价

附件2：达成物流公司华南各省市服务网点一览表

【赏析】这是针对情景导人例文的复函。全文表现出乐于合作的热情，将项目和报价以附件形式发出。此文短小精悍，既能传达必要的商务信息，又语言客气委婉，体现了合作诚意和基本礼仪。

例文❷

尊敬的刘先生：

你好！

齐总经理外出，要过一段时间才能回来。

您给齐总经理的信我已禀告给他，现由我寄上您所需的资料，我希望这些资料没有耽搁您的工作进度，并对您有所帮助。

在齐总经理回来之前，若还需要我帮忙，请不要犹豫，我一定会尽力协助。

敬祝

商祺！

齐总经理秘书　蒋丽欣敬上

2013年8月20日

【赏析】信函针对对方要求，将问题表达得很清楚；短小精悍有礼，得到满意的答复，留下良好的印象。

例文❸

维修部负责人：

您好！

我公司去年 9 月购入贵公司 CX5100 型号的复印打印机。由于对这种兼有两用功能的机器不熟悉，造成故障，希望贵部能安排相关技术人员上门维修。我公司的地址是海口市文明北路 114 号；电话号码是 66297788 转 123；联系人吴铭

若能及早得到贵部的帮助，将令我们感激不尽。

恭祝

新年风顺！

宝山投资股份有限公司

行政部

2013 年 9 月 9 日

【赏析】信有礼貌，相互平等，能达到预期目的，没有歧义语句和贸然追究责任语句如："由于你公司机器质量问题，总出故障"或"要求你们收信后立即派人维修"。

例文❹

亲爱的顾客：

您好！

在这秋高气爽的日子里，您会发现五颜六色的长短丝巾一派风光，成为城市靓丽的风景线。

"秋日丝语"栏目里汇集了我们为您精心挑选的 100 种色彩艳丽、搭配性超强的小方巾、长围巾及披肩，面料多以轻、薄的 100％ 真丝及天然亚麻为主，采用了手工染色、喷绘、锁边等工艺，特别能显现您浪漫清新、柔媚无比的女性气质，相信肯定会有几款让您爱不释手。

为答谢广大顾客，我们还专门配备了手工绘制的丝巾扣作为小礼品。

买就送，多买多送，别错过机会！

××××有限公司

2013 年 10 月 9 日

【赏析】开始吸引关注；着重介绍商品的品种、质地、特征和优点；馈送礼品吸引顾客的心理。

例文❺

海南立达公司通过同行推荐有意购买广东远胜公司的 NN 机，但需要进一步了解机器详情和价格，故第一次发出询价信。

尊敬的先生/女士：

您好！

多位同行向我推荐贵公司的 NN 机，深知它为国内名牌产品。我公司目前需要 NN 机若干，有意订购贵公司的产品。贵公司能否将 NN 机的产品性能、配套装置等有关细节资料、价格目录、结算方式寄给我公司，供我们参考。

若贵公司能在 8 月 30 日前告知，我们将不胜感激。

再次感激，盼望回复。

联络地址：

联络电话

联系人

顺颂

商祺！

海南立达公司

业务部

2013 年 8 月 18 日

例文⑥

广东远胜公司的 NN 机销售一个阶段，希望通过问卷调查了解用户的意见。

尊敬的先生/女士：

您好！

由衷感激贵公司使用我公司生产的 NN 机，成为我们忠实的朋友。为了更好地为您服务，我公司正在进行征询用户意见的活动，热切希望您能在百忙中将您的宝贵意见反馈给我们，我们将感激之至。

恭祝

夏安！

广东远胜公司

市场部

2013 年 8 月 28 日

附件：调查问卷一份

回函信封一个

【赏析】例文 5 是询价信，对象明确，信息明确。例文 6 是征询意见信，对象多个，信息放在附件上，主动为对方准备好信封，问卷设计要有逻辑，最好用封闭式问题。

例文⑦

瑞福箱包公司 6 月 9 日收到太原购物中心 6 月 6 日发出的询问信，信中希望了解最大号旅行拉杆箱的有关信息。销售部 6 月 10 日回函对方，给出报价。

尊敬的张经理：

您好！

由衷感谢贵公司来函询价，现将我公司最大号皮质旅行拉杆箱的有关信息提供如下：

产品编号：

产品质量：

产品规格：

产品包装：

产品价格：2200 元/只

产品结算方式：商业汇票

交货方式：送货上门

送货日期：本公司收到订单 3 日内

优惠价格：

如有问题，欢迎再询，我们期待为您服务。

　　恭祝

商安！

瑞福箱包公司
销售部
2013 年 6 月 10 日

【赏析】例文 7 是报价信，对象明确，信息明确。

例文❽

　　太原购物中心收到报价信后，认为提供商品的品质等令人满意，只是价格过高，发出了还价信，要求将单价降低 5%。瑞福箱包公司销售部收到还价信后，又立即给太原购物中心以答复。

尊敬的章经理：

　　您好！

　　感谢贵公司 6 月 15 日发来的还价函，明晰贵方难以接受我公司的报价，非常遗憾。

　　我公司是生产皮质箱包的专业公司，产品品质一向优良，价格合理，尤其是大号牛皮旅行拉杆箱，皮质和工艺都要求非常严格，采用的是欧美流行款式，轻量化设计；外形稳重高贵，内装简洁大方；滑轮系最新型静音轮组，行走时无任何噪音。贵方要求将单价降低 5% 的还价，我方经慎重考虑，确实难以接受。

　　考虑贵公司在太原的信誉和销售量，我公司最多只能将原报价降低 1%。

　　恭候佳音。

　　顺颂

商祺！

瑞福箱包公司
销售部
2013 年 6 月 10 日

【赏析】商品成交前，买卖双方对商品交易中的有关问题有不同的看法，这时需要通过书信磋商，以达成共识，在信件中将自己的看法告知对方。

（1）平等沟通，相互协商。

（2）内容是有争执的相关信息，只谈论问题，不针对人或单位。

（3）用词委婉，不用胁迫语气，婉转说明。

该信并没有在信中指责对方所要求的降价，而是以友好的态度合情合理地分析不能降价的原因，语气温和礼貌。

例文❾

尊敬的王先生：

　　您好！

　　贵公司 7 月 16 日的报价单获悉，非常感激。我公司对货物的品质和价格均感到满意，

· 187 ·

特订购下列货物：

　　喜乐女表　　　B340420　　　100 只　　　单价 170 元　　　金额 17，000 元

……

总金额：肆万陆仟九佰元整（人民币）

交货日期：2013 年 8 月 30 日前

交货地点：××市××路 11 号白花公司

联络方式：张永宽先生 4804477

结算方式：转账支票

货物要求迫切，盼望准时交货为荷，谢谢。

　　顺颂

商祺！

白花日用品公司

市场部

2013 年 8 月 10 日

【赏析】复函明确，事项具体，语气委婉。

例文⑩

尊敬的张先生：

　　您好！

　　非常高兴获悉贵公司 4 月 20 日的订购函，所需 4 种款式时尚手表货物，我公司备有现货，我方即速办理，保证货物将在贵方要求日期内送抵指定地点。

　　交货时请贵方将支票备齐。

　　贵方对货物还有何要求，请即函告。

　　感激贵方的惠顾，望保持经常联络。

　　顺颂

商祺！

飘逸时尚饰品公司

销售部　罗同同

2013 年 4 月 23 日

【赏析】本回函是接到订单后回函给予答复，表示是否同意接受对方的订购。内容有：

(1) 收到的具体时间；

(2) 同意并确认接受订购交易；

(3) 告知对方发货的具体时间及货物运送等事宜；

(4) 明晰货款支付事宜；

(5) 询问对方还有何要求。

例文⑪

　　邦盛化工机械有限公司就原隆建材有限公司拖欠 15 台造粒机货款一事向其发出如下索赔信：

尊敬的负责人：

　　您好！

　　就贵公司经营部去年10月拖欠我公司15台造粒机货款一事，我公司郑重向您及贵公司提出申诉索赔，意在通过我们双方协商的办法解决该事件。

　　具体申诉项目及理由如下：

　　2012年9月至今而货款迟迟未付，此间，我公司多次催问，均未见回音，至今已近1年。

　　我公司经营中因缺此款，已出现资金周转不灵的现象，损失金额达××万元。

　　我公司热切希望贵公司务必在本周内将货款（含利息）全部寄至或转入我公司账号。

　　特此函达，谢谢合作！

　　此致

敬礼！

邦盛化工机械有限公司
2013年9月10日

　　附件：×××票据复印件

　　【赏析】该信开门见山提出事由，接下来申诉理由及对此事不满并说明给企业的损失，然后提出意见，最后附上证据。用语礼貌而有分寸。

例文⑫

　　彩迪公司4月8日收到某百货公司发出的索赔信，提出货品与样品不符。彩迪公司立即逐个调查，发现对方提出问题属实，是本公司出库时给对方装货出现差错，故立即答复对方一封信，表示理赔。

尊敬的业务部经理：

　　您好！

　　贵公司3月17日来函及货样收悉，十分感激。

　　信中提到我公司发出的玻璃器皿与订货样品不符一事，我公司立即进行了调查，发现装箱时误装了部分二等品。这确实是我方工作的差错，对给贵方带来的不便，深表歉意。为此，我方愿意接受贵方提出的要求，将质量不符合要求的部分产品降低原成交价30%的折扣价来处理。

　　若对此事处理还有疑义，欢迎继续来函商洽。产品的质量和客户的满意是我公司努力争取的目标。请相信今后将不会出现类似失误。

　　希望继续与贵公司友好合作，并得到贵公司的指点及帮助。

　　特此函复，谢谢！

　　恭祝

财源亨通！

销售部副经理
冯连胜敬上
2013年4月12日

　　【赏析】先引对方来函及事由，提出争议的看法。责任在己方，真诚道歉，解释原委；责任不在己方，分析原委，提出改善建议和写明解决的意见和处理方法。最后，礼貌感谢对方的合作态度并表示促进友谊的愿望。

例文⑬

系列催款函：目的是催收到期欠款，提醒付款结账；保持双方的友好关系。

（1）写作要求：掌握政策；

保持友好关系的态度写信，力求简单，不伤害对方情感。

注意用词分寸，不胁迫。

（2）内容：写明催款单位和欠款单位的全称和账号，必要时写上催款单位的地址、电话和经办人姓名。

指明欠款原因、时间、金额、发票号码等。

说明催款单位的处理意见，强调最后期限。

（3）发出：分为三个阶段：① 第一阶段：包括一封便函，加上月份账单。语气友好，强调以往关系，予以提醒。

例文⑬-1

尊敬的××公司研发部：

在此向贵公司问好。

自我们合作以来，双方信赖，关系一直良好，希望这种互利友好的关系永远保持下去，热切盼望将上批打印机款额尽快寄来，为我们今后的合作关系奠定更坚实的基础。

恭祝

生意兴隆！

文昌办公用品公司销售部

2013 年 6 月 10 日

也可：

单位名称：_____ 单位地址：_____ 电话号码：_____ 这只是一份友好的提醒。 　第一次通知 发出时间：_____	致：_____ 　您好！ 　如果您的支票已经寄出，请不要理会这份通知；如果您的支票还未寄出，我们热切地期盼您能及时将款项额付清。 　衷心感谢！ 发票号码：_____ 到期时间：_____ 所欠金额：_____

② 第二阶段：直截了当要求付款，并询问对方有何困难，邀请对方商议。强调良好信用的重要性，语气坚决。

例文⑬-2

尊敬的××公司研发部：

贵公司×年×月×日从我公司购买的一批打印机，双方协议于 2003 年 5 月 25 日付款，现已过期 20 日有余，请尽快付清款额。良好的信誉是我们双方共同遵守的，如果贵公司有什么困难，可来人来函商议付款事宜。联系方式：4567123 王西路。

望速回音。

恭祝

生意兴隆！

文昌办公用品公司销售部

2013 年 6 月 15 日

③ 第三阶段：体现紧迫感，语气措辞坚定，说明要尽快还款，否则提出诉讼，采取法律行动，明确限定对方付款期限。

例文 13-3

尊敬的××公司负责人：

贵公司应于 5 月 25 日向我公司付款一事迟迟未兑现，现已过付款期 1 月有余，此间多次去函催问，未见回音。我公司投入再生产急需该笔款项，请务必于 7 月 10 日前付清全部货款，以免发生向法院提出诉讼等不愉快事宜。

此致

敬礼！

文昌办公用品公司

2003 年 7 月 5 日

【赏析】 三个阶段说的是同一件事。但在三个不同时间发出，例文 13-1 口气随和，提醒对方；例文 13-2 仍设身处地为对方着想，但催促对方回音；例文 13-3 提出法律诉讼。

例文 14

尊敬的夏女士：

您好！

惠书敬悉，感激您这样清晰地说明情况。

对我公司电暖气产品的某些问题给您造成的困扰和麻烦，我们深感歉意。我们将立即派员工上门为您提供周到的售后服务，并保证采取措施避免质量因素给您增添的不愉快。

您是我们尊敬的顾客，请相信我们的改进会使您得到满意。

恭祝

安康！

（手签）

唐志祺

世纪电器公司

销售部经理

2013 年 10 月 18 日

【赏析】 发现工作中的失误或收到客户的投诉信，立即道歉。态度真诚，牢记"顾客永远正确"的名言。本案例内容有：

（1）真诚道歉。

（2）经过认真了解后实事求是向对方承认己方的责任或做必要的解释，千万不能辩解。

（3）提出解决办法或意见，并征求对方看法，尽量化解矛盾和不愉快。

（4）语言礼貌得体，语气平和朴实。

例文⑮

海南湖东医疗机械经销商一直经销特兰特公司的大型医疗机械产品，双方合作关系一直友好。但近期在经销中，发现产品确实存在质量问题，用户不满意，故没有付款。特兰特公司发来催款信。湖东医疗器械经销商针对此事回复。

尊敬的业务部经理：

来函收到，勿念！

自我公司经销贵公司产品以来，合作关系一直很好，希望这种互利友好的关系永远保持下去。

至于上批货款未及时付给贵公司之事，首先表示真诚的歉意。关于此事，原因是这样的：

在经销中，发现贵公司产品确实存在质量问题，许多用户不满意，不少用户要求退货。

为了使用户不至于退货，我们正积极组织力量维修，将损失降到最小。待该批货物解决后，我们再根据解决的情况付款。如果现在付款，必然会造成我公司经济上的损失和声誉上的影响，这完全是从双方利益出发而不得已作出的决定。我公司慎重商议，认为这是目前解决问题的最佳方案，望贵公司理解。

　　祝

商祺！

海南湖东医疗机械经销分公司

业务部　伍全敬上

【赏析】当收到对方的邀请信、求助信、询问信、申诉信等，而我方的答复是否定时，写婉拒信函。本案例：

（1）开头，友好礼貌的词语和积极语气，强调双方相互理解；

（2）态度中性、和善，理由充分；

（3）语言委婉、冷静，注意用词技巧，不伤害感情，让对方感到你的答复是最佳解决方案。

（二）项目实操

根据"项目描述"背景，撰写一份商务信函。

提示：所有的信函，目的明确，语言委婉，体现了合作诚意及愿望。

四、课后互动平台

（一）撰写实训报告

内容包括完成该实训项目的过程、存在的问题，以及你从此项实训任务中收获了什么。

（二）网上学习

搜索外交部官方网站 http:www.fmprc.gov.cn 学习"首页 > 资料 > 礼宾知识"。

附录：

商务信函惯用语

台鉴——"台"，旧时对别人的敬称（下同）。"台鉴"，是"你审阅"的意思。

〔例〕：湖北省化工进出口公司财务经理××先生，台鉴……

[例]：辽宁省外运公司经理先生，台鉴……

雅鉴——"雅"、"雅正"，说对方高雅，请其指正的客气话。"雅鉴"，是"请你指教并审阅"的意思。

[例]吉林省包装公司××先生，雅鉴……

（二）正文开头部分的惯用语。

悉——"知道、了解"的意思。

[例]：三月八日来函已悉。

谨悉——"恭敬地明了（其中的内容）"的意思。

[例]：来函谨悉。

兹启者——"兹"，"现在"之意。"兹启者"，是"现在陈述的"的意思。

[例]：兹启者，合约事实上早作撤销处理，我司不可能再办理装运货物出口。若贵司对该货仍有需求，请即提出新订单。

顷接——"刚才接到"的意思。

[例]：顷接来函，所询改变付款方式一事答复如下……

（三）正文送达发函者意见部分的惯用语。

鉴于——"由于考虑到"的意思。

[例]：……鉴于我司目前财力较紧，我方恳请以分期付款的方式支付。

拟于——"打算在"的意思。

[例]：我司拟于下月初派员前去洽谈有关事宜。

就绪——"已经安排好"的意思。

[例]：看样订货会筹备工作就绪。

业经——"已经经过"的意思。

[例]：贵司来函所叙提高黄豆销价一事，业经我董事会商讨同意，请按5％提价数执行。

径向——"直接向"的意思。

[例]：关于信用证一事径向我公司驻京办事处联系。

贵我——"贵方和我方"的意思。

[例]：目前仿制品已大量上市，倘任其鱼目混珠，将影响贵我信誉。

系——"是"的意思。

[例]：经技术鉴定，贵方金质首饰确系14K，未达到合同所定成色标准。

显系——"显然是"的意思。

[例]：应付款迟迟没有支付，显系对方已无偿贷能力。

赓即——"继续"的意思。

[例]：……如贵司对我司所报账单有异议，请赓即函告。

讫——"终了"、"完毕"的意思。

[例]：……贵司寄来清单验讫，……

一体——"一律"的意思。

[例]：……上述各项商品一体按合同价格交售。

竭诚——"竭尽全力，真心真意"的意思。

[例]：……贵司若须查询各类有关商品行情，请随时函电示知，我司当竭诚服务，情

报保证快捷准确。

藉——"凭借"的意思。

［例］：藉此希望能为发展贵我之间的经贸合作做出贡献。

歉难——"抱歉难以……"的意思。

［例］：……造成亏损的原因不在我公司，歉难承担经济责任。

俾——"使"的意思。

［例］：……请于七月八日前来电确认俾客制约。

（四）正文结束语部分的文言惯用语。

函达——"写信告知"的意思。

［例］：……特此函达。

见复——"得到答复"的意思。

［例］：……希迅予办理见复。

查照——"查看"的意思。

［例］：……希查照办理为荷。

复希——"还希望"的意思。

［例］：……复希将查照结果告知。

洽照——"商量并查看"的意思。

［例］：……复希洽照协助办理。

为荷——"承受别人的恩惠"叫"荷"，"为荷"，可解释为"感谢你们的帮助"。

［例］：……请根据上述要求组织生产、又及新成品抵泸前先函告我公司为荷。

（五）客套语部分的文言惯用语。

台安——"你安好"的意思。

［例］：……敬颂台安！

台祺——"你吉祥、福气"的意思。

［例］：……顺颂台祺！

台绥——"你平安"的意思。

［例］：……即颂台绥！

近祉——"近来幸福"的意思。

［例］：……此问近祉。

时祉——"现在幸福"的意思。

［例］：……祝时祉！

商安——"生意安好"的意思。

［例］：顺致商安！

（六）落款签名部分的惯用语。

谨泐——"恭敬地书写"的意思。

［例］：香港中华商会××谨泐。

谨复——"恭敬地答复"的意思。

［例］：香港××中华商会××谨复。

谨启——"恭敬地陈述"的意思。［例］：……××公司谨启。

模块九 职场文书

项目一 个人简历

一、项目描述

假设你即将毕业，请根据自己的工作和学习情况，写一份个人简历。

二、必备知识

（一）概念

个人简历是对某个人的生活经历有重点地加以概述的一种应用文，是求职者给用人单位概括介绍其资格、职位、教育和工作经历等情况的文书。它是生活、学习、经历、工作、成绩的精要总结，在一定程度上是一个人整体形象的缩影。

对于即将毕业的大学生和希望改变工作环境的企业员工而言，个人简历是求职和人才流动的重要文书，也可为求职者争取进一步面试的机会。

（二）种类

个人简历根据不同情况，有不同的形式，可以根据实际情况采用其中的任何一种，每一种都有它特定的目的和特有的说服力。

1. 时间型个人简历

这是最普通也是最直接的简历类型，又分为以下两种：

一种是循序法，即按照时间的先后，列举自己学习、工作、培训等方面经历。一般适用于以下两种情况：一是工作经历能很好地反映出求职者相关工作技能的不断提高；二是求职者有一段可靠的工作记录表明自己在得到不断调动与提升。

另一种是倒序法，把最新最近的经历写在简历前面，逆着时间顺序逐条列举个人信息。这种简历清晰、简洁，便于读者阅读，因此，日益受到人力资源工作者的青睐。比较适合有工作经历，而且最近所担任的职务足以体现求职者优势的情况。一份按照顺序排列的简历应包括目的、摘要、经历和学历等。

2. 功能型个人简历

这是一种不太常用但往往很有效的简历。它强调求职者的资历与能力，并对求职者的专长和优势加以分析和说明，其核心内容是工作技能与专长。一份功能型简历一般包括目的、成绩、能力、工作经历以及学历等几部分。它一般适用的情况是：求职者的工作经历与求职目的无关或工作经历因特殊情况有所中断。

3. 综合型个人简历

这种类型的简历同时借鉴和综合了时间型和功能型个人简历的优点，是一种强有力的写作格式。求职者可以按时间顺序列举个人信息，同时可以突出成绩与优势。一份综合型简历一般包括目的、概况、成绩、经历和学历等部分。综合型简历能最直接的体现求职目的。它一般适用于应届毕业生或个人经历丰富而且成就与能力突出的求职者。

4. 业绩型个人简历

业绩型简历以突出成绩为主。一份业绩型简历一般包括：目的、成绩、资历、技能、工作经历以及学历等。

5. 目的型个人简历

目的型简历是完全根据求职目的来写作。只要适应于具体情况，目的型简历可以是上述类型中任意一种(一般多为综合型)。目的型简历一般适用于特定职业的求职，对工作在特定领域的求职较为有用，如教师、电脑工程师、律师等。

6. 创意型简历

这种类型的简历强调的是与众不同的个性和标新立异，目的是表现求职者的创造力和想象力。这种简历不是每个人都适用，它适合于广告策划、文案、美术设计、从事方向性研究的研发人员等职位。

7. 表格型简历

这种类型的简历有特制的表格，列出自己的姓名、性别、所学专业、工作和学习情况、工作经历，一目了然，只需按要求填写即可。

第一种类型的简历因为强调的是求职者的工作经历，大多数应届毕业生都没有参加过工作，更谈不上有工作经历，所以，这种类型的简历不适合毕业生使用，也就不太适合写作任务。

第二种简历强调的是求职者的能力和特长，不注重工作经历，因此对写作任务中的大学毕业生来说是比较理想的简历类型，尤其是申请那些对技术水平和专业能力要求比较高的职位，这种简历最为合适。

第三种简历由于它强调的是求职者在以前的工作中取得过什么成就、业绩，对于没有工作经历的应届毕业生来说，这种类型不适合。

其他几种简历形式，也可以根据实际情况采用。特别是第七种表格型简历，也比较常用。

(三) 写作格式

一般来说，个人简历的格式和基本信息应包括以下内容：

(1) 标题。可以直接写"个人简历"，也可以在简历前冠以姓名。

(2) 个人基本情况。应列出自己的姓名、性别、年龄、籍贯、民族、政治面貌、学校、系别及专业、婚姻状况、健康状况、身高、爱好与兴趣、家庭住址、电子邮箱和电话号码等。

(3) 学历情况。应写明毕业学校、所学专业及起止时间，并列出所学主要课程及学习成绩，学历、学位、外语、计算机掌握程度及在学校和班级所担任的职务、职业资格证书、专业技术职务等。

(4) 工作经历。工作经历主要指参加工作之后各阶段的情况，一般按时间顺序写出。要写明曾工作过的单位、日期、职位、工作性质，要特别突出工作中的主要才能、贡献、成果以及学习、工作中有典型意义的事迹等。

（5）求职意向。求职意向即求职目标或个人期望的工作职位，表明通过求职希望得到什么样的工种、职位，以及个人的奋斗目标，可以和个人特长等合写在一起，说明自己具备哪些资格和技能，适合什么样的工作。

一般来讲，求职目标定位要尽量明确，因为简历有时候作为独立的求职文书递交给用人单位。因此，职位目标定位要准确，表述要清楚，要有说服力。此外，如果有多个求职目标，还应制作多份简历，根据不同的目标职位要求，通过不同的简历有所侧重地来表现自己。

（6）杂项部分。杂项部分包括军队服役、著作、论文、出版物、发表演讲、社团成员资格、奖励和获得承认情况、计算机技能、专利权、语言技能、许可证书和职业资格证书，此外还有联系方式、个人兴趣以及各种证明材料等。

对于没有参加过工作的大学毕业生而言，工作经验部分也可以写入学以来的简单经历，主要是担任社会工作、参加社会实践或加入社团等方面的情况。

在写作个人简历时，除了要在注意以上格式和内容以外，还有一些写作技巧需要注意：内容上尽量突出个性、形式上适当与众不同（一般不强调过分注重简历的外在形式，但要做到清楚、悦目；可以套用一些现成的简历模版，也可以自行设计具有个性的简历，但在形式上不宜过分复杂）、篇幅上追求短小精美、表达上善于转劣为优、重点强调成功的经验、用词上力求精确有力。

三、项目演练

（一）例文赏析

个 人 简 历

姓名	王××	性　别	男	民　族	汉	
出生年月	1975.6	籍　贯	湖南永州	婚姻状况	已婚	
身高	173cm	体　重	80 kg	政治面貌		
专业	化学	毕业时间	1996 年	工作经验	12 年	
英语水平	四级	计算机水平	二级	期望月薪		
工作类型	全职	求职岗位		邮　箱		
联系电话		Ｑ Ｑ		联系地址	佛山市港口路	

续表

自我评价	做事有条理，工作认真仔细，负责任，负有团队精神。 熟悉陶板，立方陶的生产工艺流程及技术参数的控制，主要负责陶板制样(配方和工艺)和部分产品的生产配方调试。熟悉陶板生产中的一些缺陷，诸如：侧曲，面状凹陷，暴点，线条等的控制。能制作各种不同质感的面状。				

教育经历

学历	专业	毕业时间	学制	学校
中专	化学	1993－05	4年	江苏省连云港市化工高等专科学校
大专	化学	2007－07	2年	武汉化工大学

工作经验

单位	厦门多玛得精细化工有限公司	职位	业务技术部主管	时间	2001－05 至 2005－06
工作内容	1、参与熔块的开发及样板调色。 2、解决工厂内部及客户生产异常的问题。 3、熟悉粒度分布仪、热膨胀仪、显微镜等分析，测定类仪器。 4、技术服务。				
单位	陶丽西苏州陶瓷釉色料有限公司	职位	技术员	时间	2005－07 至 2008－01
工作内容	负责公司客户业务 1、上海斯米克陶瓷的墙地砖的设计开发，工艺控制，调釉及业务。 2、长派驻山东蓬莱信誉陶瓷厂及杭州诺贝尔陶瓷，宁波现代陶瓷，广东中山安博等陶瓷厂进行技术服务。				
单位	新嘉理江苏陶瓷有限公司	职位	技术员	时间	2008－02 至 2011－02
工作内容	1、负责立方陶的制作及生产。 2、陶板线样板制作(配方和工艺制作)。 3、其他陶板线的实验工作				

【评析】这是一份表格型简历，列举出了自己的一些基本情况，便于用人单位了解自己。

(二) 项目实操

(1) 选择一个正规的人才交流网站，完成个人注册并发送个人应聘简历。

(2) 根据"项目描述"，拟写一份个人简历。

四、课后互动平台

(一) 撰写实训报告

内容包括完成该实训项目的过程、存在的问题，以及你从此项实训任务中收获了什么。

(二) 网上学习

学习网站：http://image.baidu.com/。

项目二 求职信

一、项目描述

假设你即将毕业,请根据自己的求职意向写一份求职信。

二、必备知识

(一)概念

求职信,也叫自荐书,是向用人单位自荐谋求职业或职位的书信,是毕业生所有求职材料中至为关键的部分,其写作质量直接关系到毕业生择业的成功与否。因此,求职信是求职者踏入社会、寻求工作的第一步,也是求职者留给用人单位的第一印象。古代的求职信叫做"行卷",也称作投献,即把自己的得意之作投诸名流、显宦或是皇帝,以争得声誉或一官半职。好的求职信能迅速拉近求职者与人事主管(负责人)之间的距离,获得面试机会。因此,如何能让求职者的才能、潜力在有限的空间里发出夺目的光采,在瞬间吸引住用人单位挑剔的目光,是求职者写作求职信的关键。

求职信是目前毕业生求职择业中比较常用的、也是非常重要的手段。因为用人单位一般处于节约人力、物力和时间的考虑,多数不采用大面积直接面试的形式,而是要求求职者先寄送自我介绍材料,由他们进行比较、筛选,然后才通知求职者是否参加面试,因此写好求职信十分重要。求职信有两种形式,一种是在不知用人单位是否招聘情况下写出的;另一种是在获知用人单位公开招聘职位后写出的。

求职信的重点在于"求职",在构思上一定要围绕"为何求职"、"凭何求职"、"怎么求职"的思路安排,可重点准备三个方面的内容:

1. 个人的基本情况

重点介绍自己与应聘岗位有关的学历、经历、成就等,让招聘单位对你一开始就产生兴趣,但详细的个人简历应作为附录。

2. 胜任某项工作的条件和潜能

这是自荐的核心部分,主要是向对方说明求职者的知识、经验、专业技能、担任过哪些社会工作及取得的成绩。这表明自己有适应该工作的潜在才能,要突出适合所求职业的特长和个性,让对方觉得自己有发展、培养的前途。但是又能不落入俗套,要起到吸引和打动对方的目的。

3. 申请具体的工作岗位

用人单位往往为多个岗位招聘人才,因此要写清楚你所要应聘的工作岗位。如果不知道对方需要什么人才,可以说明自己希望申请哪一类工作岗位。

(二)分类

求职信有几种不同的分法:

1. 从求职者的身份不同分

1)毕业生求职信

我国每年有大量的大、中专学生和各种职业技能学校的毕业生,这些学生其中大部分需靠自己去联系工作，寻求合作的用人单位，这些毕业生就业时同用人单位的交往主要就是以求职信的方式来进行的。

2）待业、下岗人员的求职信

非学校毕业的许多将要参加工作的人被称为待业者，他们求职大都也主要靠向用人单位介绍自己，发求职信的方式来求得工作岗位。

在社会主义市场经济的条件下，由于市场的竞争，劳工的重新组合，也会出现许多的下岗工人。他们要谋求到新的工作岗位，除了进行相应的技能培训外，还得学会客观真实地把自己推荐给有关单位，因此求职信对他们再就业来说也是极其重要的一个求职工具。

3）在岗者求职信

已有工作岗位的人，由于不适应该岗位，或学无所用，潜能得不到发挥，或为了谋求更好的职位，也会向用人单位"发文"寻求新的工作岗位。这种状况下所写的求职信，我们称之为在岗者求职信。

2. 从求职对象的情况分

1）有明确单位的求职信

有明确单位的求职信是指求职者有确定的求职单位，求职信只是写给该单位，意欲在此单位谋职。这类求职信，可以根据该单位的用人情况，目的明确地介绍自己的情况，达到用人单位的使用要求。

2）广泛性的求职信

广泛性的求职信是指求职者无确定的求职单位，求职信是写给所有同类性质的单位。这种求职信只能根据自己的专长和技能，凭借用人单位通常的用人标准来进行写作。

（三）写作格式

求职信的写法不要求千篇一律、中规中矩。但不管如何布局安排，都要层次分明、简洁明了、突出重点。通常情况下，求职者多采用下面的写作格式：

1. 标题

标题要醒目、简洁。通常由文种名称组成，要用较大字体在用纸上方标注"求职信"三个字，显得大方、美观。

2. 称谓

称谓是对主送单位或收件人的称呼，其要求与求职信相同。

3. 正文

正文是求职信的核心，开头语应表示向对方的问候致意。主题部分一般包括简介、自荐目的、条件展示、愿望决心和结语等内容。

（1）简介。简介包括自荐人姓名、性别、民族、年龄、籍贯、政治面貌、文化程度、校系专业、家庭住址、任职情况等要素，要针对自荐的目的做简单说明，无需冗长繁琐。

（2）自荐目的。要写清信息来源，做到师出有名。还有求职意向、承担工作目标等项目，要写得明确具体，但要把握分寸、简明扼要、既不能要求过高又不能模棱两可，给人以自负或自卑的不良印象。

（3）条件展示。这是求职信的关键内容，主要应写清自己的才能和特长。要针对所求工作的具体要求去写，充分展示求职的条件，可以从基本条件和特殊条件两个方面介绍。

基本条件应写清政治表现和学习（或工作）活动两方面内容。政治表现如党校学习、参加活动、敬业态度、奉献精神、合作意识等，并佐以获奖证件和资格证书。

特殊条件要写清主、辅修专业及成绩状况，对于职业资格证书、英语、计算机和普遍等级的情况也须一一说明，为人处世、组织管理、社会调查、实习设计及论文答辩等方面的情况也要略加提及，有特殊技能的也要加以强调，如操作实践、文体书画、写作口才等特长，以展示自己的能力，突出个性特征。如果有工作经历，要重点说明与求职目标相关的经历，语气要肯定、有力。写工作经历时，一般由近及远，先写近期的，然后按顺序依次写出。

（4）愿望决心。要表示加盟对方组织的热切愿望，愿望单位的美好前景，期望得到认可和接纳，自然恳切，不卑不亢。

（5）结尾。一般在正文之后按书信格式写上祝语或"此致敬礼"、"恭候佳音"之类。

4. 附件

附件主要是附上证明自己资历、能力以及工作经历的证明材料，包括个人简历、证书及文章复制件、需要附录说明的材料等。

5. 落款

落款处要写上"自荐人×××"的字样，并标注年月日。还要说明联系方式、邮政编码、地址、电子邮箱、电话号码及手机号等。如求职信是打印稿，署名处可留下空白，由求职人亲自签名，以示郑重和敬意。

（四）写求职信，要注意做到以下几点：

1. 求真务实

写求职信务必本着实事求是的态度，切不可弄虚作假。展示自己的才能时要客观全面，以事实、材料为依据，切忌高谈阔论。

2. 突出个性，巧妙包装

求职信写作有一定的自由度，成功的求职信应该在坚实的基础上通过独具匠心的构思，精心设计装帧，达到不同凡响的效果。

3. 掌握分寸，措辞得当

首先，写求职信应做到正确介绍自我，对自己的特长应有恰如其分的评价，对自己的未来应有切合实际的打算；其次，写求职信应态度谦虚，语气委婉，称呼多用尊称，如"您"、"阁下"、"先生"、"小姐"等；同时要表现出信心，做到自信而不妄自尊大，自谦而不妄自菲薄。

4. 言简意赅

求职信不仅反映自己的写作水平，同时给对方以精明练达的好印象，所以应当直截了当，避免冗长累赘。如文笔好，则可适当以情动人。

三、项目演练

（一）例文赏析

求　职　信

尊敬的刘老师：

您好！

我叫王××，女，1993 年 5 月出生。现就读于××大学××学院汉语言文学专业，今年 7 月份毕业。看到贵校刊登在×月××日《××日报》上的"招聘教师启事"，我认为自己的条件已符合贵校的要求，为此不揣冒昧，向您寄上我的求职信。

在过去的三年半时间里，我各门课程的成绩均为优秀，连续三次获得学校的奖学金。同时，我也积极热情地参加学校及学院组织的各项活动，因表现突出，多次受到表彰奖励。

虽然我就读的是非师范专业，但我自入学起就对中学语文教育感兴趣，为此我选修了"教育学"、"心理学"等教师必需的专业性课程内容，并取得优秀成绩；苦练普通话，获得一级乙等证书；结合自己针对语文教育工作进行定向性学习的体会，已在有关报刊上发表了两篇中学语文教育方面的文章；在四年级第一学期的课余时间，到我校附属中学进行了半年的见习。可以说，我为做一名合格的中学语文教师，已经在理论与实践等方面有了一定的准备。

贵校教学严谨，学风纯正，多年来已为国家培养出众多的人才。只盼我能在贵校圆自己的教师梦。可否面试，静候佳音。

恭祝

教祺

附件：

1. 个人简历
2. 学习成绩单
3. 英语六级证书复印件
4. 普通话一级乙等证书复印件
5. 各项获奖证书复印件（×件）
6. 已发表论文复印件（2 篇）

王××

2014 年 3 月 15 日

通讯地址：××市××路××大学××学院01级　王××

邮　编：×××××××

电　话：×××——×××××××

手　机：138×××××××××

电子邮箱：××××××××

【评析】这份求职信有目的地向用人单位介绍自己，有一定的针对性，求职目的明确，内容简炼。

（二）项目实操

例文❶

杰出电脑公司人事部经理：

您好！

在报纸里看到你们公司的招聘启事，我对营销主管一职很感兴趣。我现年24岁，今年毕业北京外国语大学国际贸易系。大学期间，我的成绩非常好，每年都拿到了奖学金。业余时间，我还积极参加社会实践，暑假经常在一家贸易公司打工。还有，我一直对计算机感兴趣，曾参加过计算机课程的学习。

相信根据我的经验和努力，一定能给你们公司带来效益。希望你们给我这样的机会，如能被录用，我将非常感谢。我的电话是：0111312456，电子邮箱是：wan12@hotmail.com，希望你们快点儿回答。

信的后面有简历一份和复印好的获奖证书。

祝

工作顺利

海涛

2007 年 12 月 6 日

指出错误：

（1）段落格式不正确；

（2）文字表达有多处错误；

（3）连接语、主体、结束语三部分没有分段来写；

（4）连接语部分的自我介绍不全；

（5）写个人成绩和能力的时候应该同时有事实证明；

（6）联系方式不全，并且应该附在求职信的最后，电话号码书写格式也不正确；

（7）结束语不恰当；

（8）附件部分书写不合规范；

（9）祝颂语欠妥；

（10）落款和写作日期位置不当。

例文❷

尊敬的各位领导：

众所周知，您们招聘人才的时候，从自身的长远发展考虑，往往把眼光锁定在本科生上，寄予厚望，我不反对，也没有权利和资格反对。但是却不幸地忽略了专科生的长处！为什么您们就能那么坚信：只不过多在学校多读了一年书的本科生们，就一定会比我们这些专科生高明好多呢？

就拿我来说吧，是一个很有自信的人（不然也没有必要给各位领导先生们写这种自荐信了）！学历低已经是无可奈何命注定的事了！能力再低就未免太说不过去了（这是我进专科大门后起的第一个反应）抱着这种态度，我努力地提高着自己的能力，在学校里除了学好专业课以外，还积极地参加各种社团活动，培养并提高了自己的交际能力，进了院报，当了名学生记者，实现了"记者"的心愿。

主要还是对专业技能的钻研。无庸讳言，计算机在我们陶瓷学院众多专业中，的确算不上主流。然而放眼整个学院，无疑也算是给我们营造了一个良好的学习氛围，齐全的图书资料，充足的自学空间。才得以让我可以在简历中的主学课程栏里，尽情书写!? 啰嗦了这么久，无非只是想告诉您们：三年的时间，要想学好一门谋生的技能，并非不可能！

我不敢自夸自己的专业学的非常的好，毕竟对计算机的应用，在这个时代和社会太普遍了，人的精力非常有限，很难做到一网打尽，全部都学会。而我开始又偏偏没有看透这点，趁着年轻力盛，血气方刚，拼命地自学了许多内容，以致太杂，辜负了专科的"专"字了！

但无论如何，现在能在毕业的时候，觉得自己居然会为读了专科而没有脸红，甚至还能自觉问心无愧，相当难得了！

本人素知像我这样一个经验不足的应届毛头小伙子，仅凭三言两语，是很难打动你们的心。所幸的是，你们给了我一个月的试用期作缓和阶段。由此，可以促进我们彼此之间的相互了解，加大进一步合作可能。至于待遇，不是关键，我只是希望它能切实地同我的实际能力紧密地联系起来。同时，为了安全起见，我也殷切地希望，您们能帮我解决一下住宿问题！！不胜感谢！

保证的话全是徒劳，没什么好大的必要，看我试用期的表现吧！！！

一个纯粹的求职者

【评析】

（1）"您们"应改为"你们"；

（2）行文啰嗦，没有条理性，从个人的德、能、绩三方面陈述即可；

（3）夸夸其谈，给人留下浮夸的印象；

（4）还未面试已开始提要求，会给招聘者留下"取大于予"的不良印象。

四、课后互动平台

（一）撰写实训报告

内容包括完成该实训项目的过程、存在的问题，以及你从此项实训任务中收获了什么。

（二）网上学习

学习网站：http://www.jybys.com/Resume Maker/show—1763.html。

项目三　竞聘演讲稿

一、项目描述

假设系学生会和班委即将改选。根据自己感兴趣的一项职务写一篇竞聘演讲稿。

二、必备知识

（一）概念

竞聘演讲稿，又叫竞聘词、竞聘讲话稿。它是竞聘者为了实现竞争上岗，展露自我具有足够的应聘条件的讲演稿。

当今时代，随着竞争上岗制度的普遍实行，竞聘演讲稿越来越具有实用价值，大至竞选总统，小至竞聘上岗，竞聘演讲引起了越来越多的重视。要想在竞争的年代实现自我奋斗目标，做好竞聘演讲是十分重要的，而它的成功又离不开事先的稿件写作。因此，学会竞聘演讲稿的写作非常重要。

(二) 撰写竞聘演讲稿的准备工作

随着人事制度改革以及机构改革形势的发展和社会竞争的日趋激烈，竞选或竞聘成为人们日常实现自己人生理想的主要方式，竞聘演讲也为广大人才提供了一个充分展示自我、表现自我的舞台。为了获得竞争的胜利，有必要在竞聘演讲稿的写作上做好充分的准备。

1. 要充分了解竞聘岗位

竞聘演讲稿是针对某岗位而展开的，因此，写作前必须了解竞聘岗位的职能、职责、能力要求等情况。通过调查研究，做到有的放矢，力争找到解决问题的最佳途径，以便战胜对手。

2. 写作时要做到气势上先声夺人

竞聘演讲稿的一个重要特征是具有竞争性，而竞争的实质是争取听众的响应和支持，而做到这一点的有效方法之一，是在演说之初，就在气势上争取主动，战胜对方。这气势不是骄傲之气，而是基于渊博的才识和强烈的事业心、责任心基础上的浩然正气。因此，一个好的开头对竞聘演讲稿十分重要。

3. 写作时态度要真诚诚实

竞聘演讲稿其实就是"毛遂自荐"。自荐，当然应该将自己优秀的方面展示出来，让他人了解自己。但要注意的是，在"展示"时，态度要真诚老实，有一份能耐说一分能耐，不能为了自荐成功而夸大其词。

4. 写作时内心要充满自信

竞聘演讲稿要充分展示竞聘者的竞争优势、只有充满自信，才能挖掘出自己与所竞争职位相匹配的个人优势，用充实的材料说服听众。当然，这里的自信不是盲目夸大自我，而是体现在具体的任期目标、施政构想、措施方略等具体内容上。

(三) 竞聘演讲稿的特点

竞聘演讲，是演讲的一种，因此具有口语性、群众性、实限性、临场性、交流性等演讲的一般特点。但由于它是针对某一竞争目标而进行的，所以除了这些共性之外，它还具有以下"个性"，即特点。

1. 目标的明确性

目标的明确性，是竞聘演讲区别于其他演讲的主要特征。一方面要鲜明地亮出自己所要竞聘的目标（或厂长、或校长、或秘书、或经理），另一方面，其所选用的材料和运用的手法也都是为了一个目标——竞聘成功（使听众投自己一票）。

如果说演讲如大海行船，那么一般演讲是要告诉人们如何战胜困难，驶向遥远的彼岸，而竞聘演讲则是竞争看谁有条件来当船长了。

2. 内容的竞争性

"八仙过海，各显其能"，而"竞争性"说白了，也就是演讲者要尽最大可能显出"人无我有"、"人有我强"、"人强我新"的胜他人一筹的优势来，有时，甚至还要把本来是劣势的东西换一个角度讲成优势。

例：

在一次竞聘厂长的演讲中，一个年轻工人在介绍自己时说："我一没有党票，二没有金灿灿的大学文凭，三没有丰富的阅历，我只是一个初涉人世的二十五岁的小伙子。你们有百分之百的理由怀疑我是否能担任得起化肥厂厂长的重任。然而，同志们，朋友们，请你们仔细地想想，我们化肥厂长期处于瘫痪的状态，难道是因为历届的厂长没有党票、没有文凭、没有阅历吗?"(掌声)接下来他又讲了听众心中有而口中无的改革措施，最后竟以大多数的票数获胜。

3. 主题的集中性

所谓的主题集中，是指所表达的意思单一，不枝不蔓，重点突出。

突出一个重点，围绕一个中心，而不搞多重点、多中心，不能企图在一篇演讲中解决很多和说明很多问题。

例:

在一次小学校长竞聘演讲会上，一位很有"希望"的老校长就由于谈得太面面俱到而让人产生了反感。他在介绍自己时，不仅详细介绍自己大半生的经历，而且在说获奖情况时，把在某晚报征文比赛获纪念奖这样的与竞聘无关的奖励都说上，罗列了不下二十个，说得听众直笑。在讲措施时，又从如何抓学生学习、体育、德育到如何办校办工厂，从如何管理教学，到如何关心教工生活，其措施几乎是"全方位"的。结果造成了立意分散，让人听了好象什么都说了，而又摸不清他到底说了些什么。对比之下，另一位年轻女教师，就围绕"如何把学校教学水平搞上去"这一中心问题讲，讲得有情有理，头头是道，给大家留下深刻印象，使自己竞聘成功。

4. 材料的实用性

实用性，是指所选材料既是符合实际的，又是对自己竞争有利的，即无论讲自己所具备的条件还是谈任职后的构想，都要从自我出发、从实际情况出发。

5. 思路的程序性

"思路"——演讲者的思维脉络。

"程序"——先讲什么后讲什么。

五步骤:

① 开门见山讲自己所竞聘的职务和竞聘的缘由;

② 简洁介绍自己的情况，如年龄、政治面貌、学历、现任职务等一些自然情况;

③ 摆出自己优于他人的竞聘条件，如政治素质、业务水平、工作能力等;

④ 提出假设自己任职后的施政措施;

⑤ 用最简洁的话语表达自己的决心和请求。

6. 语言的准确性

准确，一般是指要恰如其分地表情达意。

(1) 材料、数字"求真求实"。

(2) 注意分寸。

(四) 竞聘词的基本格式

竞聘词的写作格式一般由三个部分组成，即标题、称呼、正文，关键在于正文部分，就正文部分而言，主要包括开头、主体、结尾三个部分。

(1) 标题。一般标题中就揭示竞聘岗位。例如《班级文娱委员竞聘词》。

(2) 称呼。竞聘时对象不同、场合不同称谓也就不同。常见的有"各位领导、各位来宾、女士们、先生们、同志们、朋友们"等，通常在称谓前加上"尊敬的、亲爱的"等词以示尊重和友好。

（3）正文。

① 竞聘词的开头写法

A. 用诚挚的心情表达自己的谢意；

B. 简要介绍自己的有关情况；

C. 概述竞聘演讲的主要内容。

② 竞聘演讲词的主体内容

A. 介绍自己竞聘的基本条件；

B. 介绍自身的不足和长处；

C. 表明自己任职后的打算。

③ 竞聘演讲稿的结尾方法

A. 表明对竞聘成败的态度；

B. 表明自己对竞聘上岗的信心；

C. 希望得到评选者的支持。

三、项目演练

（一）例文赏析

扬起自信的风帆

——在远帆文学社竞选大会上的演讲

安徽 许将军

尊敬的各位评委、亲爱的同学们：

我来自高三(3)班，拥有一个很大气的名字：许将军，所以我决心竞选社长一职。对此，我有足够的自信。

首先，我的文学成绩虽不十分出色，但也有一定影响，发表了数十篇文章，荣获过多项大奖。记得《中学生大观察报》常务总编国理才老师在给我的信中深情地写道："你有良好的天赋，用心去写，去亲近、感悟文字吧！"

其次，我干过两年的《大校园》学生记者，迄今仍被多家刊物聘为记者和会员，有一定的采访、办刊经验，如竞选顺利，我将是轻车熟路，较别人更容易进入社长的角色。

再次，我和全国各地的一些校园刊物、文学社团都有密切联系。我将充分利用这一得天独厚的条件，扩大我社影响，提高我社知名度。

最后，也是最重要的，那就是我的激情，我的热忱。两年的创作实践，无论是学习，还是做人处事，都使我成熟了许多。其间经历的挫折和打击，反而更坚定了我对文学的热爱。我在《书剑如梦》一文中曾这样写道："今生，无论何时何地，注定要以笔为剑，做着行侠仗义、笑傲红尘的迷梦。"这，是我一生不灭的追求！

在这充满竞争、弥漫着青春朝气的大舞台上，机会大家均等，但能力各有千秋，阐述的理由也各有特色。对于文学社具体工作的开展，我有一份详细的计划，在此我不想过多赘述，因为这只是写在纸上、说在口上的。如果我竞选社长成功，我将在老师的指导下开展工作，团结文学社全体成员和全校师生一道为我校的精神文明建设增光添彩。到那时，奉献给大家的必定是美好的现实。

滚烫的宣言高高升作猎猎风帆，搏击风浪的自信飞扬在宏阔的蓝天下，我们是一队年轻的船，远航，拒绝岸！谢谢大家！

【评析】这篇竞聘辞条理清楚，格式齐全，突出了竞聘者的个人优势，文学色彩较浓。

（二）项目实操

（1）下面的竞聘辞你认为写得怎么样？怎样使它效果更好？

工友们，假如我有幸成为你们的厂长，你们一定会问："你能为我们做些什么？对企业有些什么样的改革措施？"恕我直言，我无力为你们迅速带来财富，提高你们的工资，增加你们的奖金。至于改革的具体方案和措施，我也无可奉告。……

（2）试比较下列三种结尾，哪一种最好？为什么？

①"我的演讲完了，谢谢。"

②"最后，让我再次感谢领导给我这个难得的竞聘机会，感谢各位评委和在座的所有听众对我的支持和鼓励。"

③"今天，天气这么冷，大家还都来捧场，这使我非常感动。无论我竞聘是否成功，我都要向各位领导、评委和在座的朋友们表示深深的谢意！"

（3）根据"项目描述"背景，写一篇竞聘演讲稿。

四、课后互动平台

（一）撰写实训报告

内容包括完成该实训项目的过程、存在的问题，以及你从此项实训任务中收获了什么。

（二）网上学习

学习网站：http://www.hbve.com/rczx/news-919345.html。

项目四　述职报告

一、项目描述

××房地产公司是一家大型房地产公司，小张任这家房地产公司办公室副主任已近一年。2009年年底，公司组成的干部考评组要对公司全体中层干部的任职情况进行考评，请你为小张写一份述职报告。

二、必备知识

（一）述职报告的概念

述职报告是随着我国干部人事制度改革的进一步深化和公务员制度的实行而产生的一种应用文体。它既是对领导干部任职期间德、能、勤、绩情况的检验，也是对个人履行岗位职责情况的回顾与评价。同时，述职报告还是组织人事部门考核、选拔、任用干部的重要依据。目前，工作述职已经成为一种制度和通行做法，广泛应用于政府机构和企事业单位。秘书人员在工作中，既要为自己撰写述职报告，有时还要为上司起草述职报告，因而掌握述职报告的写法对秘书人员来说是必须的。

述职报告是党政机关、社会团体、企事业单位的职工依据自己的职务要求，就一定时期内的任职情况，向主管领导部门、人事部门或选民区的选民，或本单位的职工群众，汇报自己履行岗位职责情况的书面报告，是干部管理考核专用的一种文体。

（二）述职报告的特点

述职报告最初曾用"总结"或"汇报"的形式出现，经过一段时间的使用，逐渐形成了独具特色的体式，其主要特点如下：

1. 自述性

自述就是要求述职者自己述说自己在一定时期内履行职责的情况。因此，必须使用第一人称，采用自述的方式，向有关方面报告自己的工作实绩。这里的所谓实绩，是指报告人在一定时期内，按照岗位规范的要求，为国家、单位做了什么事情，完成了什么指标，取得了什么效益，有什么成就和贡献，工作责任心如何，工作效率怎样。

2. 自评性

自评就是要求述职者依据岗位规范和职责目标，对自己任期的德、能、勤、绩等方面的情况自我评估、自我鉴定、自我定性。述职人必须持严肃、认真、慎重的态度，既要对自己负责，也要对组织负责，对群众负责。对工作的走向，前因后果，要叙述清楚，评价得当。所叙述的事情，要概述，让人们一目了然，并从中引出自评。但要注意，切忌浮泛的空谈，切勿引经据典的论证，定性分析必须在定量证明的基础上进行。

3. 报告性

述职者要明白自己的"身份"，以被考核、要接受评议和监督的心态，履行职责做报告；要认识到，自己是在向上级和群众汇报工作，是严肃的、庄重的、正式的，是让组织了解自己、评审自己工作的过程，因此，语言必须得体，应谦虚、诚恳、朴实，掌握分寸，切不可盛气凌人、夸夸其谈、浮华夸饰。报告的内容必须实在、准确，而且多用叙述的方式，将来龙去脉交代清楚。

（三）述职报告的分类

述职报告可以从几个不同角度进行划分，因而存在着交叉现象。

从内容上划分有综合性述职报告（是对每一时期任职以来所做工作的全面、综合的反映）、专题性述职报告（是对某一方面的工作的专题反映）。

从时间上划分，有任期述职报告（是指从任现职以来的总体工作进行报告。一般来说，时间较长，涉及面较广，要写出一届任期的情况）、年度述职报告（是一年一度的述职报告，写本年度的履职情况）、临时性述职报告（指担任某一项临时性的职务，写出其任职情况）。

从表达形式上划分，有口头述职报告（采用口头语言表达的述职报告）、书面述职报告（采用书面形式表达的述职报告）。

要注意将"工作总结"同述职报告区别开来。工作总结，可以是单位的、集体的，也可以是个人的，其写作角度是全方位的，即凡属重大的工作业绩、出现的问题、经验教训、今后工作设想等都可以写；而述职报告却不同，它要求侧重写个人履行职责方面的有关情况，往往不与本部门、本单位的总体业绩、问题相掺杂。

（四）述职报告的主要作用

1. 撰写述职报告是完善干部管理制度的一项重要措施

在岗位职责明确的前提下，要求担任一定职务的人员定期撰写述职报告，便于干部管理部门对其理论水平、道德品质、文化修养、业务能力进行全面细致的考察，以便根据其自身的发展趋势，有计划有目的地进行选拔、培养、使用，减少或避免干部使用中的主观性和盲目性。

2. 述职报告是广大群众评议干部的依据

述职报告的形式是向广大群众汇报履行岗位职责的情况，让群众进行审查和评议，这是各级干部接受群众监督、倾听群众意见的有效方式，有助于密切干部群众的关系，克服官僚主义作风。

3. 撰写述职报告有利于自我提高

通过述职的方式对自己前一段的工作实践进行回顾，总结以前的工作经验，汲取以前的失败教训，强化自己的职责观念。这对于更好地探索本职工作的规律，促进自我认识、自我学习、自我提高有着重要的作用。

（五）写作格式

述职报告没有固定的写作模式，根据不同类型和主旨，可灵活安排结构。一般由标题、称谓、正文、落款四部分组成。

1. 标题

述职报告的标题有单标题和双标题、公文式标题和文章式标题等形式。

（1）公文式标题。公文式标题可由职务、时间、文种组成，如《××公司办公室主任2009年度述职报告》；也可以由职务和文种组成，如《致远公司总经理述职报告》；还可以是由时间和文种组成，如《2009年度述职报告》；也可以单独用文种做标题。

（2）文章式标题。将报告的主旨概括出来做标题；也可以用正副标题配合的形式，如《思想政治工作要结合经济工作一起抓——××公司总经理王凡的述职报告》。

2. 称谓

书面报告的称谓，写主送单位名称如"××党委"、"××组织部"或"××人事处"等。口头报告的称谓，写对听者的称谓如"各位代表"、"各位委员"、"各位同志"或"各位领导、同志们"。

3. 正文

（1）前言。述职报告的前言部分一般包括三个方面的内容：一是岗位职责，二是指导思想，三是概括评价。岗位职责包括自己从何时起担任何职，主要负责什么工作；指导思想是说明自己在什么样的思想原则、方针政策指引下进行工作的；概括评价是对自己工作的基本评价。三个方面的内容都要简略地写，一般一个自然段即可。需要说明的是，上述三个方面的内容在写作中可以灵活处理，除岗位职责必不可少外，其他两个方面的内容可以安排在后面的主体部分或者结尾部分。

（2）主体。主体是述职报告的核心部分，主要工作、经验和教训都在这一部分进行表达。

主要工作。这是述职报告最主要的内容。要向组织和群众如实地汇报自己所做的主要工作，工作过程中所取得的成绩以及由此带来的经济和社会效益，工作中出现的事故以及由此造成的损失，都要一一汇报。具体来说，主要包括下面这些方面：自己主持开展了哪几项工作，结果如何；协助别人开展了哪几项工作，结果如何，自己所起的作用如何；在任职期间，上级部门有哪些方针政策出台，自己是如何贯彻执行的，效果如何；在任职期间，上级有哪些重要的指示，自己是如何落实的，效果如何；在工作实践中遇到哪些新的情况和新的问题，自己是如何处理的。

经验和教训。对自身的工作实践，还要能够概括出一些规律性的认识，其中包括成功的经验有哪些，今后应该如何发扬；失败的教训有哪些，今后应该如何防止。这部分内容要有分析研究、集中概括，要提高到理论的高度来认识。对于教训，则应着重分析造成失误的主客观原因，明确自己应负什么样的责任。

主体部分大致有以下三种写法：

① 工作项目归类法。即把自己所做的工作按性质加以分类，如生产方面、销售方面、后勤方面等，一类作为一个层次一次进行阐述。自己主持做的工作和开拓性进展要重点写，在反映一般成绩时突出重点。一般性的工作、日常事务性工作要简单一点。

② 时间发展顺序式。即把任期内的时间按先后顺序分成几个阶段来写。这种形式在任期述职报告中经常采用，因为任期时间较长涉及面广，所做的工作和存在的问题较多，为了便于归纳总结，以展现工作的全貌，所以将一个时期的主要工作按时间分段，这样也便于在各个阶段中详细叙述所取得的成绩和经验。

③ 内容分类集中式。这种形式是最常用的，一般分为主要工作、成绩效益、经验教训、存在问题和对策等几部分。

（3）结尾。必要时，可以安排一个专门的结尾部分，可以对自己做一个基本的评价，也可以简要说明自己的一些体会或今后打算。这些内容如果前面说过，也可以不写结尾部分。有时也可用模式化的结束语收束全文，常用的是"特此报告"、"专此述职"等。

4. 落款

述职报告的落款写上述职人姓名和述职日期或成文日期。署名可放在标题之下，也可以放在文尾。

（六）述职报告写作注意事项

1. 实事求是

述职报告要务实，要既讲成绩又讲失误，既讲优点又讲不足，不能揽工诿过。对具有较大影响，能显示自己工作能力和水平的工作实绩，要写得深入透彻；对一般性工作、常规性工作可尽量减少写或一笔带过。述职报告还要处理好主管与协管之间的关系，要注意把个人成绩和集体成绩分清，处理好个人与集体、个人与上级及同级之间的关系。述职报告重点应阐述主管的工作的情况，公正，准确，既不能拔高，也不能贬低，更不能有失公允，要力求反映工作的真实面貌。对于协管的工作，要讲清楚参与程度、发挥作用、投入的精力时间、解决的困难等。

2. 突出特点

不同岗位、不同层次、不同行业的人员有不同的工作内容和方法，鉴于这种情况，述职者要突出自己工作的特点，显示自己的工作个性，尽量避免千人一面，力戒没有特点、没有个性的写法。

3. 抓住重点

不论是按工作内容分类，还是按时间顺序叙述，述职报告都不要事无巨细、面面俱到，否则，很容易写成一篇平淡冗长的流水账。要有意识地抓住核心问题，突出重要成绩，总结主要教训。凡重点部分，要写得详细、具体、充分、全面；次要部分，则可简单提及，一笔带过。

4．虚实结合

"虚"指理论观点，"实"指具体工作情况。述职报告应该以叙事为主，说理为辅，用叙议的方式来表达。既不能像大事记或记流水账那样就事论事，堆彻材料，也不能像理论文章一样，通篇理论阐述，缺乏事实根据。最好的方法是叙议结合，在事实的基础上加以概括总结，使理论与事实二者有机地结合起来。

5．语言简练

述职报告的语言要简练，要尽量简短精粹。述职报告的撰写需要一定的综合概括和文字表达能力，切忌数字化和概论化，也不必过于追求文字的华美。要尽量少用形容词和诸如"大体上"、"差不多"之类模棱两可的话。对情况的交代、过程的叙述以说明问题为宜，切忌冗长空泛，拖泥带水。

三、项目演练

（一）例文赏析

述 职 报 告

各位领导、老师们：

一学年来，本人热爱本职工作，认真学习新的教育理论，广泛涉猎各种知识，形成比较完整的知识结构，严格要求学生，尊重学生，发扬教学民主，使学生学有所得，不断提高，从而不断提高自己的教学水平和思想觉悟，为了下一学年的教育工作做的更好，下面是本人的本学年的教育、教学经验及教训。

一、政治思想方面

认真学习新的教育理论，及时更新教育理念。积极参加校本培训，并做了大量的政治笔记与理论笔记。新的教育形式不允许我们在课堂上重复讲书，我们必须具有先进的教育观念，才能适应教育的发展。所以我不但注重集体的政治理论学习，还注意从书本中汲取营养，认真学习仔细体会新形势下怎样做一名好教师。

二、教育教学方面

要提高教学质量，关键是上好课。为了上好课，我做了下面的工作：

（1）课前准备：备好课。

（2）认真钻研教材，对教材的基本思想、基本概念，每句话、每个字都弄清楚，了解教材的结构，重点与难点，掌握知识的逻辑，能运用自如，知道应补充哪些资料，怎样才能教好。

（3）了解学生原有的知识技能的质量，他们的兴趣、需要、方法、习惯，学习新知识可能会有哪些困难，采取相应的预防措施。

（4）考虑教法，解决如何把已掌握的教材传授给学生，包括如何组织教材、如何安排每节课的活动。

（5）课堂上的情况。组织好课堂教学，关注全体学生，注意信息反馈，调动学生的有意注意，使其保持相对稳定性，同时，激发学生的情感，使他们产生愉悦的心境，创造良好的课堂气氛，课堂语言简洁明了，克服了以前重复的毛病，课堂提问面向全体学生，注意激发学生学语文的兴趣，课堂上讲练结合，布置好家庭作业，作业少而精，减轻学生的负担。

（6）积极参与听课、评课，虚心向同行学习教学方法，博采众长，提高教学水平。

（7）热爱学生，平等的对待每一个学生，让他们都感受到老师的关心，良好的师生关系促进了学生的学习积极性。

三、工作考勤方面

我热爱自己的事业，从不因为个人的私事耽误工作的时间。并积极运用有效的工作时间做好自己份内的工作。

在本学年的工作中，我取得了一定的成绩：陈智慧获片联赛语文第三名，连梦婷的文章多次在《七彩校园》上发表，等等。但金无足赤，人无完人，在教学工作中难免有缺陷，例如，课堂语言平缓，普通话不够标准，语言不够生动，考试成绩不稳定等。

走进 21 世纪，社会对教师的素质要求更高，在今后的教育教学工作中，我将更加严格的要求自己，努力工作，发扬优点，改正缺点，开拓前进，为美好的明天奉献自己的力量。

一年多来，我政治立场坚定，热爱教育事业，不断提高自己的思想觉悟，时刻铭记自己是一位光荣的人民教师。

作为一名班主任，我的班务工作主旨是：让每一位学生都快乐的度过在学校的每一天，既教书又育人！

（1）关爱每一个孩子，使他们因为有我这样的班主任，每天能快乐充实；同时他们在获取书本知识的同时还学会了做人。这是我做教师一天就是一天的重点，也是我做班主任一生的重点。我常教育孩子们回家要为父母做力所能及的家务活。注意规范学生的行为，不断地掀起学习的热潮，完善自我形象；学习中互相帮助，做好一帮一活动。对于后进生，我采取多鼓励少批评的方法，以宽容心态去对待他们的每一次过失；用期待的心态去等待他们的每一点进步；用欣赏的目光去关注他们的每一个闪光点；用喜悦的心情去赞许他们的每一份成功。

（2）我时刻注重言传身教，为人师表。平时，凡是要求学生做到的，我首先做到。为了养成学生良好的卫生习惯和学习习惯，我每天坚持中午 12 点 40 到班里监督学生做值日的情况并让学生坚持上午自习。

在教学上，我贯彻"以学生为主体，以教师为指导"的教学原则，积极参加教育教学改革实践，不断更新教育教学观念，认真备课、上课、听课、及时批改作业、讲评作业，做好课后辅导工作，广泛涉猎各种知识，形成比较完整的知识结构，严格要求学生，尊重学生，发扬教学民主，使学生学有所得，不断提高，从而不断提高自己的教学水平和思想觉悟，并顺利完成教育教学任务。一年来，我订阅了大量有关教育教学的书籍资料，取其精华，付之实践；积极参加各类各级教学观摩活动课，课改示范课等，取别人之长，补自己之短。

【赏析】这篇例文结构上由标题、称谓和正文组成，要素齐全。正文分为前言和主体两部分，主体部分从思想政治、教育教学和考勤三个方面汇报了自己一年来的工作情况，但是没把一年中工作的缺点提出来，这是比较遗憾的事情。

（二）项目实操

（1）下面是一篇述职报告的残缺稿，试写出残缺部分的提纲。

述 职 报 告

现在，我把自己一年多来的思想工作情况作以汇报，请予审议。本人自 2004 年 12 月至今担任新大地公司副总经理……（略）

一、履行职责情况

（一）抓员工思想教育，增强企业凝聚力，塑造企业形象（略）

（二）抓管理建章立制，争创一流（略）

（三）参与新产品 KS—2 型机的研制（略）

二、思想作风情况

（一）理论学习（略）

（二）科技学习（略）

述职人：张大可

2013 年 12 月 10 日

（2）根据"项目描述"背景，写一份述职报告。

四、课后互动平台

（一）撰写实训报告

内容包括完成该实训项目的过程、存在的问题，以及你从此项实训任务中收获了什么。

（二）网上学习

学习网站：http://baike.baidu.com/link? url＝Bwsq1ZpLN43wLUTU7EUuyR3HNyGThY7fiKuYhC5gcE7nI6xlvN26ddURfbsYfT7L

附录一

党政机关公文处理工作条例

（中办发〔2012〕14 号，2012 年 4 月）

第一章 总 则

第一条 为了适应中国共产党机关和国家行政机关（以下简称党政机关）工作需要，推进党政机关公文处理工作科学化、制度化、规范化，制定本条例。

第二条 本条例适用于各级党政机关公文处理工作。

第三条 党政机关公文是党政机关实施领导、履行职能、处理公务的具有特定效力和规范体式的文书，是传达贯彻党和国家方针政策，公布法规和规章，指导、布置和商洽工作，请示和答复问题，报告、通报和交流情况等的重要工具。

第四条 公文处理工作是指公文拟制、办理、管理等一系列相互关联、衔接有序的工作。

第五条 公文处理工作应当坚持实事求是、准确规范、精简高效、安全保密的原则。

第六条 各级党政机关应当高度重视公文处理工作，加强组织领导，强化队伍建设，设立文秘部门或者由专人负责公文处理工作。

第七条 各级党政机关办公厅（室）主管本机关的公文处理工作，并对下级机关的公文处理工作进行业务指导和督促检查。

第二章 公文种类

第八条 公文种类主要有：

（一）决议。适用于会议讨论通过的重大决策事项。

（二）决定。适用于对重要事项作出决策和部署、奖惩有关单位和人员、变更或者撤销下级机关不适当的决定事项。

（三）命令（令）。适用于公布行政法规和规章、宣布施行重大强制性措施、批准授予和晋升衔级、嘉奖有关单位和人员。

（四）公报。适用于公布重要决定或者重大事项。

（五）公告。适用于向国内外宣布重要事项或者法定事项。

（六）通告。适用于在一定范围内公布应当遵守或者周知的事项。

（七）意见。适用于对重要问题提出见解和处理办法。

（八）通知。适用于发布、传达要求下级机关执行和有关单位周知或者执行的事项，批转、转发公文。

（九）通报。适用于表彰先进、批评错误、传达重要精神和告知重要情况。

（十）报告。适用于向上级机关汇报工作、反映情况，回复上级机关的询问。

（十一）请示。适用于向上级机关请求指示、批准。

（十二）批复。适用于答复下级机关请示事项。

（十三）议案。适用于各级人民政府按照法律程序向同级人民代表大会或者人民代表大会常务委员会提请审议事项。

（十四）函。适用于不相隶属机关之间商洽工作、询问和答复问题、请求批准和答复审批事项。

（十五）纪要。适用于记载会议主要情况和议定事项。

第三章　公文格式

第九条　公文一般由份号、密级和保密期限、紧急程度、发文机关标志、发文字号、签发人、标题、主送机关、正文、附件说明、发文机关署名、成文日期、印章、附注、附件、抄送机关、印发机关和印发日期、页码等组成。

（一）份号。公文印制份数的顺序号。涉密公文应当标注份号。

（二）密级和保密期限。公文的秘密等级和保密的期限。

涉密公文应当根据涉密程度分别标注"绝密""机密""秘密"和保密期限。

（三）紧急程度。公文送达和办理的时限要求。根据紧急程度，紧急公文应当分别标注"特急""加急"，电报应当分别标注"特提""特急""加急""平急"。

（四）发文机关标志。由发文机关全称或者规范化简称加"文件"二字组成，也可以使用发文机关全称或者规范化简称。联合行文时，发文机关标志可以并用联合发文机关名称，也可以单独用主办机关名称。

（五）发文字号。由发文机关代字、年份、发文顺序号组成。联合行文时，使用主办机关的发文字号。

（六）签发人。上行文应当标注签发人姓名。

（七）标题。由发文机关名称、事由和文种组成。

（八）主送机关。公文的主要受理机关，应当使用机关全称、规范化简称或者同类型机关统称。

（九）正文。公文的主体，用来表述公文的内容。

（十）附件说明。公文附件的顺序号和名称。

（十一）发文机关署名。署发文机关全称或者规范化简称。

（十二）成文日期。署会议通过或者发文机关负责人签发的日期。联合行文时，署最后签发机关负责人签发的日期。

（十三）印章。公文中有发文机关署名的，应当加盖发文机关印章，并与署名机关相符。有特定发文机关标志的普发性公文和电报可以不加盖印章。

（十四）附注。公文印发传达范围等需要说明的事项。

（十五）附件。公文正文的说明、补充或者参考资料。

（十六）抄送机关。除主送机关外需要执行或者知晓公文内容的其他机关，应当使用机关全称、规范化简称或者同类型机关统称。

（十七）印发机关和印发日期。公文的送印机关和送印日期。

（十八）页码。公文页数顺序号。

第十条　公文的版式按照《党政机关公文格式》国家标准执行。

第十一条　公文使用的汉字、数字、外文字符、计量单位和标点符号等，按照有关国家标准和规定执行。民族自治地方的公文，可以并用汉字和当地通用的少数民族文字。

第十二条　公文用纸幅面采用国际标准 A4 型。特殊形式的公文用纸幅面，根据实际需要确定。

第四章　行文规则

第十三条　行文应当确有必要，讲求实效，注重针对性和可操作性。

第十四条　行文关系根据隶属关系和职权范围确定。一般不得越级行文，特殊情况需要越级行文的，应当同时抄送被越过的机关。

第十五条　向上级机关行文，应当遵循以下规则：

（一）原则上主送一个上级机关，根据需要同时抄送相关上级机关和同级机关，不抄送下级机关。

（二）党委、政府的部门向上级主管部门请示、报告重大事项，应当经本级党委、政府同意或者授权；属于部门职权范围内的事项应当直接报送上级主管部门。

（三）下级机关的请示事项，如需以本机关名义向上级机关请示，应当提出倾向性意见后上报，不得原文转报上级机关。

（四）请示应当一文一事。不得在报告等非请示性公文中夹带请示事项。

（五）除上级机关负责人直接交办事项外，不得以本机关名义向上级机关负责人报送公文，不得以本机关负责人名义向上级机关报送公文。

（六）受双重领导的机关向一个上级机关行文，必要时抄送另一个上级机关。

第十六条　向下级机关行文，应当遵循以下规则：

（一）主送受理机关，根据需要抄送相关机关。重要行文应当同时抄送发文机关的直接上级机关。

（二）党委、政府的办公厅（室）根据本级党委、政府授权，可以向下级党委、政府行文，其他部门和单位不得向下级党委、政府发布指令性公文或者在公文中向下级党委、政府提出指令性要求。需经政府审批的具体事项，经政府同意后可以由政府职能部门行文，文中须注明已经政府同意。

（三）党委、政府的部门在各自职权范围内可以向下级党委、政府的相关部门行文。

（四）涉及多个部门职权范围内的事务，部门之间未协商一致的，不得向下行文；擅自行文的，上级机关应当责令其纠正或者撤销。

（五）上级机关向受双重领导的下级机关行文，必要时抄送该下级机关的另一个上级机关。

第十七条　同级党政机关、党政机关与其他同级机关必要时可以联合行文。属于党委、政府各自职权范围内的工作，不得联合行文。

党委、政府的部门依据职权可以相互行文。部门内设机构除办公厅（室）外不得对外正式行文。

第五章　公文拟制

第十八条　公文拟制包括公文的起草、审核、签发等程序。

第十九条　公文起草应当做到：

（一）符合国家法律法规和党的路线方针政策，完整准确体现发文机关意图，并同现行有关公文相衔接。

（二）一切从实际出发，分析问题实事求是，所提政策措施和办法切实可行。

（三）内容简洁，主题突出，观点鲜明，结构严谨，表述准确，文字精炼。

（四）文种正确，格式规范。

（五）深入调查研究，充分进行论证，广泛听取意见。

（六）公文涉及其他地区或者部门职权范围内的事项，起草单位必须征求相关地区或者部门意见，力求达成一致。

（七）机关负责人应当主持、指导重要公文起草工作。

第二十条　公文文稿签发前，应当由发文机关办公厅（室）进行审核。审核的重点是：

（一）行文理由是否充分，行文依据是否准确。

（二）内容是否符合国家法律法规和党的路线方针政策；是否完整准确体现发文机关意图；是否同现行有关公文相衔接；所提政策措施和办法是否切实可行。

（三）涉及有关地区或者部门职权范围内的事项是否经过充分协商并达成一致意见。

（四）文种是否正确，格式是否规范；人名、地名、时间、数字、段落顺序、引文等是否准确；文字、数字、计量单位和标点符号等用法是否规范。

（五）其他内容是否符合公文起草的有关要求。

需要发文机关审议的重要公文文稿，审议前由发文机关办公厅（室）进行初核。

第二十一条　经审核不宜发文的公文文稿，应当退回起草单位并说明理由；符合发文条件但内容需作进一步研究和修改的，由起草单位修改后重新报送。

第二十二条　公文应当经本机关负责人审批签发。重要公文和上行文由机关主要负责人签发。党委、政府的办公厅（室）根据党委、政府授权制发的公文，由受权机关主要负责人签发或者按照有关规定签发。签发人签发公文，应当签署意见、姓名和完整日期；圈阅或者签名的，视为同意。联合发文由所有联署机关的负责人会签。

第六章　公文办理

第二十三条　公文办理包括收文办理、发文办理和整理归档。

第二十四条　收文办理主要程序是：

（一）签收。对收到的公文应当逐件清点，核对无误后签字或者盖章，并注明签收时间。

（二）登记。对公文的主要信息和办理情况应当详细记载。

（三）初审。对收到的公文应当进行初审。初审的重点是：是否应当由本机关办理，是否符合行文规则，文种、格式是否符合要求，涉及其他地区或者部门职权范围内的事项是否已经协商、会签，是否符合公文起草的其他要求。经初审不符合规定的公文，应当及时退回来文单位并说明理由。

（四）承办。阅知性公文应当根据公文内容、要求和工作需要确定范围后分送。批办性公文应当提出拟办意见报本机关负责人批示或者转有关部门办理；需要两个以上部门办理的，应当明确主办部门。紧急公文应当明确办理时限。承办部门对交办的公文应当及时办理，有明确办理时限要求的应当在规定时限内办理完毕。

（五）传阅。根据领导批示和工作需要将公文及时送传阅对象阅知或者批示。办理公文传阅应当随时掌握公文去向，不得漏传、误传、延误。

（六）催办。及时了解掌握公文的办理进展情况，督促承办部门按期办结。紧急公文或者重要公文应当由专人负责催办。

（七）答复。公文的办理结果应当及时答复来文单位，并根据需要告知相关单位。

第二十五条 发文办理主要程序是：

（一）复核。已经发文机关负责人签批的公文，印发前应当对公文的审批手续、内容、文种、格式等进行复核；需作实质性修改的，应当报原签批人复审。

（二）登记。对复核后的公文，应当确定发文字号、分送范围和印制份数并详细记载。

（三）印制。公文印制必须确保质量和时效。涉密公文应当在符合保密要求的场所印制。

（四）核发。公文印制完毕，应当对公文的文字、格式和印刷质量进行检查后分发。

第二十六条 涉密公文应当通过机要交通、邮政机要通信、城市机要文件交换站或者收发件机关机要收发人员进行传递，通过密码电报或者符合国家保密规定的计算机信息系统进行传输。

第二十七条 需要归档的公文及有关材料，应当根据有关档案法律法规以及机关档案管理规定，及时收集齐全、整理归档。两个以上机关联合办理的公文，原件由主办机关归档，相关机关保存复制件。机关负责人兼任其他机关职务的，在履行所兼职务过程中形成的公文，由其兼职机关归档。

第七章 公文管理

第二十八条 各级党政机关应当建立健全本机关公文管理制度，确保管理严格规范，充分发挥公文效用。

第二十九条 党政机关公文由文秘部门或者专人统一管理。设立党委（党组）的县级以上单位应当建立机要保密室和机要阅文室，并按照有关保密规定配备工作人员和必要的安全保密设施设备。

第三十条 公文确定密级前，应当按照拟定的密级先行采取保密措施。确定密级后，应当按照所定密级严格管理。绝密级公文应当由专人管理。

公文的密级需要变更或者解除的，由原确定密级的机关或其上级机关决定。

第三十一条 公文的印发传达范围应当按照发文机关的要求执行；需要变更的，应当经发文机关批准。

涉密公文公开发布前应当履行解密程序。公开发布的时间、形式和渠道，由发文机关确定。

经批准公开发布的公文，同发文机关正式印发的公文具有同等效力。

第三十二条 复制、汇编机密级、秘密级公文，应当符合有关规定并经本机关负责人批准。绝密级公文一般不得复制、汇编，确有工作需要的，应当经发文机关或者其上级机关批准。

复制、汇编的公文视同原件管理。复制件应当加盖复制机关戳记。翻印件应当注明翻印的机关名称、日期。汇编本的密级按照编入公文的最高密级标注。

第三十三条　公文的撤销和废止，由发文机关、上级机关或者权力机关根据职权范围和有关法律法规决定。公文被撤销的，视为自始无效；公文被废止的，视为自废止之日起失效。

第三十四条　涉密公文应当按照发文机关的要求和有关规定进行清退或者销毁。

第三十五条　不具备归档和保存价值的公文，经批准后可以销毁。销毁涉密公文必须严格按照有关规定履行审批登记手续，确保不丢失、不漏销。个人不得私自销毁、留存涉密公文。

第三十六条　机关合并时，全部公文应当随之合并管理；机关撤销时，需要归档的公文经整理后按照有关规定移交档案管理部门。

工作人员离岗离职时，所在机关应当督促其将暂存、借用的公文按照有关规定移交、清退。

第三十七条　新设立的机关应当向本级党委、政府的办公厅（室）提出发文立户申请。经审查符合条件的，列为发文单位，机关合并或者撤销时，相应进行调整。

第八章　附　则

第三十八条　党政机关公文含电子公文。电子公文处理工作的具体办法另行制定。

第三十九条　法规、规章方面的公文，依照有关规定处理。外事方面的公文，依照外事主管部门的有关规定处理。

第四十条　其他机关和单位的公文处理工作，可以参照本条例执行。

第四十一条　本条例由中共中央办公厅、国务院办公厅负责解释。

第四十二条　本条例自 2012 年 7 月 1 日起施行。1996 年 5 月 3 日中共中央办公厅发布的《中国共产党机关公文处理条例》和 2000 年 8 月 24 日国务院发布的《国家行政机关公文处理办法》停止执行。

ICS 35.240.20

A 13

GB

中华人民共和国国家标准

GB/T 9704—2012
代替 GB/T 9704—1999

党政机关公文格式

Layout key for official document of Party and government organs

2012－06－29 发布　　　　　　　　　　2012－07－01 实施

中华人民共和国国家质量监督检验检疫总局　发
中国国家标准化管理委员会　布

目　次

前言

1　范围

2　规范性引用文件

3　术语和定义

4　公文用纸主要技术指标

5　公文用纸幅面尺寸及版面要求

5.1　幅面尺寸

5.2　版面

5.2.1　页边与版心尺寸

5.2.2　字体和字号

5.2.3　行数和字数

5.2.4　文字的颜色

6　印制装订要求

6.1　制版要求

6.2　印刷要求

6.3　装订要求

7　公文格式各要素编排规则

7.1　公文格式各要素的划分

7.2　版头

7.2.1　份号

7.2.2　密级和保密期限

7.2.3　紧急程度

7.2.4　发文机关标志

7.2.5　发文字号

7.2.6　签发人

7.2.7　版头中的分隔线

7.3　主体

7.3.1　标题

7.3.2　主送机关

7.3.3　正文

7.3.4　附件说明

7.3.5　发文机关署名、成文日期和印章

7.3.5.1　加盖印章的公文

7.3.5.2　不加盖印章的公文

7.3.5.3　加盖签发人签名章的公文

7.3.5.4　成文日期中的数字

7.3.5.5　特殊情况说明

7.3.6　附注

7.3.7　附件

7.4　版记

7.4.1　版记中的分隔线

7.4.2　抄送机关

7.4.3　印发机关和印发日期

7.5　页码

8　公文中的横排表格

9　公文中计量单位、标点符号和数字的用法

10　公文的特定格式

10.1　信函格式

10.2　命令（令）格式

10.3　纪要格式

11　式样

GB/T 9704—2012

前　　言

本标准按照 GB/T 1.1—2009 给出的规则起草。

本标准根据中共中央办公厅、国务院办公厅印发的《党政机关公文处理工作条例》的有关规定对 GB/T 9704—1999《国家行政机关公文格式》进行修订。本标准相对 GB/T 9704—1999 主要作如下修订：

a) 标准名称改为《党政机关公文格式》，标准英文名称也作相应修改；

b) 适用范围扩展到各级党政机关制发的公文；

c) 对标准结构进行适当调整；

d) 对公文装订要求进行适当调整；

e) 增加发文机关署名和页码两个公文格式要素，删除主题词格式要素，并对公文格式各要素的编排进行较大调整；

f) 进一步细化特定格式公文的编排要求；

g) 新增联合行文公文首页版式、信函格式首页、命令（令）格式首页版式等式样。

本标准中公文用语与《党政机关公文处理工作条例》中的用语一致。

本标准为第二次修订。

本标准由中共中央办公厅和国务院办公厅提出。

本标准由中国标准化研究院归口。

本标准起草单位：中国标准化研究院、中共中央办公厅秘书局、国务院办公厅秘书局、中国标准出版社。

本标准主要起草人：房庆、杨雯、郭道锋、孙维、马慧、张书杰、徐成华、范一乔、李玲。

本标准代替了 GB/T 9704—1999。

GB/T 9704—1999 的历次版本发布情况为：

——GB/T 9704—1988。

党政机关公文格式

1 范围

本标准规定了党政机关公文通用的纸张要求、排版和印制装订要求、公文格式各要素的编排规则，并给出了公文的式样。

本标准适用于各级党政机关制发的公文。其他机关和单位的公文可以参照执行。

使用少数民族文字印制的公文，其用纸、幅面尺寸及版面、印制等要求按照本标准执行，其余可以参照本标准并按照有关规定执行。

2 规范性引用文件

下列文件对于本标准的应用是必不可少的。凡是注日期的引用文件，仅所注日期的版本适用于本标准。凡是不注日期的引用文件，其最新版本（包括所有的修改单）适用于本标准。

GB/T 148 印刷、书写和绘图纸幅面尺寸

GB 3100 国际单位制及其应用

GB 3101 有关量、单位和符号的一般原则

GB 3102（所有部分） 量和单位

GB/T 15834 标点符号用法

GB/T 15835 出版物上数字用法

3 术语和定义

下列术语和定义适用于本标准。

3.1

字 word

标示公文中横向距离的长度单位。在本标准中，一字指一个汉字宽度的距离。

3.2

行 line

标示公文中纵向距离的长度单位。在本标准中，一行指一个汉字的高度加 3 号汉字高度的 7/8 的距离。

4 公文用纸主要技术指标

公文用纸一般使用纸张定量为 $60 \text{ g/m}^2 \sim 80 \text{ g/m}^2$ 的胶版印刷纸或复印纸。纸张白度 $80\% \sim 90\%$，横向耐折度 $\geqslant 15$ 次，不透明度 $\geqslant 85\%$，pH 值为 $7.5 \sim 9.5$。

5 公文用纸幅面尺寸及版面要求

5.1 幅面尺寸

公文用纸采用 GB/T 148 中规定的 A4 型纸，其成品幅面尺寸为：210 mm×297 mm。

GB/T 9704—2012

5.2 版面

5.2.1 页边与版心尺寸

公文用纸天头（上白边）为 37 mm±1 mm，公文用纸订口（左白边）为 28 mm±1 mm，版心尺寸为 156 mm×225 mm。

5.2.2 字体和字号

如无特殊说明，公文格式各要素一般用 3 号仿宋体字。特定情况可以作适当调整。

5.2.3 行数和字数

一般每面排 22 行，每行排 28 个字，并撑满版心。特定情况可以作适当调整。

5.2.4 文字的颜色

如无特殊说明，公文中文字的颜色均为黑色。

6 印制装订要求

6.1 制版要求

版面干净无底灰，字迹清楚无断划，尺寸标准，版心不斜，误差不超过 1 mm。

6.2 印刷要求

双面印刷；页码套正，两面误差不超过 2 mm。黑色油墨应当达到色谱所标 BL100％，红色油墨应当达到色谱所标 Y80％、M80％。印品着墨实、均匀；字面不花、不白、无断划。

6.3 装订要求

公文应当左侧装订，不掉页，两页页码之间误差不超过 4 mm，裁切后的成品尺寸允许误差±2 mm，四角成 90°，无毛茬或缺损。

骑马订或平订的公文应当：

a）订位为两钉外订眼距版面上下边缘各 70 mm 处，允许误差±4 mm；

b）无坏钉、漏钉、重钉，钉脚平伏牢固；

c）骑马订钉锯均订在折缝线上，平订钉锯与书脊间的距离为 3 mm～5 mm。

包本装订公文的封皮（封面、书脊、封底）与书芯应吻合、包紧、包平、不脱落。

7 公文格式各要素编排规则

7.1 公文格式各要素的划分

本标准将版心内的公文格式各要素划分为版头、主体、版记三部分。公文首页红色分隔线以上的部分称为版头；公文首页红色分隔线（不含）以下、公文末页首条分隔线（不含）以上的部分称为主体；公文末页首条分隔线以下、末条分隔线以上的部分称为版记。

页码位于版心外。

GB/T 9704—2012

7.2 版头

7.2.1 份号

如需标注份号，一般用6位3号阿拉伯数字，顶格编排在版心左上角第一行。

7.2.2 密级和保密期限

如需标注密级和保密期限，一般用3号黑体字，顶格编排在版心左上角第二行；保密期限中的数字用阿拉伯数字标注。

7.2.3 紧急程度

如需标注紧急程度，一般用3号黑体字，顶格编排在版心左上角；如需同时标注份号、密级和保密期限、紧急程度，按照份号、密级和保密期限、紧急程度的顺序自上而下分行排列。

7.2.4 发文机关标志

由发文机关全称或者规范化简称加"文件"二字组成，也可以使用发文机关全称或者规范化简称。

发文机关标志居中排布，上边缘至版心上边缘为35 mm，推荐使用小标宋体字，颜色为红色，以醒目、美观、庄重为原则。

联合行文时，如需同时标注联署发文机关名称，一般应当将主办机关名称排列在前；如有"文件"二字，应当置于发文机关名称右侧，以联署发文机关名称为准上下居中排布。

7.2.5 发文字号

编排在发文机关标志下空二行位置，居中排布。年份、发文顺序号用阿拉伯数字标注；年份应标全称，用六角括号"〔〕"括入；发文顺序号不加"第"字，不编虚位（即1不编为01），在阿拉伯数字后加"号"字。

上行文的发文字号居左空一字编排，与最后一个签发人姓名处在同一行。

7.2.6 签发人

由"签发人"三字加全角冒号和签发人姓名组成，居右空一字，编排在发文机关标志下空二行位置。"签发人"三字用 3 号仿宋体字，签发人姓名用 3 号楷体字。

如有多个签发人，签发人姓名按照发文机关的排列顺序从左到右、自上而下依次均匀编排，一般每行排两个姓名，回行时与上一行第一个签发人姓名对齐。

7.2.7 版头中的分隔线

发文字号之下 4 mm 处居中印一条与版心等宽的红色分隔线。

7.3 主体

7.3.1 标题

一般用 2 号小标宋体字，编排于红色分隔线下空二行位置，分一行或多行居中排布；回行时，要做到词意完整，排列对称，长短适宜，间距恰当，标题排列应当使用梯形或菱形。

GB/T 9704—2012

7.3.2 主送机关

编排于标题下空一行位置，居左顶格，回行时仍顶格，最后一个机关名称后标全角冒号。如主送机关名称过多导致公文首页不能显示正文时，应当将主送机关名称移至版记，标注方法见 7.4.2。

7.3.3 正文

公文首页必须显示正文。一般用 3 号仿宋体字，编排于主送机关名称下一行，每个自然段左空二字，回行顶格。文中结构层次序数依次可以用"一、""（一）""1.""（1）"标注；一般第一层用黑体字、第二层用楷体字、第三层和第四层用仿宋体字标注。

7.3.4 附件说明

如有附件，在正文下空一行左空二字编排"附件"二字，后标全角冒号和附件名称。如有多个附件，使用阿拉伯数字标注附件顺序号（如"附件：1. ××××××"）；附件名称后不加标点符号。附件名称较长需回行时，应当与上一行附件名称的首字对齐。

7.3.5 发文机关署名、成文日期和印章

7.3.5.1 加盖印章的公文

成文日期一般右空四字编排，印章用红色，不得出现空白印章。

单一机关行文时，一般在成文日期之上、以成文日期为准居中编排发文机关署名，印章端正、居中下压发文机关署名和成文日期，使发文机关署名和成文日期居印章中心偏下

位置，印章顶端应当上距正文（或附件说明）一行之内。

联合行文时，一般将各发文机关署名按照发文机关顺序整齐排列在相应位置，并将印章一一对应、端正、居中下压发文机关署名，最后一个印章端正、居中下压发文机关署名和成文日期，印章之间排列整齐、互不相交或相切，每排印章两端不得超出版心，首排印章顶端应当上距正文（或附件说明）一行之内。

7.3.5.2 不加盖印章的公文

单一机关行文时，在正文（或附件说明）下空一行右空二字编排发文机关署名，在发文机关署名下一行编排成文日期，首字比发文机关署名首字右移二字，如成文日期长于发文机关署名，应当使成文日期右空二字编排，并相应增加发文机关署名右空字数。

联合行文时，应当先编排主办机关署名，其余发文机关署名依次向下编排。

7.3.5.3 加盖签发人签名章的公文

单一机关制发的公文加盖签发人签名章时，在正义（或附件说明）下空二行右空四字加盖签发人签名章，签名章左空二字标注签发人职务，以签名章为准上下居中排布。在签发人签名章下空一行右空四字编排成文日期。

联合行文时，应当先编排主办机关签发人职务、签名章，其余机关签发人职务、签名章依次向下编排，与主办机关签发人职务、签名章上下对齐；每行只编排一个机关的签发人职务、签名章；签发人职务应当标注全称。

签名章一般用红色。

GB/T 9704—2012

7.3.5.4 成文日期中的数字

用阿拉伯数字将年、月、日标全，年份应标全称，月、日不编虚位（即 1 不编为 01）。

7.3.5.5 特殊情况说明

当公文排版后所剩空白处不能容下印章或签发人签名章、成文日期时，可以采取调整行距、字距的措施解决。

7.3.6 附注

如有附注，居左空二字加圆括号编排在成文日期下一行。

7.3.7 附件

附件应当另面编排，并在版记之前，与公文正文一起装订。"附件"二字及附件顺序号用 3 号黑体字顶格编排在版心左上角第一行。附件标题居中编排在版心第三行。附件顺序号和附件标题应当与附件说明的表述一致。附件格式要求同正文。

如附件与正文不能一起装订，应当在附件左上角第一行顶格编排公文的发文字号并在其后标注"附件"二字及附件顺序号。

7.4 版记

7.4.1 版记中的分隔线

版记中的分隔线与版心等宽，首条分隔线和末条分隔线用粗线（推荐高度为 0.35 mm），中间的分隔线用细线（推荐高度为 0.25 mm）。首条分隔线位于版记中第一个要素之上，末条分隔线与公文最后一面的版心下边缘重合。

7.4.2 抄送机关

如有抄送机关，一般用 4 号仿宋体字，在印发机关和印发日期之上一行、左右各空一字编排。"抄送"二字后加全角冒号和抄送机关名称，回行时与冒号后的首字对齐，最后一个抄送机关名称后标句号。

如需把主送机关移至版记，除将"抄送"二字改为"主送"外，编排方法同抄送机关。既有主送机关又有抄送机关时，应当将主送机关置于抄送机关之上一行，之间不加分隔线。

7.4.3 印发机关和印发日期

印发机关和印发日期一般用 4 号仿宋体字，编排在末条分隔线之上，印发机关左空一字，印发日期右空一字，用阿拉伯数字将年、月、日标全，年份应标全称，月、日不编虚位（即 1 不编为 01），后加"印发"二字。

版记中如有其他要素，应当将其与印发机关和印发日期用一条细分隔线隔开。

7.5 页码

一般用 4 号半角宋体阿拉伯数字，编排在公文版心下边缘之下，数字左右各放一条一字线；一字线上距版心下边缘 7 mm。单页码居右空一字，双页码居左空一字。公文的版记页前有空白页的，空白页和版记页均不编排页码。公文的附件与正文一起装订时，页码应当连续编排。

GB/T 9704—2012

8 公文中的横排表格

A4 纸型的表格横排时，页码位置与公文其他页码保持一致，单页码表头在订口一边，双页码表头在切口一边。

9 公文中计量单位、标点符号和数字的用法

公文中计量单位的用法应当符合 GB 3100、GB 3101 和 GB 3102（所有部分），标点符号的用法应当符合 GB/T 15834，数字用法应当符合 GB/T 15835。

10 公文的特定格式

10.1 信函格式

发文机关标志使用发文机关全称或者规范化简称,居中排布,上边缘至上页边为 30 mm,推荐使用红色小标宋体字。联合行文时,使用主办机关标志。

发文机关标志下 4 mm 处印一条红色双线(上粗下细),距下页边 20 mm 处印一条红色双线(上细下粗),线长均为 170 mm,居中排布。

如需标注份号、密级和保密期限、紧急程度,应当顶格居版心左边缘编排在第一条红色双线下,按照份号、密级和保密期限、紧急程度的顺序自上而下分行排列,第一个要素与该线的距离为 3 号汉字高度的 7/8。

发文字号顶格居版心右边缘编排在第一条红色双线下,与该线的距离为 3 号汉字高度的 7/8。

标题居中编排,与其上最后一个要素相距二行。

第二条红色双线上一行如有文字,与该线的距离为 3 号汉字高度的 7/8。

首页不显示页码。

版记不加印发机关和印发日期、分隔线,位于公文最后一面版心内最下方。

10.2 命令(令)格式

发文机关标志由发文机关全称加"命令"或"令"字组成,居中排布,上边缘至版心上边缘为 20 mm,推荐使用红色小标宋体字。

发文机关标志下空二行居中编排令号,令号下空二行编排正文。

签发人职务、签名章和成文日期的编排见 7.3.5.3。

10.3 纪要格式

纪要标志由"×××××纪要"组成,居中排布,上边缘至版心上边缘为 35 mm,推荐使用红色小标宋体字。

标注出席人员名单,一般用 3 号黑体字,在正文或附件说明下空一行左空二字编排"出席"二字,后标全角冒号,冒号后用 3 号仿宋体字标注出席人单位、姓名,回行时与冒号后的首字对齐。

标注请假和列席人员名单,除依次另起一行并将"出席"二字改为"请假"或"列席"外,编排方法同出席人员名单。

GB/T 9704—2012

纪要格式可以根据实际制定。

11 式样

A4 型公文用纸页边及版心尺寸见图 1;公文首页版式见图 2;联合行文公文首页版式 1 见图 3;联合行文公文首页版式 2 见图 4;公文末页版式 1 见图 5;公文末页版式 2 见图 6;联合行文公文末页版式 1 见图 7;联合行文公文末页版式 2 见图 8;附件说明页版式见图 9;带附件公文末页版式见图 10;信函格式首页版式见图 11;命令(令)格式首页版式见图 12。

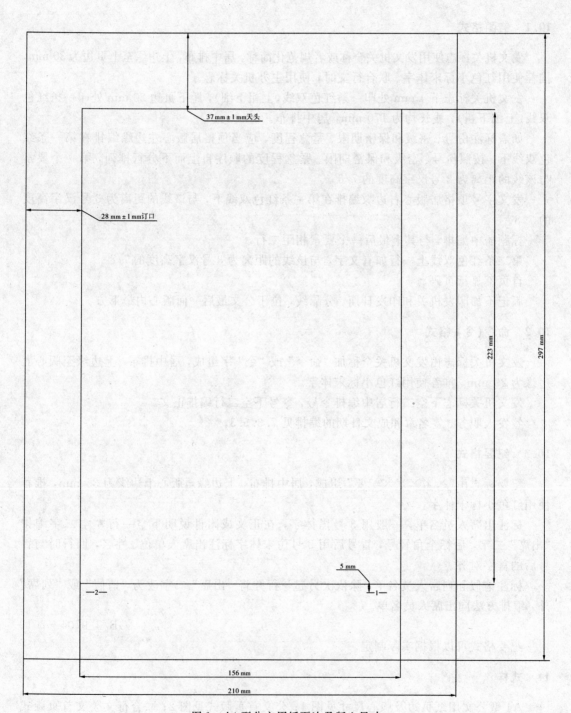

37 mm ± 1 mm天头

28 mm ± 1 mm订口

223 mm

297 mm

5 mm

—2—

—1—

156 mm

210 mm

图 1　A4 型公文用纸页边及版心尺寸

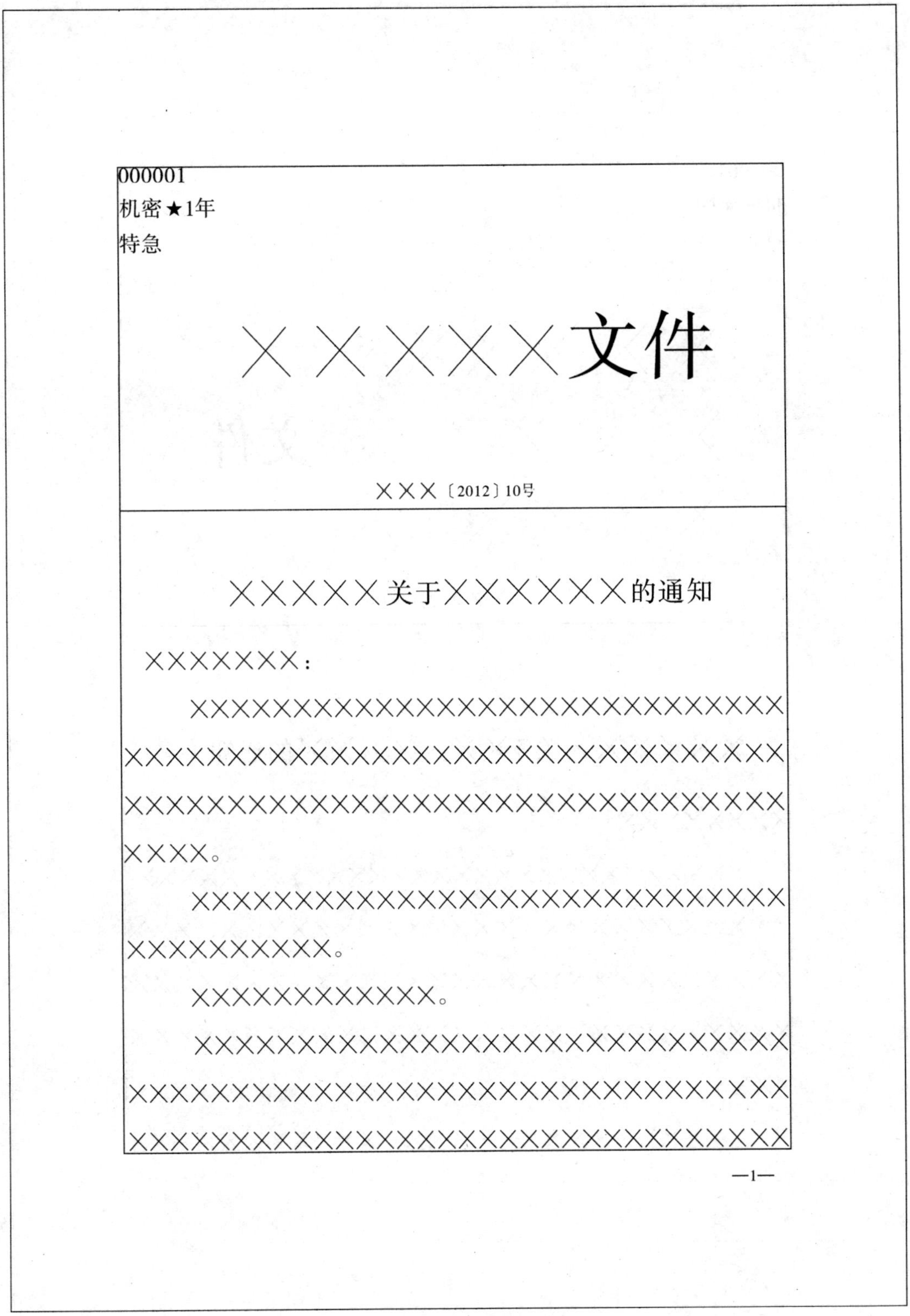

000001
机密★1年
特急

×××××文件

×××〔2012〕10号

×××××关于××××××的通知

××××××：

　　××××××××××××××××××××××
×××××××××××××××××××××××××
××××××××××××××××××××××××
××××。

　　×××××××××××××××××××××××
×××××××××。

　　×××××××××××。

　　××××××××××××××××××××××
××××××××××××××××××××××××
×××××××××××××××××××××××××

—1—

图2　公文首页版式

注：版心实线框仅为示意，在印制公文时并不印出。

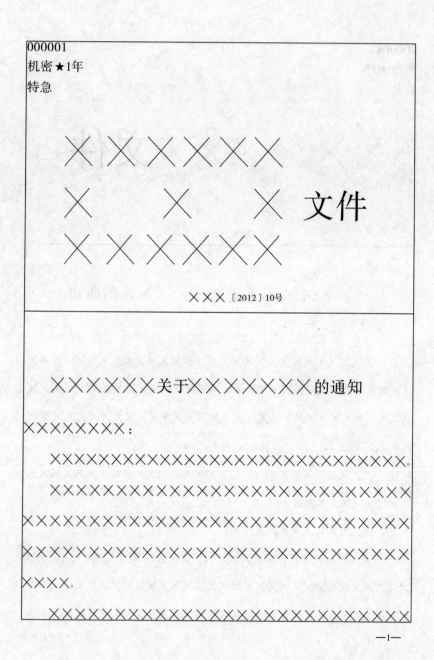

000001
机密★1年
特急

×××××

× × × 文件

×××××

×××〔2012〕10号

×××××关于×××××××的通知

×××××××:

　　××××××××××××××××××××××××××××××。

　　××××××××××××××××××××××××××××××。

××××××××××××××××××××××××××××××××

××××××××××××××××××××××××××××××××

××××。

　　××××××××××××××××××××××××××××××××

—1—

图 3　联合行文公文首页版式 1

注:版心实线框仅为示意,在印制公文时并不印出。

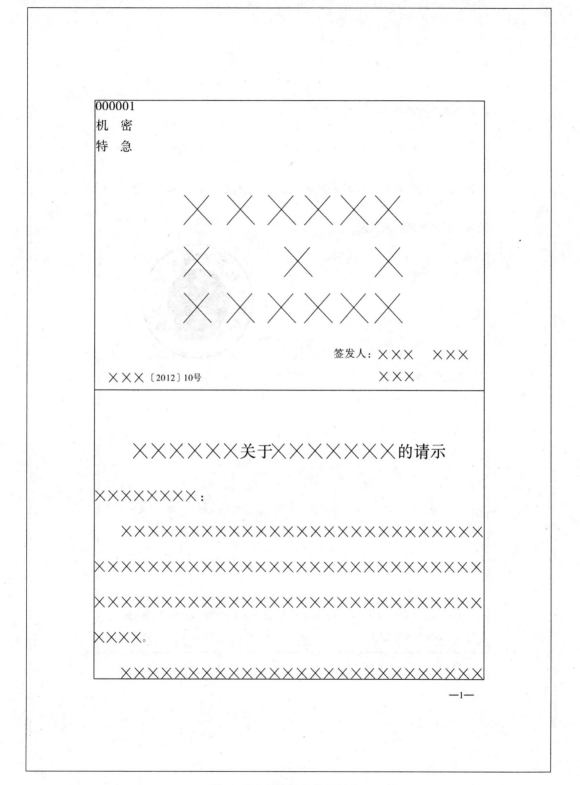

图 4　联合行文公文首页版式 2

注：版心实线框仅为示意，在印制公文时并不印出。

××××××××××××××。

××××××××××××××××××××××××

××××××××××××××××××××××××

×××××××××××。

（×××××）

2012年7月1日

抄送：×××××××，×××××××，×××××××，×××××××，

×××××××。

××××××××   2012年7月1日印发

—2—

图5　公文末页版式1

注：版心实线框仅为示意，在印制公文时并不印出。

XXXXXXXXXXXXXXXX。

　XXXXXXXXXXXXXXXXXXXXXX

XXXXXXXXXXXXXXXXXXXXXXXX

XXXXXXXXXX。

　　　　　　　XXXXXXXXXX

　　　　　　　2012年7月1日

（XXXXX）

抄送：XXXXXXXX，XXXXXXXX，XXXXXXXX，XXXXXXXX，
　　XXXXXXXX。

XXXXXXXX　　　　　　　　　　　2012年7月1日印发

—2—

图6　公文末页版式2

注：版心实线框仅为示意，在印制公文时并不印出。

XXXXXXXXXXXXX。

　　XXXXXXXXXXXXXXXXXXXXXX

XXXXXXXXXXXXXXXXXXXXXX

XXXXXXXXXX。

2012年7月1日

　(XXXXX)

　抄送：XXXXXXXX，XXXXXXXX，XXXXXXXX，XXXXXXXX，

　　　XXXXXXXX。

　XXXXXXXXX　　　　　　　　　　　2012年7月1日印发

—2—

图 7　联合行文公文末页版式 1

注：版心实线框仅为示意，在印制公文时并不印出。

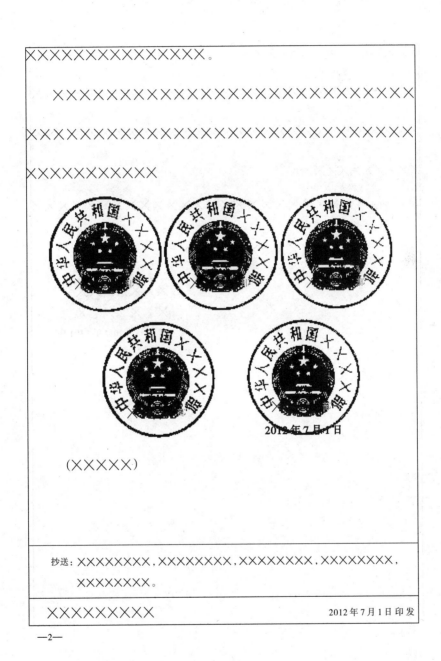

图8 联合行文公文末页版式2

注：版心实线框仅为示意，在印制公文时并不印出。

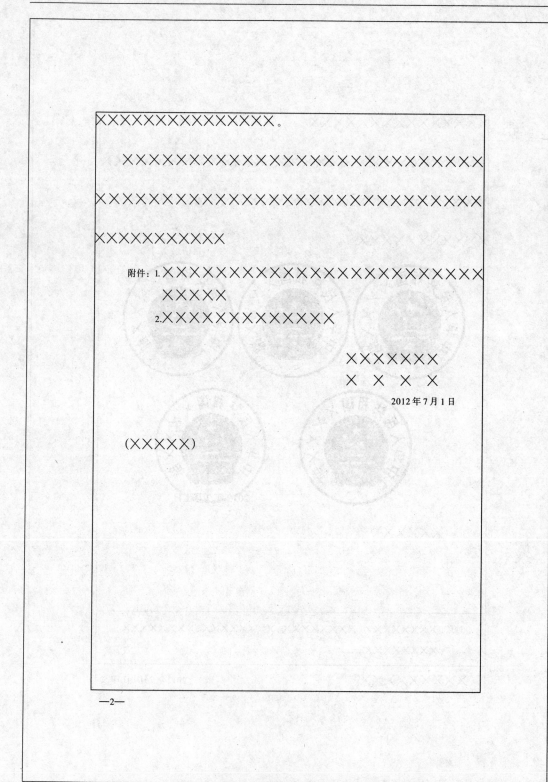

×××××××××××××。

　　×××××××××××××××××××××

×××××××××××××××××××××

××××××××××

　　附件: 1.×××××××××××××××××

　　　　　××××

　　　　2.×××××××××××

　　　　　　　　　　　　×××××××

　　　　　　　　　　　×　×　×　×

　　　　　　　　　　　　2012 年 7 月 1 日

（×××××）

—2—

图 9　附件说明页版式

注：版心实线框仅为示意，在印制公文时并不印出。

参 考 文 献

[1] 罗心诚. 最新文秘写作大全. 呼和浩特：内蒙古文化出版社，2009.

[2] 李展，温昊. 秘书写作实务. 北京：北京大学出版社，2010.

[3] 罗心诚. 最新文秘写作大全. 呼和浩特：内蒙古文化出版社，2009.

[4] 李琳. 秘书写作实务. 北京：北京大学出版社，2011.

[5] 卢捷，李永新. 新编财经应用写作(2 版). 大连：大连理工大学出版社，2004.

[6] 张小慰. 秘书综合技能实训. 重庆：重庆大学出版社，2010.

[7] 谭一平，王茹，曹有根. 秘书写作实务. 北京：外语教学与研究出版社，2010.

[8] 朱利萍，韩开绯. 秘书写作实务. 重庆：重庆大学出版社 2010.

[9] 苏欣. 商务应用文实训. 北京：对外贸易经济大学出版社，2004.

[10] 张子泉. 应用文写作教程. 北京：北京交通大学出版社，2006.

[11] 欧明，陈发卿，吴晓雯. 应用文写作实用教程. 长春：东北师范大学出版社，2011.

[12] 张建. 应用写作. 北京：高等教育出版社，2007.

[13] 张中伟. 应用写作. 北京：北京理工大学出版社，2007.

[14] 刘宏彬. 新编应用文写作教程. 北京：新华出版社，2012.

[15] 郭小红，高春玲. 商务写作. 西安：西北大学出版社，2002.

[16] 李振辉. 应用文写作. 北京：清华大学出版社，2005.

[17] 刘洪英，李彤. 实用应用文写作. 北京：清华大学出版社、北京交通大学出版社，2006.

[18] 王磊，刘明达. 商务文书格式与范例大全. 广州：广东经济出版社，2002.

[19] 何梦生，王键. 物业管理应用文写作. 北京：电子工业出版社，2007.

[20] 刘杰，付胜. 经济文书写作与范例. 北京：人民出版社，2005.

[21] 程爱学，孙春文. 日常应用文写作. 北京：中国盲文出版社，2002.

[22] 李晓荣，李娟，何瑞珍. 秘书写作. 杨凌：西北农林科技大学出版社，2007.

[23] 韦志国. 秘书写作. 大连：大连理工大学出版社，2012.

[24] 熊越强. 商务写作与实训. 北京：清华大学出版社，2008.

[25] 中华人民共和国商务部：http://www.mofcom.gov.cn/.

[26] 中国应用文网：http://www.china86.org.

[27] 中国写作易网：http://www.xiezuoyi.com.

[28] 论文应用文写作大全网：http://www.lw114.com.

[29] 中华策划网：http://www.cehua.com.cn/.

[30] 写作之家：http://www.write123.cn/.

[31] http://www.newgxu.cn/html/2012-06/112265.htm.

[32] 应用文写作. 广东女子职业技术学院网：http://jpkc.gdfs.edu.cn/ec2006/C200/

ffsd-2. htm.

[33] 西安欧亚学院. 应用文写作精品课程申报网：http://jpkc. eurasia. edu/writing/kcjs-1. htm.

[34] 范文资源库.《应用写作》. 湖州职业技术学院精品课程网：http://jpkc. hzvtc. net/yyxz/jiaoxueziyuan/anlifenxi/.

[35] 国家精品课程. 应用写作网：http://jpkc. gdit. edu. cn/e/index. htm.

[36] 西安培华学院. 应用文写作精品课程申报网：http://117. 35. 118. 200：4040/C26/kcjsgh-1. htm.

[37] 福建交通职业技术学院精品课程网：http://course. fjcpc. edu. cn/.

[38] 应用写作. 石家庄信息工程职业学院. 国家精品课程资源网：http://course. jing-pinke. com/details/introduction？uuid.

[39] 应用文写作. 精品课程. 衡阳财工院网：http://jpkc. hycgy. com/yizw/show. asp？id=18.

[40] 应用文写作. 杨凌职业技术学院精品课程网：http://www. pcec. net. cn/pw/？cat=3.

[41] 秘书写作：http://baike. baidu. com/view/1822656. htm.

[42] 秘书概论：www. tup. tsinghua. edu. cn/Resource/tsyz/026861-01. pdf.

[43] 《中华人民共和国通用语言文字法》(2000 年 10 月 31 日第九届全国人民代表大会常务委员会第十八次会议通过)，中华人民共和国主席令(第三十七号).

[44] 《党政机关公文处理工作条例》(中办发〔2012〕14 号，2012 年 4 月).

[45] 《党政机关公文格式》(GB/T 9704—2012).

[46] 《标点符号用法》(国家技术监督局 1995 年 12 月 13 日发布)

[47] 《异形词整理表》中华人民共和国教育部、国家语言文字工作委员会发布(2002 年 3 月 31 日试行).

[48] 《校对符号及其用法》(GB/T 14706—93).